정재 류치명과 그의 제자들

정재 류치명과 그의 제자들

김순석

경인문화사

머리말

　격동의 시대, 나라를 잃은 백성들의 고통을 외면할 수 없었던 선비들이 있었다. 류치명, 김흥락, 김도화, 이만도, 류필영, 이상룡, 김대락, 김동삼, 송기식. 이들은 모두 정재 류치명의 가르침을 받았거나 그 학맥을 계승한 인물들로, 암울한 현실 속에서도 조국을 찾기위해 독립운동에 헌신했던 선각자들이다. 이들은 각기 다른 방법으로 독립투쟁을 전개했지만 한 가지 공통점이 있었다. 그것은 대동사회라는 유교의 이상사회를 추구한 것이었다. 『예기』의 「예운」편에 대동사회를 이렇게 제시했다. "일할 수 있는 모든 사람에게 일자리를 주라. 결혼 적령기에 달한 청춘 남녀들에게 결혼할 수 있는 조건을 만들어 주라. 남의 부모를 내 부모처럼, 남의 자식을 내 자식처럼 돌보라." 이렇게 된다면 길거리에 지갑이 떨어져 있어도 누구도 주워가지 않는다. 이러한 이상사회가 이미 2천년 이전에 제시되었다.
　오늘 우리 현실은 어떤가? 젊은이들은 무한경쟁 사회에서 극도의 피로감과 스트레스로 시달리고 있다. OECD 국가들 가운데 가장 높은 자살율을 기록하고 있으며, 어떻게든 살아남아야 한다는 부류와 이제는 지쳐서 아무것도 할 수 없다는 부류로 나뉘어지고 있다. 이 책에 소개되는 선각자들은 어려운 환경속에서도 많은 사람들에게 희망과 용기를 주기 위해서 소중한 목숨을 바쳤던 사람들이다. 오늘 우리는 이 분들보다 훨씬 유복한 환경이지만 절망하는 사람들의 수가 늘어나고 있다. 무엇이 문제인가? 정치를 하는 위정자들은 생각해야 한다. 이 책에 소개되는 독립운동가들의 사상적 기반이 된 '대동大同'은 단순한 이상향이 아니었다. 정치인들은 백성을 하늘처럼 섬겨야 하며 모두가 더불어 살아가는 세상, 차별과 억압이 없는 공정한 사회를 만들기 위해 최선을 다해야 한다. 필자는 이 글에서 나라를 되찾고 새로운 세상을 만들고자 했던 이들의 발자취를 따라가며 그들이 꿈꾼 대동사회의 의미와 오늘날 우리에게 주는 메시지를 되짚어보고자 하였다.

정재 류치명, 그는 퇴계 이황의 학맥을 이은 안동의 대학자이자 300명이 넘는 제자를 길러낸 타고난 교육자였다. 그는 단순한 지식 전달을 넘어 제자들에게 올바른 삶의 자세와 사회적 책임감을 강조했다. 류치명은 벼슬길에 나아가 백성을 위한 정치를 펼치고자 했지만, 혼탁한 세상에 좌절하고 고향으로 돌아와 교육에 전념하며 후학 양성에 힘썼다. 그의 가르침은 제자들의 가슴속에 깊이 새겨졌고, 훗날 그들이 독립운동에 뛰어드는 원동력이 되었다.

류치명의 제자들은 스승의 가르침을 가슴에 새기고 각자의 방식으로 대동사회를 향한 길을 걸었다. 김흥락과 김도화는 학문적 깊이를 더해 스승의 유지를 계승하여 의병장으로 나섰다. 이만도는 대대로 벼슬한 집안의 후손으로 나라를 지켜내지 못한 죄책감에 24일을 단식하여 자정순국을 하였다. 류필영은 3·1운동에 유림이 참여하지 못한 책임을 지고 독립의 정당성을 세계에 알리는 파리장서에 서명하였다. 이상룡은 독립운동 기지 건설에 헌신하며 임청각을 비롯한 전 재산을 처분하여 독립운동 자금으로 내놓고, 만주벌판에서 풍찬노숙하며 임시정부 국무령을 역임하면서 독립운동에 헌신하였다. 그의 처남 김대락은 60이 넘은 나이에 만삭의 손녀와 외손녀를 데리고 압록강을 넘어 서간도로 망명하여 독립운동에 나선 후배들을 다독였다. 김동삼은 협동학교에서 후학들을 양성하였고, 신흥무관학교와 임시정부에서 활동하며 독립군 양성에 힘썼다. 송기식은 3·1운동에 참여하였다가 체포되어 옥고를 치르기도 했으며, 학교를 세워 후학들에게 독립정신을 심어 주었다. 이들은 비록 다른 길을 걸었지만,

그들의 마음속에는 '대동'의 정신이 깊이 뿌리내리고 있었다. 이들은 독립운동 노선에서 첨예하게 대립했던 좌우익을 통합하는데 최선을 다했다. 그들은 일제의 억압에 맞서 싸우며, 모두가 평등하고 자유롭게 살아가는 세상을 꿈꾸었다. 그들은 개인의 안위를 돌보지 않고, 나라와 민족을 위해 헌신하는 삶을 선택했다. 그들의 희생은 오늘날 우리가 누리는 자유와 평화의 밑거름이 되었으며, 우리는 그들의 숭고한 정신을 기억하고 계승해야 한다. 이들의 삶은 우리에게 깊은 울림을 준다. 그들은 암울한 시대를 살면서도 희망을 잃지 않고, 더 나은 세상을 만들기 위해 끊임없이 노력했다. 그들의 삶은 우리에게 진정한 리더십이 무엇인지, 사회적 책임감이 얼마나 중요한지를 온몸으로 보여주었다.

  오늘날 우리 사회는 여전히 불평등과 갈등으로 가득 차 있다. 이러한 현실 속에서 우리는 대동사회를 꿈꾸었던 선배들의 정신을 되새기고 감사한 마음을 가져야한다. 그들의 희생과 헌신을 기억하며, 우리 사회의 문제점을 해결하고 더 나은 세상을 만들기 위해 노력해야 한다.

  이 책이 나오기까지 많은 분들의 도움을 받았다. 팔리지 않을 책의 출판을 흔쾌히 수락해 주신 경인문화사 한정희 사장님께 깊은 감사를 드린다. 난삽한 글을 깔끔하게 정리해 편집부에도 감사드린다. 꼼꼼하게 교정을 보아주신 한국국학진흥원 동료 박혜민 박사께도 감사의 인사를 드린다. 이 책이 나올 무렵이면 23년간 봉직했던 정든 곳을 떠나는 정년 퇴임을 한다. 이 시간을 맞을 수 있도록 도와주신 한국국학진흥원의 모든 분들게 감사드린다. 오랜 시간 남편 노릇과 아버지 역할을 제대로 못해서 늘 미안한 마음이었는데, 언제나 힘이 되어주고, 응원해 준 가족들에게 감사한 마음을 전한다.

          2025년 10월 예안호가 보이는 정든 연구실을 떠나며 지은이

차 례

머리말

정재 류치명의 현실 인식과 대응 ········· 1
1. 머리말 ········· 3
2. 류치명의 학문 수학과 사환使宦 ········· 6
3. 류치명의 위정척사론 ········· 9
4. 상소문을 통해 본 현실인식과 처세관 ········· 15
5. 맺음말 ········· 24

서산 김흥락의 이상과 현실 대응 ········· 27
1. 머리말 ········· 29
2. 김흥락과 그의 시대 ········· 34
3. 김흥락이 꿈꾸었던 사회 ········· 38
4. 현실인식과 대응 ········· 47
5. 맺음말 ········· 57

척암 김도화의 현실인식과 의병항쟁 ········· 61
1. 머리말 ········· 63
2. 김도화의 학문과 사상 ········· 65
3. 현실인식과 의병항쟁 ········· 70
4. 맺음말 ········· 82

향산 이만도의 현실인식과 대응 ··· 85
  1. 머리말 ·· 87
  2. 이만도의 현실인식과 대응 ·· 91
  3. 자정 순국과 유훈 ·· 101
  4. 맺음말 ·· 106

서파 류필영의 현실인식과 독립운동 ·· 109
  1. 머리말 ·· 111
  2. 서파 류필영의 생애와 학문 ·· 113
  3. 현실인식과 독립운동 ·· 127
  4. 맺음말 ·· 143

석주 이상룡의 현실인식과 대응방략의 변화 ···························· 145
  1. 머리말 ·· 147
  2. 위정척사론에서 애국계몽사상으로 전환 ······································ 151
  3. 중국 망명 이후의 국권회복론 ·· 158
  4. 1920년 이후 좌우합작 추진과 대동사회론 ································ 162
  5. 맺음말 ·· 169

김대락의 현실인식과 대응 ························· 171
   1. 머리말 ························· 173
   2. 만주 망명과 독립투쟁의 기록 ························· 177
   3. 현실인식을 통한 독립운동 방략의 변화와 지향점 ························· 187
   4. 맺음말 ························· 198

일송 김동삼의 현실인식과 독립운동 ························· 201
   1. 머리말 ························· 203
   2. 국내에서 김동삼의 현실 인식과 협동학교 설립 ························· 209
   3. 국외에서의 독립운동 방략의 변화 ························· 214
   4. 맺음말 ························· 226

해창海窓 송기식宋基植의 교육활동과 독립운동 ························· 229
   1. 서론 ························· 231
   2. 교육활동 ························· 232
   3. 독립운동 ························· 246
   4. 결론 ························· 255

참고문헌 • 257
찾아보기 • 269

정재 류치명의 현실 인식과 대응

1. 머리말

　19세기 조선 사회가 당면한 가장 큰 시대적 변화는 두 가지를 들 수 있다. 하나는 안으로부터 유학을 통치이념으로 표방하는 사회체제가 시대변화에 적절하게 대응하지 못하고 모순을 드러내자 내부에서 저항과 동요가 여러 방면에서 일어난 것이다. 다른 하나는 밖으로부터 밀려온 서양 종교인 천주교가 사회 저변에 확산되어 가는 것이었다.[1] 대내적으로 세도정치勢道政治로 인한 파행적 국가경영에 따른 각종 모순을 극복해야 하는 동시에 대외적으로 서구 제국주의 세력 팽창에 대응해야 하는 과제를 안고 있었다.[2]

　이처럼 대내외적으로 혼란이 가중된 시기에 류치명柳致明(1777~1861)은 안동 소호리 외가에서 태어났다. 그의 부친은 류회문柳晦文이고, 모친은 한산 이씨로 대산大山 이상정李象靖의 아들인 이완李埦의 딸이었다.[3] 류치명의 자字는 성백誠伯이고, 호를 정재定齋라 하며, 본관은 전주이다. 16세기 중반 전주류씨 안동 입향조인 류성柳城(1533~1560)은 지역 토호 세력이었던 의성김씨 청계淸溪 김진金璡의 사위가 됨으로써 안동 수곡(일명 무실)에 정착하였다. 이후 전주류씨 수곡파는 외가인 의성 김씨의 경제

---

[1] 금장태, 「19세기 한국성리학의 지역적 전개와 시대인식」, 『국학연구』 15, 한국국학진흥원, 2009, 6~7쪽.
[2] 설석규, 「정재학파定齋學派 위정척사론의 대두와 성격」, 『국학연구』 4, 한국국학진흥원, 2004, 84쪽.
[3] 권오영, 「19세기 嶺南 理學의 전개와 그 실천적 성향」, 『국학연구』 9, 한국국학진흥원, 2006, 245쪽.
　김지은, 『조선후기 류치명의 시대인식과 문인집단』, 경인문화사, 2022, 17~18쪽.

적·학문적 지원에 힘입어 대대로 많은 학자와 관료들을 배출함으로써 지역 사회의 명문세족으로 자리하게 되었다.4) 류치명은 5살이 되면서 종중조부인 류장원柳長源에게 공부를 배우기 시작하였다. 류장원이 사망하자 손재損齋 남한조南漢朝의 문하에 나아가 학문을 닦았고, 25세 무렵에 입재立齋 정종로鄭宗魯를 만나 깊이를 더함으로써 퇴계학맥을 계승하였다.

 류치명은 1805년 29세의 나이로 대과에 급제하여 승문원부정자·성균관전적·사간원정언·홍문관교리·우부승지·초산부사·공조참의를 거쳐 1853년 병조참판 등을 역임하였다.5) 지금까지 류치명에 대한 연구성과를 살펴보면 다음과 같다. 18~19세기 영남 남인들의 동향 속에서 류치명이 영남 남인을 대표하는 학자라고 비정한 연구들6)이 있다. 이런 연구는 류치명의 학문적 성향이 퇴계학파의 이기론을 계승하였으며, 그의 척사론 또한 퇴계학파 선학들의 설을 대변하는 성격을 띠고 있었다고 한다. 류영수는 전주류씨의 후예로서 류치명의 학문과 사상을 심도있게 연구하였다. 그는 연보와 행장을 중심으로 류치명의 생애와 가계 및 학맥을 정리하였고 『정재집』의 규모와 학문적 성향 등을 고찰하였다.7) 그의 이러한 연구는 심화되어 이듬해 박사학위 논문인 『정재 류치명 경학 연구』8)로 이어졌다. 『정재집』을 분석한 이 논문에서 그는 류치명의 창작 성향에 대하여 다작多作을 추구하기보다는 경학과 예학 등의 학문적인 주제에 대

---

4) 김지은, 위와 같음.
5) 『定齋集 附錄』卷一,「年譜」
6) 금장태,「19세기 한국성리학의 지역적 전개와 시대인식」,『국학연구』15, 한국국학진흥원, 2009.
 설석규,「정재학파定齋學派 위정척사론의 대두와 성격」,『국학연구』4, 한국국학진흥원, 2004.
 권오영,「19세기 嶺南 理學의 전개와 그 실천적 성향」,『국학연구』9, 한국국학진흥원, 2006.
7) 류영수,「定齋 柳致明 硏究(1)」,『동방한문학』44, 동방한문학회, 2010.
8) 류영수,「定齋 柳致明 經學 硏究」, 경북대학교 대학원 박사학위 논문, 2011.

한 해석과 논변에 집중하였다고 평가하였다. 그는 류치명 경학 인식 특징을 '경서에 나타난 사상을 통해 도를 실천하려 하였다'라고 하였다. 그리고 예학과 경학 인식의 요점을 벽이단闢異端으로 파악하였으며 이러한 사상이 현실에 어떻게 나타났는지를 밝히고자 하였다.9) 이처럼 류치명에 대한 연구의 지평이 확대되어가고 있을 때 지금까지의 연구를 참고하여 류치명의 생애를 조명하는 한 권의 평전이 발간되었다. 이 책은 류치명의 출생에서부터 사후 정재학파의 탄생까지를 조망한 책이다.10) 류치명에 대한 보다 진전된 연구는 김지은의 「19세기 정재 류치명의 현실인식과 경세론」11)으로 이어졌고, 이 박사학위 논문은 2022년 『조선후기 류치명의 시대인식과 문인집단』12)이라는 단행본으로 발간되었다. 그는 일련의 논문들을 통해서 류치명의 척사론적인 현실 인식과 당시 영남 남인들의 시대적 과제였던 갈암 이현일의 신원 문제와 사도세자 추존 문제를 검토하였다. 나아가서 문인록 분석을 통해서 류치명 문인들의 성명, 본관, 자호, 생몰년, 관직, 문집 등을 자세히 분석하였다.13) 이러한 연구들은 류치명의 학문과 사상 그리고 현실인식 등에 대해 해명함으로써 19세기 사상계와 사회 문제 이해에 도움을 주었다.

　본고는 이러한 선행연구를 바탕으로 류치명의 경세제민 사상이 어떻게 현실로 나타났는가를 그의 문집인 『정재집』에 수록된 상소문들을 중심으로 검토하고자 한다. 류치명은 나이 30세에 승문원정언承文院正言에 보임된 이후 1818년 42세가 되던 해 「사간원 정언을 사직하는 상소辭司諫院正

---

9) 류영수, 앞의 박사학위 논문.
10) 권진호, 『19세기 영남학파의 종장 정재 류치명의 삶과 학문』, 한국국학진흥원, 2008.
11) 김지은, 「19세기 정재 류치명의 현실인식과 경세론」, 경북대학교 박사학위 논문, 2017.
12) 김지은, 『조선후기 류치명의 시대인식과 문인집단』, 경인문화사, 2022.
13) 위와 같음.

言疏」부터 1856년 80세에 「서용하여 승질한 데 대해 사례하는 상소敍用陞 秩陳謝疏」에 이르기까지 총 13차례의 상소를 올렸다. 이들 상소문에는 류치명의 현실익식과 사회문제에 대한 대응책이 잘 나타나 있다. 상소문은 당면한 현실 문제에 대한 상소자의 견해와 해법이 제시되어 있어 그것이 어떤 배경에서 나왔으며, 그 결과가 후세에 어떤 영향을 미쳤는지를 알 수 있게 해 준다. 이러한 점에 착안하여 류치명의 처세관을 이해하는 데 보탬이 되고자 한다.

2. 류치명의 학문 수학과 사환使宦

전주류씨 가문은 16세기 후반 안동 지역에 정착한 이래 혼반으로 형성된 의성김씨 집안의 학문과 경제적인 지원에 힘입어 많은 대과 급제자14)를 배출하면서 자연스럽게 지역 명문가로 자리잡게 되었다.15) 전주류씨 수곡파는 류치명의 고조 항렬인 류승현·류관현 등이 활동하였던 18세기부터 류치명의 활동기인 19세기까지 약 100년의 세월 동안 많은 학자와 관료를 배출하였고 학문적으로 다양한 저술을 남겼다. 이러한 학문적인 연원은 기봉岐峰 류복기柳復起가 1615년 임하면 무실마을에 기양서당을 건립함으로써 시작되었다. 17세기부터 20세기까지 전주류씨 문중에서 80여 명의 학자들이 발간한 문집은 360권에 이르며 이 문집들은 1983년부터 1991년까지 13책의 영인본으로 발간되었다.16)

---

14) 전주류씨안동화수회,『岐下水柳』, 1997, 129쪽. 이 책에 따르면 文科 합격자 10명, 무과 합격자 3명, 생원·진사 33명, 薦仕 5명, 贈職 20명, 蔭仕 37명 불천위 5位라고 한다.
15) 류영수, 앞의 박사학위 논문, 51~53쪽.
16) 수류문헌총간회,『全州柳氏水谷派之 文獻叢刊』, 1983~1991.(『조선후기 양반가의 생활상』, 한국국학진흥원, 2004, 47쪽.)

이러한 가학 전통에 따라 류치명은 5살 때부터 20살이 되던 1796년 류장원이 세상을 떠날 때까지 그의 문하에서 글을 배웠다. 류장원은 이상정의 고제高弟로서 호문삼로湖門三老17) 가운데 한 사람이다. 류장원이 세상을 떠나자 류치명은 부친의 권유로 상주에 있던 손재 남한조를 찾아가서 공부를 계속하였다. 남한조는 20살 청년 류치명의 학문을 보고 큰 기대를 보였다고 한다. 25살 무렵 그는 상주 우산愚山에 있던 정종로에게 나아가서 학문의 깊이를 더했다. 정종로는 우복愚伏 정경세鄭經世의 증손자로 서애西厓 류성룡의 학통을 계승한 인물이다. 그는 학파를 가리지 않고 큰 스승을 만나 학문의 지평을 넓혀갔다.18)

류치명은 17세가 되던 1793년 선산김씨 김복구金復久의 딸과 혼인하였지만 2년 뒤에 사별하고, 평산 신씨와 재혼을 하였으나 슬하에 딸만 셋을 둔 까닭에 1853년에 삼종제 류치검柳致儉의 아들 지호止鎬를 양자로 들였다. 류지호는 1873년 음보蔭補로 감역에 제수되었고, 그 후 사헌부 감찰, 신창현감, 덕산현감. 연천군수 등을 역임하였다. 1895년 을미사변이 일어나고 단발령이 내려지자 안동지역 의병항쟁에 주도적으로 참여하였다. 그는 류연박柳淵博과 류연성柳淵成 두 아들을 두었는데 류연박은 아버지와 함께 을미의병에 참여하였고, 류연성은 임동면 챗거리鞭巷장터 3·1운동을 주도하였다. 그는 문중 사람들과 함께 만세 시위를 전개하다가 체포되어 대구 감옥에서 순국하였다.19)

지역 사회의 큰 선생들 밑에서 수학한 류치명은 1805년 29세의 나이로 대과에 합격하였다. 이후 그에게는 승문원부정자, 성균관전적, 사헌부지

---

17) 湖門三老 : 湖門三老란 안동 蘇湖里에 거주하였던 大山 李象靖의 문인들 가운데 뛰어난 세 사람 川沙 金宗德, 后山 李宗洙, 東巖 柳長源을 말한다.
18) 류영수, 앞의 박사학위 논문, 10~13쪽.
19) 김희곤, 「定齋 柳致明 종가 3대 독립운동」, 『한국독립운동사연구』 제37집, 문화체육관광부, 2010.

평, 사간원정언, 세자시강원문학 등 여러 관직이 제수되었다. 류치명은 스승인 류장원이 저술한 예서인 『상변통고常變通攷』를 교징하여 간행하고, 그 발문을 지었다. 1832년에는 갈암葛菴 이현일李玄逸의 면례緬禮에 참석하여 제문을 지었고, 『퇴계집』 중간을 주관하기도 하였다. 그리고 『대산선생실기』를 완성하여 발문을 지음으로써 퇴계학맥을 계승하였다.[20] 뿐만 아니라 고산서원, 사빈사원 등 향촌 사회의 강회에 주도적을 참여하면서 학문적인 위상을 높여갔다. 그의 학문적 위상이 높아짐에 따라 조정에서 지속적으로 관직을 내렸고 1839년에는 외직인 초산도호부사楚山都護府使에 제수되었다.[21] 초산군楚山郡은 중국과의 국경을 접하고 있으며 토지가 척박하고 산이 많은 곳이다.

조선후기 지방 수령은 왕명을 받은 지방관으로서 각 군현의 정치, 행정, 사법 등의 모든 통치행위를 전담하였다. 지방 수령은 기본적으로 중앙 정부의 대표라는 입장에서 지방 지배를 실현하는 존재였다. 그런 까닭에 지방민의 이해를 대변하는 위치에서 중앙 정부와 피지배 계층에 대한 이해를 달리하는 경우가 빈번하였다. 특히 조선후기 중앙 중심의 재정정비 정책의 일환으로 수령은 지방 재정을 확보하기 위하여 중앙 정부의 입장에 반해서 다양한 변통 방법을 모색하기도 하였다.[22]

1839년 초산 수령으로 부임한 류치명은 환곡의 폐단으로 인해 고통받는 백성들을 위해 세금 제도를 개선하고, 기근과 홍수 등의 자연재해로 인해 어려운 상황에 처한 백성들을 지원하였다. 그는 환곡의 폐단을 해결하기 위해 노력하였으며, 백성들의 부담을 덜어주기 위해 여러 가지 변통 조치를 시행하였다. 또한 그는 평안감사와의 긴밀한 관계 형성을 통해 초

---

20) 김지은, 앞의 책, 34쪽.
21) 『定齋集』 附錄卷一, 「年譜」.
22) 권기중, 「조선후기 수령의 업무 능력과 부세 수취의 자율권 - 조선후기 암행어사 書啓를 중심으로 - 」, 『역사와 현실』 67, 호서사학회, 2013, 226쪽.

산 지역에 유리한 변통책을 마련하였고, 백성들을 지원하기 위해 진휼책을 실시하였다. 그는 관청의 손해를 감수하면서까지 환곡을 시세보다 낮은 가격으로 방출하였으며, 가을이 되자 당시 시가를 기준으로 쌀을 거두어 백성들의 고충을 덜어주었다. 또한, 그는 결손이 난 환곡을 감한 후 환곡이 적은 읍으로 이송하는 등의 조치를 통하여 백성들의 고통을 덜어주었다. 또한 그는 백성들의 사회풍속을 교화하기 위해 부임 직후부터 교육을 통해 백성들의 지식 수준을 높이고, 윤리와 도덕을 강조하는 등의 노력을 기울였다. 그의 노력으로 인해 초산 지역의 백성들의 삶은 크게 개선되었다.[23]

3. 류치명의 위정척사론

19세기 후반 조선사회는 외세의 압박과 내부적 동요가 겹치면서 혼란이 가중되어 사회 전반이 심각한 위기의식 속에 빠져들게 되었다. 1862년 진주 민란을 시작으로 전국에서 민란이 잇달아 일어나면서 사실상 조선사회의 기반이 무너지고 있었다. 그럼에도 불구하고 탐관오리들은 백성들의 고통과 동요에 무관심하고 착취에 급급하고 있었다. 이 시기 성리학자들은 더 이상 외면할 수 없는 신분제의 동요와 수취체계 등에서 위기의식을 느끼지 않을 수 없었다. 그런데 이러한 문제의 핵심을 파악하지 못한 집권층이 제시하는 대안은 성리학 체계를 강화하고, 이단을 배척하는 위정척사론을 지향함으로써 시대의 흐름에 역행하고 있었다.[24] 이러한 현상은 18세기 정학正學인 성리학 중심의 위정척사론이 모든 이단을

---

23) 김지은, 앞의 책, 70~80쪽.
24) 금장태, 앞의 논문, 7~12쪽.

사학邪學으로 규정하여 배격하는 형태로 나타났다. 그들은 주자를 준칙으로 삼아 정심正心을 얻고자25)하며, 성리학을 정학으로 인식하였다. 그들은 서학을 정학을 해치는 '객사客邪'로 파악하였다.26) 18세기 후반 서학 즉 천주교가 유입되기 시작하자 성리학자들은 천주교도들을 무부무군無父無君의 이단사설異端邪說로 규정하고 공격을 강화해 갔다. 그들은 천주교 뿐만 아니라 불교나 도교 그리고 감결鑑訣과 같은 사상들도 사학의 범주에 포함시켜 배척의 의지를 분명히 하였다.27)

사실 주희의 학문이 '주자학'이라는 권위를 획득한 이후 중국과 조선에서 도통론은 오랫동안 시의성을 띄는 현재적 논의가 아니었다. 그것은 성리학에 위협이 될 새로운 이단은 나타나지 않았기 때문이다. 이단으로서 불교와 노장의 폐해는 대부분의 유학자들에게 관습적으로 반복되는 일반적 발언이었기 때문이다. 중국과 조선에서 이단의 리스트를 갱신하고 도통론을 재구성해야 할 사상적 요구가 발생한 것은 16세기, 새로운 세계관과 학문을 통해 기독교를 전달하고자 했던 낯선 타자, 예수회의 중국 진출 이후였다. 조선의 유학자들에게 도통은 단순한 이념 문제가 아니라 학파의 사회적 위상과 직결된 중요한 문제였다. 주지하듯이 중앙 정계로 진출하지 못한 영남 남인들은 정치적 소외감을 학문적 정통성을 자임함으로써 해소하려는 경향이 있었다. 도통론과 벽이단론은 학술적 권위에 위협이 될 만한 외적, 내적 요소를 분별해서 제거하거나 차단하기 위한 이론적 실천이라고 할 수 있었다.

이러한 태도를 담은 학문적 실천 중 하나가 영남 학맥의 정통성을 다투는 병호시비屛虎是非였다. 병호시비에 개입했던 병파나 호파 모두 '도통'이라는 명분을 가장 근본적인 토대로 여기고, 그 도통이 누구에게 어

---

25) 正祖, 『弘齋全書』 권165, 「日得錄文學」 5, "學者欲得正, 必以朱子爲準的."
26) 蔡濟恭, 『樊巖集』 卷31, "正學猶元氣也, 洋學卽客邪也."
27) 조광, 『조선후기 사상계의 전환기적 특성』, 경인문화사, 2010, 4~7쪽.

떻게 전수되었는지를 문제 삼았기 때문이다. 이들의 도통의식은 이론의 아니라 퇴계학의 정맥이 누구에게 이어졌는가, 그리하여 누구를 배향할 것인가의 사후 추존이라는 도통의 표층에서 작동하고 있었다. 퇴계학의 정맥이 학봉 김성일에서 대산 이상정으로 이어진다는 호파 계열에서 논쟁을 주도한 것은 대산의 제자였던 동암 류장원東巖柳長源(1724-1796)과 그 문하였다.28)

류장원의 제자였던 대야大埜 류건휴柳健休는 병호시비의 핵심 인물 중 한 사람이었으며 그의 저술 『계호학적溪湖學的』과 『이학집변異學集辨』은 학술적 주도권을 확보하기 위한 이론적 시도로 평가할 수 있다. 그는 『계호학적』을 통해 퇴계의 도통이 이상정에게 전달되었음을 논변함과 동시에 『이학집변』을 통해 이단을 배척하고자 하였다.29) 류건휴는 류치명의 족조族祖로서 나이가 9살이나 많으며, 류장원에게 배웠고, 나이 40에 남한조의 문하에서 수학하였다. 같은 스승 밑에서 공부한 류치명은 항렬상 집안 어른인 류건휴의 『이학집변』 교정을 주도하였다.30) 『이학집변』은 불교와 천주교 등 이단의 학문적 폐해를 태조로부터 정조까지 역사를 편년체로 서술하였으며 사건과 인물을 중심으로 수록한 『국조고사國朝故事』 등을 참조하여 자신의 견해를 정리한 책이다. 이 책은 유학 이외의 이단의 학설에 대하여 선유의 학설들을 총집합하고 그 실정과 시비를 논변하였다.31) 류건휴는 천주학을 물리치려면 원시 유학 이래 이학들을 모두 모아 변증한다면 천주학도 언젠가는 사라질 것이라 기대하면서 『이학집변』 저술하였다고 하였다고 한다. 결국 이단을 차단하는 길은 정학正學을 바로 세우는 것이 최선의 방책이라는 것이었다.32)

---

28) 김선희, 「19세기 영남 남인의 서학 비판과 지식 권력: 류건휴의 『이학집변』을 중심으로」, 『한국사상사학』 제51집, 한국사상사학회, 2015, 453~455쪽.
29) 위와 같음.
30) 김지은, 앞의 책, 151쪽.
31) 임노직, 「해제」, 『異學集辯』, 한국국학진흥원, 2004, 762~769쪽.

그러나 이것은 하나의 형식적인 명분이었을 뿐이고 실질적인 내막은 이렇다. 류건휴는 1801년 신유박해로 엄청나게 많은 사람들이 처형되는 것을 목격하였다. 그는 영남 남인과 유대 관계를 유지해 왔던 기호 남인들이 신유박해로 대거 축출되는 사태를 보았고, 그 화가 영남 남인들에게까지 미칠까 하는 두려움이 없지 않았다. 그래서 영남 남인과 기호 남인은 서학을 인식하는 측면에서 다르다는 것을 확인시켜야 했다. 그의 이러한 처신은 자신들을 보위하기 위한 절박함에서 나온 것이기 때문에 더욱 엄정한 비판의 잣대를 들이댔던 것이었다.[33]

이와 같이 소용돌이치는 정세 속에서 류치명의 위정척사론은 지금까지 그가 스승으로부터 배워왔던 퇴계학파의 성리학 인식 속에서 당시 영남 남인의 입장을 대변하고 있었다. 영남 남인의 정치적 대응도 점차 강화되어 그들의 시비是非와 정사正邪 분별의 논리도 오히려 확고해지는 양상을 보였다. 당시 정국은 소수의 외척外戚에 의한 권력 독점과 그에 수반된 정치·사회·경제적 혼란 및 파탄은 과거 훈척정권勳戚政權의 그것을 반복하는 것이었다. 거기다 서세동점西勢東漸의 경향에 편승한 서학, 곧 천주교의 급속한 파급은 유교적 질서 자체에 근본적인 위협으로 다가오고 있었다. 결국 퇴계학파가 주축이 된 영남 사림의 위정척사론은 세도정치의 파행적 정치 상황과 서학에 사상적 위협을 받고 있었다. 류치명 위정척사론의 특징은 대체로 퇴계학파의 이기심성론을 수용하고 있었다. 그렇기 때문에 그의 위정척사론은 극단적인 이분법적 구조로 사邪의 물리적 소멸을 지향하는 것이 아니라, 확고한 가치 분별을 전제로 정正의 보호를 위한 내부적 자강自強을 우선하고 있다고 할 것이다. 이같은 류치명의 위정

---

32) 김순미, 「大埜 柳健休의 《異學集辨》에 나타난 천주학 비판에 관한 연구」, 『교회사연구』 45, 한국교회사연구소, 2014, 163쪽. 『異學集辨』은 2013년 한국국학진흥원에서 국역되어 출간되었다.
33) 김순미, 위의 논문, 166쪽.

척사론은 그의 학문 배경과 함께 그가 당면하고 있던 시대 상황과 무관하지 않은 것으로 보인다. 이러한 현상은 그의 학문 형성이 가학과 함께 외증조부 이상정의 영향이 상당 부분 작용하고 있었다고 보인다.34)

류치명 또한 이황에서 김성일 → 이현일 → 이재 → 이상정 → 류장원으로 이어지는 학맥을 계승한 까닭에 학맥의 정통성을 수호하기 위해 이理의 우월성과 능동성을 강조하였고 그 결과 사邪의 위협을 극복하고자 하였다. 그는 병파屛派와 호파虎派 사이의 갈등에서 호파의 적통을 확보하기 위하여 호파의 공론을 수합하고 이끌어 나가는 중심 역할을 하였다. 그의 이러한 노력은 향촌 유림의 강회를 통하여 드러났고, 그 결과 류치명은 호파를 대표하는 학자로 자리매김되고 있었다.35) 류치명의 척사론에 영향을 미친 것은 그의 유년 시절 스승인 류장원이었다. 그가 속한 영남 남인은 성호 이익 이래로 근기 남인과 같은 남인이라는 점에서 학문적 교류가 이어져 오고 있었다. 이익의 제자인 안정복은 서학에 대한 비판적인 입장에서 지은 『천학혹문天學或問』이라는 책의 교정을 상주에 있는 남한조에게 부탁하였다. 류장원은 남한조를 통해 안정복의 『천학혹문』을 구해 읽은 뒤 다시 남한조에게 편지를 보내 우선 글의 제목을 혹문或問 대신 '변파辨破'라고 바꾸어 내용을 읽지 않고도 '이단의 척결'이라는 것을 짐작할 수 있도록 해야 한다고 하였다. 류장원이 안정복의 『천학혹문』 제목을 변파로 바꾸어야 한다고 주장한 것 자체가 영남 남인의 서학에 대한 배척의 강도가 근기 남인보다 훨씬 강하다는 것을 느끼게 한다. 또한 서학을 천학이라고 한 것 자체가 못마땅하다는 입장을 전하였다. 다시 말해 동양에서 '천天'이라는 것은 '천륜天倫' 곧 부모와 자식 그리고 부부가 지켜야 할 질서라는 뜻을 담고 있는데 서양의 윤리는 이와는 크게

---

34) 설석규, 앞의 논문, 104~106쪽.
35) 김지은, 「정재 류치명의 척사론과 그 전승」, 『역사교육론집』 60, 역사교육학회, 2016, 190쪽.

다르므로 '천학'이라 이름해서는 안 된다는 입장이었다. 그는 학문적인 목적이라고 하더라도 천주교를 가까이해서는 안 된다는 것이었다.[36]

류장원의 이러한 입장에 대하여 남한조는 한 걸음 더 나아가서 근기 남인이 수용하였던 서양 과학기술의 효용성마저 부정하였다. 남한조는 안정복이 교정을 부탁한 『천학혹문』을 읽고 편지를 보내 구체적인 척사에 대한 입장을 전달하였다.[37] 남한조가 근기 남인의 천주교 척사론을 비판한 요지는 크게 세 가지였다. 첫째, 남한조는 근기 남인이 서양 과학기술을 수용해야한다는 입장에 대해 부정적인 인식을 가지고 있었다. 서양의 과학 기술을 인정하게 되면 서양의 종교도 인정하게 된다는 것이었다. 둘째, 천주교의 신에 대한 인식인데 이익과 안정복은 신 자체를 부정하지 않았으며 유교도 이에 상응하는 상제上帝라는 존재가 있다고 보았다. 남한조는 천주교의 천주는 만물을 초월한 절대자로서 인간과 같은 인격성을 가지고 있지만 유교의 상제는 태극의 다른 표현이므로 만물에 내재되어있는 필연의 법칙 그 자체라고 하였다. 셋째, 영혼 불멸과 귀신에 대한 해석의 차이였다. 이익과 안정복은 천주교의 영혼불멸설에 대해 조상 귀신은 궁극적으로 사라지지만 일정 기간 존재하면서 제사의 대상이 된다고 하여 귀신이 실제로 존재하는 가능성을 열어 두었다. 여기에 대하여 남한조는 사람이 죽으면 형체가 없어지고 혼백도 떠나가는 것이니 정신도 결국 없어지는 것이라고 하였다. 남한조는 안정복과 교류하였지만 천주교에 대한 인식에 있어서는 보다 강력한 척사론을 제기하였다.[38] 근기 남인의 척사론이 영남 남인에게 전해지자 퇴계학파 내부에서도 활발한 논의가 일어났다. 영남 남인들은 근기 남인들이 천주교에 대해 온건한 입장을 취하여 많은 사람들이 처형되는 상황을 목격하자 천주교에 대하

---

36) 김지은, 앞의 책, 132~135쪽.
37) 『損齋集』 권12, 雜著 「安順庵天學或問辨疑」; 「李星湖(瀷)天主實義跋辨疑」
38) 김지은, 앞의 책, 134~137쪽.

여 근기 남인보다 훨씬 강경한 척사론을 취하였다. 당시 영남 학파의 종장격이었던 류치명의 천주교에 대한 척사론은 류건휴의 『이학집변』에서 많은 영향을 받았고 이 범주에 포함된다고 보인다.39) 왜냐하면 류치명이 류건휴를 추도하는 「대야공께 올리는 제문祭大埜公文」에서 그의 이단 배척에 대한 공을 이렇게 표현하였기 때문이다.

> 오랫동안 고생스럽게 노력하고 부지런히 절차탁마하여 작고 미미하게 쌓아나가서 큰 성과를 만들고 조금씩 조금씩 길러서 높은 경지에 도달하여 연구하지 않은 책이 없고 궁구하지 않은 이치가 없는 데 이르러서는 아무리 스스로 통달하고 민첩하며 영특하고 특출하다고 여기는 사람이라도 눈이 휘둥그레져서 바라보며 앞자리를 양보하였습니다. … 패도(覇道)를 배척하고 왕도(王道)를 존숭하며 이단(異端)을 물리치고 정도(正道)를 돌이켰으니 또한 우리 유도에 공로가 있다고 할 만합니다.40)

류치명의 학풍을 계승한 정재학파의 인물들이 한말 국내·외의 극한적 모순상황에서 위정척사운동을 본격적으로 전개하게 되는 것도 그러한 맥락에서 이해되는 것이다.41)

4. 상소문을 통해 본 현실인식과 처세관

조선시대 상소를 올린다는 것 자체가 상당한 위험 부담을 안는 행위였다. 왜냐하면 상소문의 내용은 정권을 담당하는 핵심 세력과 그 정점에

---

39) 『定齋集附錄』卷一,「年譜」.
40) 『定齋集附錄』卷二十四,「祭大埜公文」.
41) 설석규, 앞의 논문, 109쪽.

있는 국왕에 대한 비판적인 내용이 담기기 때문이다. 상소의 내용은 주로 국왕의 실정에 대한 간쟁, 관료의 부정이나 비리에 대한 폭로, 개혁 및 개선을 촉구하는 내용, 정치·사회 분야의 각종 사안에 대한 청원 등에 공론을 취합하는 것이 주를 이룬다. 그렇지만 이 공론의 정당성을 판단하는 최종 주체는 국왕인 까닭에 자칫하면 불순한 세력, 이단, 또는 역적으로 몰릴 가능성이 상존하고 있었다. 그런 까닭에 소두疏頭를 결정할 때는 매우 신중하였으며, 덕망을 갖추고 지도력이 있는 인물이어야 했고, 소두 또한 그런 위험을 감당할 각오가 되어있어야 했다.42) 류치명은 총 13건의 상소를 올렸으나 대부분 벼슬을 사직하는 상소였지만 그 말미에는 현안에 대한 자신의 견해를 담았다.

먼저 1834년 그의 나이 58세 때 「홍문관교리 겸 사강원 문학을 사직하는 상소辭弘文館校理兼侍講院文學疏」와 「다시 사직을 겸해 수신 성찰의 방법을 진달한 소再辭兼陳修省之方疏」의 내용을 살펴보면 다음과 같다.

> 신이 들건대, 성인이 인재를 등용하는 것은 목수가 나무를 다루는 것과 같아서 그 장점은 취하고 단점은 버린다고 하였으니, 진실로 시험하고 실험하지 아니한 자에게 갑자기 불기不器의 용도로 일을 맡길 수 없습니다. … 만약 일정한 법식으로 삼아서 모두 반드시 말할 것을 강요한다면 과거 보는 무리가 과거장에서 종이나 채우는 것과 다를 것이 거의 없고, 조정에서는 또 인재를 등용하는 실속이 없어서 형식만 갖추는 것이 또한 심하게 될 것입니다. 신은 마땅히 이 규칙을 중지하여 진언進言의 길을 활짝 열고 간언을 받아들이는 도리를 더욱 넓힌다면 정성을 다해 진언하여 형식적으로 응하는 부끄러움이 없을 것이고, 진실로 간하는 말을 들어 허위로 인한 잘못이 없을 것이라 생각합니다.43)

---

42) 설석규, 『儒生上疏와 公論政治』, 선인, 2002.
43) 류치명 저, 장재호역, 『국역 정재집』 제1권, 한국국학진흥원, 2022, 90~92쪽.

이 상소문은 훌륭한 인재를 등용하기 위해서는 형식과 절차에 얽매이기보다는 그 사람의 인품과 학식 그리고 덕망이 중요하다는 것을 강조하고 있다. 당시는 안동김씨 세도정치 하에서 매관매직이 성행하던 때였다. 이 상소문은 당시 상소 말미에 붙이는 미부尾附라는 형식을 갖추어야 왕에게 상소문이 전달될 수 있는 체제였는데 굳이 번거로운 형식을 고집할 필요가 없으며, 국가의 정책을 수립하는 데 언로를 열어 널리 도움이 되는 말을 들으라고 충언을 한 것이다. 같은 해 올린 「다시 사직을 겸해 수신 성찰의 방법을 진달한 소」에서는 국가의 위기 상황을 서술하고 다음과 같은 대안을 제시하였다.

> 아, 오늘의 나라 형세는 급하다고 할 수 있습니다. 백성의 삶은 날로 피폐하고 나라의 근본이 단단하지 못한데, 두 해 동안의 기근은 전에 듣지 못한 것이라 도로에 시체가 널브러졌고 고을은 폐허가 되었으니, 이번 가을에 곡식이 제법 여물었다고는 하지만 농민은 이미 다하여 황폐한 곳이 태반이고, 수확한 곡식은 전지田地가 묵은 곳을 돕기에도 부족합니다. 또 더구나 죽은 백성과 없어진 집의 남아있는 신포身布는 누가 바치고, 남아있는 환자還子은 누가 납부하며, 남아있는 결세結稅는 누가 마련하겠습니까 … 신이 듣건대, 백성은 나라의 하늘인데, 하늘이 어찌 백성 구제하는 일을 그만두겠습니까. 이런 까닭으로 민심이 기쁘면 하늘의 뜻을 얻고 민심이 원망하면 하늘의 뜻이 어그러집니다. 임금이 하늘을 섬기는 도는 오직 백성들이 각각 제자리를 얻게 하는 데 있을 뿐입니다.[44]

이 상소문은 세도정치의 여파로 삼정이 문란하여 전세와 군포, 환곡과 같은 세금은 과중하여 백성들이 죽어가고 있는 현실을 진달하였다. 나아가 국가에서 가장 중요한 것이 백성들인데 군주가 백성 돌보는 것을 하

---

[44] 류치명 저, 장재호역, 『국역 정재집』 제1권, 한국국학진흥원, 2022, 95~96쪽.

늘 섬기듯 하여야 한다고 하였다. 이 상소를 읽어 본 순조는 류치명의 견해에 감탄하여 종5품 홍문관 교리 류치명을 정3품 승정원 동부승지로 임명하는 특교를 내렸다고 한다.45)

중앙에서 오랜 세월 관직 생활을 하던 류치명은 1839년 평안도 초산 부사라는 외직을 제수받는다. 초산 부사로 부임한 류치명은 목민관으로서 선정을 베풀기 위해 최선을 다하였다. 초산은 한 때 10,000호에 이르는 지역이었으나 수령들의 폭정과 수십 년간의 기근으로 류치명이 부임하였을 때는 1,527호 밖에 남아있지 않았다.46) 류치명은 삼정의 문란으로 각종 잡세에 시달리던 백성들의 고통을 덜어주기 위해 노력하였다. 그는 호구가 급감한 초산의 현실을 감안하지 않고 도망한 백성들의 환곡을 남아있는 백성들에게 부과하는 모순을 시정하기 위해 3만여 석의 환곡 중에서 남아있는 백성들에게 2천여 석을 거두어들였다. 부족분은 자신의 녹봉과 친족의 후원 그리고 부유한 초산 부호들의 도움을 받아 어느 정도 채울 수 있었다. 하지만 이러한 류치명의 행적은 조정에서 암행어사 심승택沈承澤으로 하여금 초산의 환곡 징수 실태를 상세히 조사해서 보고하라는 결과로 나타났다. 상황이 이렇게 되자 류치명은 평안감사인 김난순金蘭淳에게 편지를 보내 많은 백성들이 유망流亡하여 모자라는 환곡인 포환逋還 조사가 원활하지 못한 점을 설명하고 죽음에 내몰린 백성들을 위해 초산의 부세를 삭감해 주기를 청하였다.47) 이어서 그는 조정의 윤허 없이 감사에게만 보고하고 환곡을 이송한 일에 대하여 죄를 청하는 상소를 올렸다. 그는 이 상소에서 초산 백성들의 어려운 상황을 감안하여 1809년과 1823년의 사례를 근거로 결손이 난 환곡을 감가減價한 후 환곡이 적은 읍으로 이송하였다는 사실을 밝혔다.48)

---

45) 『純祖實錄』 34, 34년 10월 19일(경술).
46) 『定齋集』 卷二, 書 「上金方伯 蘭淳」 庚子.
47) 『定齋集』 卷二, 書 「答金方伯」.

류치명은 초산의 풍속 교화에도 힘썼는데 관내에 송사가 끊이지 않았고 세금을 내지 않아 부세가 체납되는 등 어려움이 많았다. 이러한 상황은 1841년 평안도 관찰사 김흥근에게 보낸 편지에 이렇게 나타난다.

> 대개 고을의 일로 말하자면 보살핌이 방법에 어긋나 쇠퇴함이 날로 심하고 교화가 이루어지지 않아 송사가 번다하게 일어났으며, 체납세를 독촉한 나머지 백성과 고을이 텅 비었고 여름 내내 장맛비가 내린 뒤라 곡식이 모두 병들었습니다.[49]

윗글은 전임 목민관들이 백성들을 잘 돌보지 않아 풍속이 무너지고, 다툼이 많아 소송이 늘어난 데다 세금 독촉으로 마을이 텅 빌 지경에 이른 초산의 현실을 보여준다. 이런 상황에 부임한 류치명은 향교를 방문하여 유생들과 직접 대화하고, 「백록동규白鹿洞規」, 「이산원규伊山院規」 등을 읽게 하는 등 교화에 힘썼다. 그 결과 이웃 마을의 유생들이 배움을 청하러 오기도 했다고 한다. 이렇듯 류치명은 백성들 돌보는 일을 하늘 섬기는 것에 비유하였듯이 임기 동안 백성들의 어려움을 파악하기 위해 현장을 살폈다. 그리고 그들이 무엇을 원하는지를 정확하게 알고, 그에 맞는 처방을 해 주었다.

18~19세기 영남 남인들이 당면한 중요한 정치적 과제는 크게 두 가지라고 할 수 있다. 하나는 갑술환국 때 실각하여 유배를 당한 갈암 이현일의 신원을 회복하는 것이었고, 다른 하나는 정치적 이해관계로 희생된 사도세자를 추존하는 것이었다.[50] 류치명은 이 두 가지 문제를 해결하기

---

48) 김지은, 앞의 책, 74~75쪽.
49) 류치명 저, 장재호 역, 『국역 정재집』 제1권, 「김방백 흥근에게 올림」, 한국국학진흥원, 2022, 207~208쪽.
50) 이재현, 「순조대(1800-1834) 안동지역 유림의 정치적 동향」, 『영남학』 59, 영남문화연구원, 2016, 117~119쪽.

위해서 상소를 올렸는데 차례로 살펴보기로 하자. 먼저 1844년 68세의 나이로「갈암 이 선생의 직첩을 내려 주기를 청하는 상소請給葛庵李先生職牒疏」를 올렸다. 영남 남인들은 퇴계학맥의 두 축을 이루는 학봉 김성일과 서애 류성룡 계열로 나뉘어 병호시비로 갈등을 계속하고 있었다. 류치명은 학봉계였고 이들은 17세기 후반 영남 남인 내에서 가장 강력한 집단이었다. 학봉계를 대표하던 이현일은 중앙 정계에서는 영남 남인 전체를 대표하는 인물이었다. 이현일의 신원을 통해 갑술환국 때 입었던 죄를 벗는 것은 영남 남인의 출사 명분과 밀접한 관련이 있었다. 그렇기 때문에 그 문인들은 이현일의 신원을 200년에 걸쳐 도모하게 된다. 이현일의 신원과 추숭운동은 단순히 이현일 개인의 대한 현창 작업이 아니었다. 그런 까닭에 류치명은 이현일의 직전 제자였던 김성탁金聖鐸과 조덕린趙德鄰 등이 이미 상소를 올려 처벌을 받은 사례가 있음도 불구하고 상소를 올리지 않을 수 없었다. 1844년 류치명은 이현일이 신원되어야 하는 이유를 이렇게 밝혔다.

> 신 등이 삼가 생각건대, 국가가 공평하고 분명한 이치를 밝히는데, 무릇 원통한 일이 있으면 모두 풀어야 합니다. 더구나 이현일은 바로잡아 구제하는 데 뜻이 있었고 편안하기를 간절히 바랐기에, 한 번의 상소가 관철되지 않아도 다시 올리는 데 이르렀고, 앞의 말이 공효가 없어도 다시 진달하는 데 이르렀던 것입니다. 그의 충심을 헤아려 보면 마땅히 포상하고 가상히 여겨야 하는데 도리어 원한을 품게 하였으니, 매우 공평하고 타당한 도리가 아닙니다. 또 마음에 있는 의리는 천부적으로 타고난 것이어서 사사롭게 영합하여 뒤바꿀 수 있는 것이 아닙니다. 만일 조금이라도 의심스러운 게 있다면 어찌 감히 머리를 들고 억울함을 호소했겠습니까. 진실로 충심이 이와 같고 억울함이 이와 같으니, 무릇 보편적인 성품을 지닌 자라면 오히려 가엾고 민망하게 여길 것입니다.[51]

이현일의 신원은 영남 남인의 중앙 정계 출사 명분과 향촌 내에서의 지위 유지와 관련이 있었다.52) 그런 까닭에 이미 여러 차례 이현일의 신원에 대한 상소가 있었음에도 불구하고 아직 신원이 되지 않은 것은 너무 억울한 일이므로 신원을 시켜야 한다고 하였다. 이현일의 신원과 복권 문제는 무엇보다도 영남 남인의 명예회복을 위하여 중요한 것이었기에 영남 남인을 대표하는 위치에 있었던 류치명은 이 일을 자임하지 않을 수 없었다.

다음으로 사도세자 추존에 관한 상소를 살펴보면 영남 남인들은 이미 1792년(정조 2)에 만인소를 올렸다.53) 1792년에 때 올린 상소는 정조로부터 따뜻한 위로의 말과 환대를 받은 바 있었지만 지금은 그 때와 상황이 많이 달라져 있었다. 사도세자의 아들인 정조는 이미 세상을 떠났고, 중앙 정계에 영남 남인을 후원해 줄 수 있는 세력이 없었기 때문이다. 그런데 철종이 사도세자 탄생 2주갑周甲을 맞이하여 1855년 1월 21일 경모궁景慕宮54)에 나아가 '찬원헌성贊元憲成 계상현희啓祥顯熙'라는 8자의 존호와 옥책, 금인을 올리며 작헌례酌獻禮를 행하였다.55) 철종이 사도세자의 존호를 올릴 때 판중추부사 서준보徐俊輔는 정조에게도 존호를 올리자고 청하였다. 그렇지만 철종은 서준보의 청을 거절하였다. 정조에게 존호를 올리는 것은 정조가 살아계실 때 뜻이 아니라는 것이 그 이유였다.56)

철종이 사도세자에게 존호를 올렸다는 사실이 영남에 전해지자 영남

---

51) 류치명 저, 장재호역, 『국역 정재집』 제1권, 「갈암 이 선생의 직첩을 내려 주기글 청하는 상소(請給葛庵李先生職牒疏)」, 한국국학진흥원, 2022, 125쪽.
52) 이재현, 「18세기 이현일 문인의 伸冤운동과 追崇사업」, 『대구사학』 117, 대구사학회, 2014, 9~12쪽.
53) 『만 사람의 뜻은 천하의 뜻 만인소』, 한국국학진흥원, 2007년 정기기획전 도록, 51쪽.
54) 正祖 생부인 사도세자의 신판을 봉안한 궁이다.
55) 『哲宗實錄』 7, 철종6년 1월 21일(을유).
56) 김문식, 「조선후기 영남만인소의 정치적 의의」, 『만인의 청원, 만인소』, 한국국학진흥원, 2019, 20~21쪽

사림은 60년 만에 절호의 기회라고 여기며 공론을 모으고 사도세자 추존을 위한 만인소 준비 작업에 착수하였다. 이들은 1855년 1월에 안동의 호계서원과 병산서원에서 도산서원으로 통문을 보내 유회儒會를 열자고 요청하였다. 1월 27일 영남 유생들은 도산서원에 모여 이휘병李彙炳을 소두로 결정하였다. 그러나 상소를 위한 유생들의 모임은 1792년 때와 달리 원만하게 진행되지 않았다. 그것은 남인계 세력이 극도로 위축되어 있었기 때문이었다. 1792년 때는 정조가 국왕의 자리에 있었고 좌의정 채제공의 적극적인 지원이 있었지만 지금은 이들의 지지 세력이 줄 지지 세력이 없었기 때문이었다. 1800년 정조가 세상을 떠나자 영남 남인은 중앙정계에서 배제되었고, 이런 시기에 사도세자의 추존 문제를 정면으로 거론한다는 것은 노론의 정치적 보복을 피할 수 없을 것이었기 때문이었다.57) 이처럼 영남 유생들이 준비하는 두 번째 만인소의 진행 상황이 지지부진하자 류치명은 그 해 3월 단독으로 사도세자를 추존해야한다는 상소를 올렸다. 이 상소를 올리기 전에 가족과 제자들은 만류하였으나 결국 류치명은 이 상소 결행하였다. 그는 상소문에서 다음과 같이 밝혔다.

> 삼가 생각건대, 나라의 운수가 무궁하여 세자가 태어난 구갑舊甲에 경모궁景慕宮의 휘호徽號를 이미 거행했습니다. … 아, 필부도 억울함이 있으면 반드시 풀어야 하는데, 우리 돌아가신 세자께서는 14년간 섭정攝政한 세자로서 신민이 백세토록 서운함을 남겼습니다. 정묘正廟의 돈독하고 깊은 효성으로 애통함을 머금은 지 40년이 되었는데도 아직 그 지극한 심정을 풀지 못한 것은 그 마음에 어찌 혹 하루라도 잊어서겠습니까? 아마도 훗날을 기다림이 있어서 그런 것입니다. 또 존호 한 가지 일로 말하더라도, 성인은 일시적인 인심을 구차하게 따른 적이 없고 반드시 때를 따라 마땅함을 판단했습니다. … 신의 어리석은 생각에 지금 전례를 행하더라

---

57) 김문식, 위의 논문, 21쪽.

도 종통의 지엄至嚴에 저촉되지는 않을 것 같습니다. 무엇을 의심하여 선왕의 평생 한을 위로하지 않는지 신은 알지 못하겠습니다. 삼가 바라건대, 전하께서는 이 뜻을 깊이 통촉하시고 다시 정조正祖의 지극한 심정을 체찰體察하시어 미처 겨를 내지 못했던 예전禮典을 봉행하심으로써 사람과 신神의 정을 기뻐하게 하십시오.58)

이 상소문은 필부도 억울한 일을 당하면 그것을 풀어야 하는데 사도세자는 억울하게 죽은 지 40년이 지나도 아직 신원이 되지 않고 있다. 정조가 본인의 존호를 올리지 말라고 한 것은 아버지를 추존하지 못했기 때문이었다. 그런데도 그 한을 풀어주지 못한 것은 적절한 시기를 만나지 못해서였다. 지금 경모궁에서 사도세자의 존호를 올리는 의식을 거행하였으니 이때 추존하는 것은 사도세자와 정조 그리고 모든 사람을 기쁘게 하는 일이라고 하였다.

이 상소가 올라가자 조정 여론이 비등하였는데 대사간 박내만을 필두로 류치명을 탄핵하는 상소가 잇달았다. 이에 시임時任과 원임原任 대신들까지 가세하여 류치명을 국문하라고 요구하였다. 하지만 철종은 시골 늙은이를 국문할 것까지는 없고 그의 상소가 선왕의 대의를 혼란시켰으니 섬으로 유배하라고 하였다.59) 류치명이 죄를 받아 지도知島로 유배되었을 때 그의 나이 79세였고, 이미 영남 유림을 대표하는 학자로서 입지를 가지고 있었다. 게다가 지속적으로 관직이 내려져 벼슬은 종2품 병조참의에 이르렀다. 그의 귀향길에는 원근에서 필요한 물품이 조달되었으며, 유배가는 도중 곳곳에서 벗들이 나와 술과 음식을 대접하였다. 그는 고향에서 챙겨온 책들을 읽고, 저술 활동을 게을리하지 않는 학자로서의 본분을 지키고 있었다. 시간이 흐를수록 배움을 청하러 오는 이들이 많아졌고,

---

58) 류치명 저, 장재호 역, 『국역 정재집』 제1권, 「경모궁에 전례를 행하기를 청하는 상소(請行景慕宮典禮疏)」, 한국국학진흥원, 2022, 165~167쪽.
59) 『哲宗實錄』 권7, 철종 6년 4월 갑오.

유배되었다는 사실은 오히려 그의 학맥이 호남지역까지 넓어지는 계기가 되었다.60) 류치명의 삶에 가장 빛나는 것은 그가 많은 제자들을 길러냈다는 것이다. 문인록에 수록된 제자들은 급문록이 제작된 시기에 따라 숫자가 다른데 시기가 지날수록 수가 늘어나는 것이 특징이다. 전주류씨 집안의 자제들 중심으로 1827년에 작성된 「대평약안大坪約案」에 수록된 문인의 수는 전주류씨 집안의 자제들로 21명61)이었다. 이후 문인들의 숫자는 점점 늘어나서 1861년 사망할 당시에 작성된 『평상급문제현록坪上及門諸賢錄』에 등록된 제자들의 수는 571명이다.62) 류치명의 문하에서 직접 가르침을 받은 직전 제자들과 직전 제자들의 가르침을 받은 재전 제자들 가운데 한말과 일제강점기 많은 독립운동가들이 배출된 것이 특징이다. 김흥락, 김도화, 류필영, 김대락, 이상룡 등은 그 대표적인 인물들이다.

5. 맺음말

정재 류치명은 집안 어른인 류장원에게 학문을 배우면서 가학을 이어받고 이후 남한조의 문하에 나아가 공부를 하였다. 그는 대산 이상정의 외증손으로 퇴계학맥을 계승하였고, 1805년 대과에 급제하여 승문원부정자·성균관전적·사간원정언·홍문관교리·우부승지·초산부사·공조참의 등을 거쳐 병조참판을 역임한 학자이자 관료였다. 그의 집안은 고조 항렬인 류승현·류관현 등이 활동하였던 18세기부터 류치명의 활동기인 19세기까지 약 100년의 세월 동안 많은 학자와 관료를 배출하였고 학문적으로

---

60) 김지은, 앞의 책, 116쪽.
61) 「大坪約案」, 필사본, 자료번호: 95626 成册0001, 한국국학진흥원.
62) 『坪上及門諸賢錄(表題:坪門諸賢錄)』, 필사본, 不分卷1册 자료번호: 267682 한국국학진흥원.

다양한 저술을 남겼다. 그는 29살에 대과에 급제하여 중앙에서 여러 청요직에 봉직하였고, 향리에서는 고산서원, 사빈서원 등의 강회에 주도적으로 참여하여 학문적인 위상을 높여갔다. 그의 학문적인 위상이 높아짐에 따라 조정에서 지속적으로 관직이 내려졌고, 1839년에는 외직인 초산도호부사에 제수되었다. 외직에 나간 그는 목민관으로서 백성들의 고충을 처리하는 데 헌신하였다. 삼정문란으로 환곡의 과중한 부담에 시달리던 백성의 세금을 탕감해 주었다. 그는 중앙에 있을 때나 지방에 목민관으로 봉직할 때도 언제나 백성을 하늘같이 알아야 나라가 편하다는 신념으로 국왕을 보필하였고, 민생을 돌보았다.

18세기 후반 성리학자들은 서학 즉 천주교가 수용되기 시작하자 천주교도들을 이단으로 규정하고 공격을 강화해 갔다. 서학에 대한 공격은 당색에 따라 약간의 차이가 있었으며, 비교적 온건한 입장이었던 근기 남인에 비해 영남 남인 강경한 입장이었다. 그것은 신유사옥 때 근기 남인이 무참하게 화를 당하는 것을 목격한 영남 남인의 자기 방어적인 본능에서 비롯된 것이었다. 류치명 또한 당시 퇴계학맥에서 차지하는 비중이 컸던 까닭에 이러한 흐름에 동조하였다.

류치명은 상소문을 통해 어려운 정세를 해결하는 방법을 국왕에게 전달하였다. 1834년 홍문관 교리를 사직하는 상소에서 인재 등용의 중요성을 강조하였고, 같은 해 순조의 명에 따라 수신하는 방법을 진달하는 상소에서는 백성을 하늘같이 알아야 한다고 진언하였다. 류치명은 이 상소를 통해서 종5품에서 정3품으로 특진을 하게 되는 영광을 누린다. 이러한 상소의 내용은 그가 평생을 살면서 삶의 철학으로 여겼던 것이다. 백성을 아끼고 사랑하였기 때문에 그의 녹봉으로 어려운 사람들의 환곡 상환 문제를 해결해 주는 모습을 보였다.

류치명이 활동하던 당시 영남 남인들이 해결해야 할 과제는 갈암 이현일의 신원을 회복하는 일과 사도세자를 추존하는 문제였다. 류치명은 이

두 가지 사안을 상소를 통해 해결하려고 하였다. 류치명은 이 문제를 해결하기 위해서 1844년 68세의 나이로 「갈암 이 선생의 직첩을 내려 주기를 청하는 상소」를 올렸다. 이 상소는 나름대로 효과가 있어 철종 연간에 갈암의 신원이 이루어졌으나 이후 다시 환수와 복권이 몇 차례 반복되는 진통을 겪게 된다. 류치명은 1855년 79세의 나이로 「경모궁에 전례를 행하기를 청하는 상소」를 올려 사도세자 추존을 청했다. 류치명이 이 상소를 올릴 시점에 영남 유림은 사도세자 추존에 대해 두 번째 만인소를 준비하고 있던 때였다. 결국 이 상소는 영남 유생 10,094명의 서명을 받아 봉안되었지만 그 과정이 원활하게 진행되지 못하자 그 중간에 류치명이 단독으로 사도세자 추존 상소를 올렸다. 이 상소가 올라가자 조정은 들끓었고, 전남 지도로 유배형이 내려졌을 때 그의 나이 79세였다. 이미 그는 영남 유림을 대표하는 학자로서 입지를 가지고 있었으며, 지속적으로 관직이 내려져 벼슬은 종2품 병조참의가 되어있었다. 이러한 유배형은 그에게 오히려 그의 명성을 더하게 하였으며, 그의 문인들이 호남지방까지 늘어나는 계기가 되었다. 류치명의 생애에서 가장 빛나는 것은 많은 제자들을 길러낸 것이라고 할 수 있다. 그의 문하에서 김흥락, 김도화, 이만도, 류필영, 이상룡 등과 같은 걸출한 인물들이 쏟아져 나왔으며, 우리는 이들을 정재학파라고 부른다.

서산 김흥락의 이상과 현실 대응

1. 머리말

　김흥락金興洛(1827~1899)은 조선말에 태어나 개항기를 살다간 성리학자였다. 그의 자는 계맹繼孟이고, 호는 서산西山이며, 본관은 의성義城이다. 그는 학봉鶴峰 김성일金誠一의 11대 종손으로 1827년 10월 25일 안동부 금계金溪에서 부친 진화鎭華와 모친 진성이씨 사이에서 장남으로 태어났다. 그의 학통은 퇴계退溪 이황李滉으로부터 김성일 → 갈암葛庵 이현일李玄逸 → 밀암密庵 이재李栽 → 대산大山 이상정李象靖 → 손재損齋 남한조南漢朝 → 정재定齋 류치명柳致明으로 이어지는 퇴계 학맥을 계승하였다.[1] 그는 당시 안동 지역 중요한 지도자의 한 사람으로서 위정척사론을 견지한 인물이었다.[2] 그는 이 시기 이황의 성리설을 지키고 수기치인修己治人의 삶을 실천하고자 하였다. 이러한 삶의 자세를 견지하던 그에게 조정에서 여러 차례 벼슬을 내렸지만 그는 끝내 사양하고 나아가지 않았다.[3] 김흥락이 처한 현실은 그가 성리학자로서 자신의 철학과 소신에 따라 삶을 영위하는 것을 어렵게 하였다.

　김흥락이 살았던 시기는 대내외적으로 격변하는 때였다. 대외적으로는 19세기에 들어 미국을 비롯한 서구열강들은 지금이야말로 조선·일본과 통상해야 하는 절호의 기회라고 생각하고, 문호를 개방시키고자 무력시위를 전개하였다. 그들이 조선을 개항함으로써 얻을 수 있는 이득은 다음

---

1) 김언종, 「서산선생문집 해제 : 정명正明으로 일관한 계왕계래繼往繼來의 길 -」, 국역『서산선생문집』1, 한국국학진흥원, 2016, 23~28쪽.
2) 김희곤, 「西山 金興洛(1827~899)의 의병항쟁」,『한국근현대사연구』제15집, 한국근현대사학회, 2000, 8쪽.
3) 西山先生記念事業會,「서산선생연보」,『韓末 退溪學統의 正脈 西山 金興洛』, 안동 : 영남사, 2000, 171~219쪽.

과 같은 것들이었다. 자국의 선박이 조선의 근해에서 조난을 당했을 때 선원들이 구난처를 얻고, 상선이 청과의 통상을 위해 왕래할 때 식수나 식량 등의 보급을 위해 조선에 기항지를 확보해야 할 필요가 있었다. 그리고 소위 '은자(隱者)의 나라'에 대한 호기심이 작용했으며, 동방의 '미개한 땅'에 그리스도의 복음을 전해야한다는 백인 우월주의가 작용하고 있었다.4) 바다 건너 일본은 1868년 메이지유신[明治維新]의 단행으로 막부체제를 청산하고 근대 국가체제를 수립하였다. 메이지 정부의 지도자들 가운데 특히 외국을 견문하였던 사람들은 산업자본주의가 내뿜는 제조업과 무역을 군함 및 대포와 함께 유럽 제국의 국력을 뒷받침하는 중요한 원천으로 보았다. 일본은 미개한 이웃나라들을 이들 국가가 바라든 바라지 않든 상관없이 근대화를 이룩하기 위해 향해 구미와 평등해지도록 이끌어야 한다는 시각이었다. 메이지유신 정부에서는 조선을 정벌해야한다는 정한론이 비등하고 있었다.5)

 대내적인 환경 또한 여러 가지 사정으로 복잡하게 얽혀 있었다. 19세기 조선사회는 신분제를 비롯하여 과거제와 조세제도 등 사회·경제적 모순이 분출되던 시기였다. 뿐만 아니라 17세기 『천주실의』가 전래된 이래 점차 세력이 확장되어가던 천주교는 19세기 초 대대적인 탄압을 받았지만 여전히 조선왕조에 위협적인 종교 집단이었다. 이러한 서학의 전파에 대하여 경주의 최제우崔濟愚는 동학을 창시하여 신분제를 부정하고, 당시 사회의 적폐를 시정할 것을 제시하였다. 이러한 모순들이 시정되지 않고 가혹한 수탈이 지속되자 동학교도들은 1894년 동학농민전쟁을 일으켜 조선사회를 뒤흔들었다.

---

4) 신복룡, 「서세동점기의 서구인과 한국인의 상호인식」, 『한국문학연구』 27, 동국대학교 한문학연구소, 2004, 66~68쪽.
5) 앤드루 고든 지음, 문현숙·김우영 옮김, 『현대일본의 역사』 1, 도서출판 이산, 2015, 159~168쪽.

이러한 격변의 시기에 도학을 지키고 인의를 바로 세우는 삶을 살고자 하였던 김흥락에 대한 연구성과는 그리 많지 않다. 그 원인은 그의 문집이 원집 24권에 속집이 6권 목록 1권을 포함하여 모두 16책6)으로 방대한 것도 하나의 요인이라고 하겠다. 아직까지 퇴계학파의 연구가 퇴계를 비롯한 직전 제자들에게 집중되고 김흥락에게까지 미치지 못한 데도 원인이 있다고 하겠다. 지금까지의 연구성과를 살펴보면 대체로 다음과 같다. 서산선생기념사업회는 서산 선생 서세 100주년을 기념한 학술회의에서 발표된 성과들과 연보, 행장과 서산의 문인록인 「보인계첩輔仁稧帖」을 수록하여 『한말 퇴계학통의 정맥 서산 김흥락』7)을 발간하였다. 이 책은 김흥락의 학문 연원과 사상이 퇴계학맥의 적통을 이어받았다는 것과 그가 퇴계의 성리설을 더욱 발전시켰다는 점을 밝혔다. 김흥락은 이러한 학맥과 문중 기반을 바탕으로 지역 사회를 대표하는 유학자로서 을미의병에 지휘장으로 참여하였다는 점을 규명하였다.8) 김흥락은 안동 지역 독립운

---

6) 『西山集』.
7) 西山先生記念事業會, 『韓末 退溪學統의 正脈 西山 金興洛』, 안동 : 영남사, 2000. 이 책에는 다음과 같은 논문과 자료들이 수록되어있다.
 안병주, 「서산 선생의 학문과 사상」.
 김희곤, 「서산 김흥락의 독립운동과 그 餘脈」.
 이우성, 「서산선생의 도학의 정통성과 그 이념-신념」.
 유정기, 「서산전집 해제」.
 조동걸, 「서산 김흥락과 안동의 을미의병」.
 이해영, 「김흥락의 인물과 학문사상」.
 김규성, 「서산의 생애와 활동」.
 금장태·고광식, 「영남계열의 도학자 서산 김흥락」.
 매일신보, 「서산 김흥락」.
 「서산선생 연보〈국역〉」.
 권상익, 「서산선생 행장〈국역〉」.
 이만도, 「墓碣銘 幷序」.
 김정모, 「邵溪書堂記」.
 附 「輔仁稧帖」, 附 「系圖」, 跋文.

동의 대부로서 그의 문하에서 다양한 계열의 독립운동가들이 배출되었으며 국가에서 유공자로 포상을 받은 사람만 40명이 넘는다고 한다.9) 김흥락의 사상을 조명한 글에서는 그의 사상이 퇴계의 성리학을 계승하기는 하였지만 대산 이상정과 정재 류치명의 학맥을 이어받은 만큼 율곡학파의 혼륜설을 일부 수용하는 면모를 보였다고 한다.10)

2016년은 서산 문중과 김흥락의 후손들에게는 기념할 만한 해이다. 왜냐하면 한국국학진흥원이 『서산선생문집』 국역본11)을 출간하였기 때문이다. 『서산선생문집』 출간을 기념하는 학술대회가 개최되었고, 이 자리에서 5편의 논문12)이 발표되었다. 권오영은 "김흥락은 일상생활에서 벗어나 달리 도리道理라는 것이 있는 것은 아니라고"13) 하였다. 김흥락은 "경자敬字는 오직 두려워할 외자畏字가 그 뜻이 가깝다."고 한 주희의 말을 가지고 집의 이름을 외재畏齋라고 명명했다고 한다.14) 황위주는 김흥

---

8) 김희곤, 앞의 논문.
9) 위와 같음.
10) 김낙진, 「定齋 柳致明과 西山 金興洛의 本心 중시 철학」, 『율곡사상연구』 제16집, 율곡학회, 2008.
11) 한국국학진흥원, 『서산선생문집』, 2016. 이 국역집은 4명의 역자가 참여하여 총 8책으로 발간되었다.
12) 이 학술대회는 2016년 11월 30일 안동문화예술회관에서 개최되었다. 기조발표를 포함해서 총 6편의 논문이 발표되었고, 부록으로 김연종, 「경敬과 정명正明, 러일관한 계왕계래繼往繼來의 길」, 김희곤, 「서산 김흥락(1827~1899)의 의병항쟁」이 수록되었다.
　　송재소, 「19세기 안동유림의 활동과 서산학파」, 기조발표문.
　　김학수, 「학봉가의 학풍과 가학의 계승양상」.
　　권오영, 「서산 김흥락의 학맥과 이학理學 사상」.
　　황위주, 「西山 金興洛의 文藝認識과 漢詩創作의 樣相」.
　　김미영, 「서산 김흥락의 『가제의家祭儀』 연구」.
　　박경환, 「서산학맥의 전승과 발전」.
13) 권오영, 「서산 김흥락의 학맥과 이학理學 사상」, 『국학연구』 제31집, 한국국학진흥원, 2016, 12, 18쪽.
14) 권오영, 위의 논문, 24쪽.

락의 문하에 여러 문중을 대표하는 주손들이 대거 모여들었다고 한다. 예를 들면 장복추張福樞의 아들 장석빈張錫贇, 이진상李震相의 아들 이승희李承熙, 이만도李晩燾의 아들 이중업李中業 등 당대의 주요한 학자의 자제들이 김흥락의 문하에 입문하였다. 그리고 류연박柳淵博, 노상직盧相稷, 권상익權相翊, 송준필宋浚弼 등 유림 대표로 파리장서에 서명한 인물들과 이중철李中轍, 김병종金秉宗, 조긍섭曺兢燮 등 명망 있는 숱한 문인 학자들이 그 문하를 출입하였다고 한다.15) 그는 김흥락의 문예인식을 다음과 같이 평가하였다. '김흥락은 글 쓰는 일 자체에 많은 힘을 허비하려고 하지 않았다. 서찰은 문답을 주고받기 위해 불가피 작성하고, 묘도문자 또한 의리상 거절할 수 없는 경우에만 지었다고 하는데 문집을 살펴본 결과 이것이 빈말 아닌 것으로 보였다. 그의 문집에서 가장 큰 비중을 차지하고 있는 서찰의 경우, 전체 약 602편 가운데 500여 편이 모두 여서與書가 아닌 답서答書였고, 여서 가운데 스승 류치명에게 학문적 질의를 하기 위해 올린 약 23편을 제외하면 사실상 90% 이상이 모두 답서 형태였다. 타인의 서찰에 답해야 하는 현실의 필요에 따라 작성한 것이 대부분이었다16)'고 한다.

  필자는 이러한 연구성과를 바탕으로 김흥락이 꿈꾸었던 삶과 그의 현실 대응방법을 살펴보고자 한다. 김흥락은 부모를 잘 모시고, 스승을 존경하고, 스승의 가르침을 후세에 전하는 문집을 출간하고, 나아가서 사람들이 살아가는 세상에 예禮를 회복하고, 인의仁義를 바로 세우고자 하였던 삶의 자세를 살펴보고자 한다. 그리고 그의 나이 69세에 안동의진 지휘장으로 나설 수 밖에 없었던 현실 인식을 살펴보고자 한다. 의병장으로서 김흥락의 활동을 조명하는 것은 의미가 있다. 왜냐하면 위기에 처한

---

15) 황위주, 「西山 金興洛의 文藝認識과 漢詩創作의 樣相」, 『국학연구』 제31집, 한국국학진흥원, 2016, 12쪽.
16) 위의 논문, 225쪽.

현실을 구한다는 것은 학자로서 실천적인 면모를 부각시키는 것이기 때문이다. 그러나 그의 나이 69세에 의병에 참여하였다는 것은 실질적인 활동성을 가지기는 힘든 상황이었고 상징적인 의미를 지닐 수밖에 없다.[17] 그가 고령의 나이에도 불구하고 의병장으로 나서게 된 원인을 살펴본다면 19세기 유학자의 삶과 현실인식을 구체적으로 알 수 있을 것이다. 본고는 서산의 문집 속에서 그가 생각한 이상적 사회는 어떤 것이었으며, 그가 살고 있던 현실은 어떠하였는가, 그 속에서 그는 어떤 선택을 하였는가를 살펴보고자 한다.

2. 김흥락과 그의 시대

김흥락이 살았던 19세기는 대내외적으로 큰 혼란이 가중되던 시기였다. 대외적으로 동아시아 사회는 조선을 비롯하여 중국과 일본 모두 무력을 앞세운 서구의 침략으로 파행적인 근대화가 진행되었다. 중국은 두 차례 아편전쟁으로 1860년에는 수도인 북경이 외국군에게 함락당하는 수모를 겪었다. 이 전쟁의 결과로 체결된 북경조약에 따르면 전승국인 영국에 막대한 배상금을 지불하지 않을 수 없었고, 홍콩과 구룡반도를 조차지로 할양하였다.[18] 이러한 사실이 세상에 알려지면서 중국은 더 이상 아시아의 맹주가 아니었고, 문명국도 아닌 한낱 종이호랑이에 지나지 않게 되었다.[19] 1895년 청일전쟁에서 일본에 패하게 되면서 양무운동은 성공적이

---

17) 김희곤, 앞의 논문, 20쪽.
18) 윌리엄 T. 로 지음, 기세찬 옮김, 『하버드 중국사 청 중국 최후의 제국』, 너머북스, 2014, 335~339쪽.
19) 조성환, 「진화론과 근대 중국의 민족주의 - 양계초와 장병린의 민족사상을 중심으로」, 『정치사상연구』 16, 한국정치사상학회, 2010, 196쪽.

지 못함이 판명되었고, 조야朝野는 망국亡國의 위기의식에 휩싸이게 되었다. 즉, 중국은 유교적 조공질서의 변방국가에 불과했던 일본에게 패하고 조선에 대한 종주권을 상실함으로써 천하의 중심국가로서의 지위가 와해되었을 뿐만 아니라 제국주의 열강의 침탈로 국가 존망의 위기에 처하게 되었다.20)

한편 일본은 1853년 미국의 강요로 문호를 개방하고 메이지유신을 단행하여 근대 국가체제를 수립하였다. 메이지유신은 개혁운동으로서 봉건 사회에서 자본주의 국가로 전환하는 중요한 전환점이었다. 근대 일본의 국가 성격적 시각에서 볼 때 메이지유신에서 시작한 20여 년의 전면적인 서구화의 경로는 일본이 동아시아 사회에서 국수주의를 구축하는 과정이었다.21) 일본은 근대화에 성공하여 후발 제국주의 국가로 변신하여 동아시아의 새로운 맹주로서의 위치를 구축하려 하였지만 과도한 침략정책 추진으로 결국 패망하는 역사를 안게 되었다. 열강들은 금광채굴권, 철도부설권, 전선가설권, 어채권, 관세협정권, 연안해운권, 공장건설권 등 각종 이권을 침탈22)하였고, 내정에도 간섭하여 조선은 자주국으로서 면모를 상실하는 상황에 이르렀다.

대내적으로 19세기 조선사회는 세도정치기로 외척에 의해 정권이 농단되어 부정부패가 만연하고, 도처에서 민란이 발생하였던 혼란한 시기였다. 세도정치는 국왕의 특별한 신임과 직접적인 위임을 받은 외척에 의한 국정운영 방식이다. 안동김씨, 풍양조씨 등 국왕과 외척 관계를 맺은 특정 가문에 의한 정국의 배타적 운영이 그것이다. 미성년의 국왕을 대신해

---

20) 위와 같음.
21) 정의, 「근대 일본의 서구 숭배와 국수주의 - 메이지(明治) 유신부터 청일전쟁까지 -」, 『일본사상』 27, 2014, 한국일본사상사학회, 278쪽.
22) 김정기, 「초점 제국주의 침략의 어제와 오늘 자본주의 열강의 이권침탈 - 19세기 말 20세기 초 미·일·러·청의 이권침략 총정리 -」, 『역사비평』 11, 역사비평사, 1990, 74~75쪽.

수렴청정을 하던 대왕대비들의 언행은 당시 권력구조와 최고책임자의 정치적 결정 방식에 지대한 영향력을 행사하였다.23) 정국은 상대 정파에 대한 철저한 보복정치의 악순환이 계속되었다. 순조 초년 신유사옥으로 천주교도들은 대대적으로 처형되었고, 노론 벽파는 남인과 소론 정적들을 철저하게 제거하였다. 노론은 권철신權哲身·이승훈李承薰·정약종丁若鍾 등 천주교 신자들 뿐만 아니라 이가환李家煥·정약용丁若鏞 등 천주교를 부인한 사람들까지 처형하거나 유배를 보냈다. 이러한 정국의 큰 특무시로 나타났다.24) 특히 수렴청정기 국왕은 어떤 인재를 등용하거나 쫓아낼 수 있는 힘을 가지고 있지 않았다. 국왕의 친정기에도 인사권의 대부분은 비변사를 중심으로 한 외척 세도가들에 의해 좌우되었다. 명종대 이후 생겨난 비변사는 핵심적인 집단관료인 300여 명 당상관들의 합좌기구였다. 전임 의정과 현임 의정 및 이·호·예·병조의 판서가 겸임하는 예겸당상例兼堂上 및 전임 당상으로 구성된 실질적인 권력 행사기구였다.25)

특정 문중이 주요 요직을 독점하는 세도정치는 관직을 사고파는 매관매직이 성행하였고, 조세제도의 문란을 초래하였다.26) 전정田政·군정軍丁·환곡還穀의 삼정문란은 극에 달하였다. 전정은 토지의 결수結數에 따라 세금을 부과하는 각종의 세稅였다. 전정은 수확의 2분의 1을 거둘 정도로 많은 양을 징수하는 경우도 있었다. 군정은 장정壯丁이 직접 병역을 부담하는 대신 군포軍布를 내던 것을 말하는데, 영조 때 이를 반감하여 장정 1명에 포布 1필로 정하였다. 부족분은 어염세漁鹽稅, 선박세船舶稅 은결隱結의 결전結錢 등으로 부족액을 보충하기로 하였다. 그렇지만 어린아이와

---

23) 박현모,「세도정치기(1800~63)의 정국운영과 언론연구: 순조시대를 중심으로」,『한국동양정치사상사연구』6, 한국동양정치사상사학회, 2007, 164~165쪽.
24) 위의 논문, 169~171쪽.
25) 위와 같음.
26) 김진윤,「甲午東學農民運動의 목표와 방향으로서의 弊政改革案」,『민족사상』제5권 3호, 한국민족사상학회, 2011, 168~172쪽.

죽은 사람에게도 군포를 거두었으니 그 피해가 이루 말할 수 없었다. 환곡은 가난한 농민에 정부의 미곡을 빌려주었다가 추수기에 이식利殖을 붙여 회수하는 것으로, 빈민의 구제가 목적이었던 것이다. 환정還政은 국가 기강의 문란과 함께 고리대로 전락하여 지방관과 아전·이속들의 수탈은 극에 달했다. 그러므로 환정의 문란에 의한 농민들의 고통이 삼정 가운데 가장 극심하였다. 이는 바로 탐관오리인 지방관의 문제가 가장 큰 비중을 차지하는 직접적인 요인이었다.27) 더구나 이 시기는 전례없던 가뭄과 홍수가 잦았으며, 1811년 홍경래란과 1862년 임술민란과 같은 대규모의 민란은 조선왕조의 인재 등용책과 조세제도의 운영이 극도로 문란하였음을 보여준다.28)

여기에 서학이라 불리던 천주교는 17세기부터 유입되기 시작하여 조선왕조의 탄압에도 불구하고 꾸준히 교세를 신장시켜가고 있었다. 천주교의 탄압은 1801년 신유박해에 이르러 천여 명 이상이 처형됨으로써 정점에 달하였다.29) 이러한 서학을 극복하기 위한 목적에서 창도된 동학은 당시 사회의 제반 모순을 사회 전면에 표출시켰다. 1894년 동학교도들은 이러한 모순의 시정을 요구하면서 부패한 국가권력에 항거하는 대규모 저항운동을 일으켰다.30) 뿐만 아니라 연안 항구에 출몰하는 외국 선박인 이양선異樣船의 출몰은 조선사회를 불안하게 만들었다.31) 김흥락이 살았던 시기는 이처럼 누적된 사회모순들이 분출되고 있었고, 서구 세력들이

---

27) 위와 같음.
28) 송양섭, 「임술민란기 부세문제 인식과 三政改革의 방향」, 『한국사학보』 49, 고려사학회, 2012, 10쪽.
29) 서종태, 「辛酉迫害의 정치적 배경 - 淸南系의 개혁활동과 관련하여 -」, 『교회사연구』 18, 한국교회사연구소, 2002.
30) 조순, 「東學의 發生과 그 意味」, 『동학연구』 18, 한국동학학회, 2005.
31) 이희환, 「이방인의 준에 비친 제물포 - 개항 전후부터 청일전쟁 시기까지 -」, 『역사민속학』 26, 한국역사민속학회, 2009.

이권을 쟁탈하고 있었다. 그 가운데 일본은 침략의도를 노골화하면서 청일전쟁을 도발하고, 명성황후를 시해하는 등 만행을 자행하던 시기였다.

3. 김흥락이 꿈꾸었던 사회

김흥락은 비교적 넉넉한 집안에서 젊은 시절부터 훌륭한 스승을 만나 유학적 가르침을 몸에 익히고, 많은 책을 읽을 수 있는 기회를 가졌다. 그는 유학의 경전을 부지런히 읽고 자신을 수양하는 위기지학爲己之學을 완성하는 것이 중요하다고 생각하였다. 이러한 그의 생각은 독서유감讀書有感이라는 시에 잘 나타난다.32)

독서하면서 느낌이 있음[讀書有感] 2수

한가히 사노라니 회포 풀 것 없으나	閒居無物暢幽襟
집에 있는 천 권의 책 만금에 값 하도다	家有千編直萬金
훈훈한 화로 책상머리에 아침 해 뜨고	棐几薰爐初日上
눈보라 치는 밤 서재에 등불 깊어가네	夜齋風雪一燈深
냉담한 마음으로 눈요기만 하지 말고	休將冷淡謾過眼
고심하며 읽어야 얻을 것이 있다네	讀到苦辛方會心
인간 세상 백년이 한 순간 같은데	人世百年如隙駟
이제부터 부지런히 촌각을 아끼리	俛焉從此惜分陰

| 공부에는 모름지기 먼저 뜻을 세우고 | 爲學須從立志先 |
| 성과 경을 잘 가져 참 도리로 삼네 | 好將誠敬做眞詮 |

(하략)

---

32) 김흥락 지음·김윤규 옮김, 『서산선생문집』 1, 「독서하면서 느낌이 있음[讀書有感]」, 한국국학진흥원, 2016, 58~59쪽.

이 시는 김흥락의 집안인 학봉 종가에 천여 권의 장서가 있었다는 사실과 당시 향촌 사회에서 김흥락과 그 집안이 갖는 영향력을 보여주고 있다. 학봉 종가에 장서가 많았다는 사실은 2008년에 세상을 떠난 종손 김시인金時寅의 다음과 같은 말에서 짐작할 수 있다. "옛날 영남에서 책이 제일 많은 집이었다고 했지요. 그러나 일제 침략 후 없어져 겨우 1천 권이 남았어요."33)라고 하였다. 김흥락은 대대로 많은 장서를 보유하였던 집안의 종손으로 태어나 성리학자의 길을 걸었다. 이 시에는 김흥락의 공부하는 자세가 잘 드러난다. 그는 공부하는 데 있어서는 먼저 뜻을 세우는 입지가 중요하고 성誠과 경敬의 자세로 밤낮으로 연마하는 것이 중요하다고 생각하였다.34)

김흥락의 학문하는 자세는 그가 28세에 찬술한 「입학오도入學五圖」에 잘 드러난다. 「입학오도」는 학문하는 과정을 다섯 단계의 입지立志·거경居敬·궁리窮理·역행力行의 요결을 각각의 그림으로 나타내고 선유先儒의 견해를 참조하여 해설한 그림이었다.35) 이러한 네 가지 단계는 서로 영향을 주고 받으면서 하나의 전체로 통합되어야 한다는 것을 총도總圖로 나타내었다. 「입학오도」는 이황의 「성학십도聖學十圖」를 이어받은 계술繼述로 보아도 무리가 없을 듯하다.36)

김흥락은 욕심으로 들끓는 인간 사회에 교육이 무엇보다도 중요하다고 생각하였다. 그 가운데서도 자신의 수양을 중시하였고 나아가서 집안의 교육을 각별히 신경을 쓰는 모습을 보였다. 그의 한 생각은 손자인 용환龍煥을 당대의 큰 학자였던 향산響山 이만도李晩燾의 아들 이중업李中業에게 부탁하였다. 이중업은 김흥락의 제자로 그의 문인록에 수록된 인물이

---

33) 금장태·고광식, 앞의 책, 159쪽.
34) 앞의 논문, 32쪽.
35) 앞의 논문, 46쪽.
36) 김언종, 앞의 해제, 32쪽.

다.37) 김흥락은 손자 용환을 이중업의 딸에게 장가를 보냈다. 그리고 김흥락은 손자의 장인이자 자신의 제자인 이중업에게 교육을 부탁하였다.38) 김흥락 부부는 손자 용환에 대한 애정이 각별하였다. 왜냐하면 김흥락의 부인 진성이씨는 퇴계 이황의 후예인 처사 만억晩億의 딸이고, 참판 태순泰淳의 증손녀이다. 자녀가 없어 상사공上舍公의 장남 응모應模를 후사로 삼았으나 17세에 일찍 죽었다.39) 김흥락의 상심은 이루 말할 수 없었다. 이후 김흥락은 본집 아우인 응걸應杰의 아들 용환龍煥으로 후사를 삼았다. 김흥락 부부의 용환에 대한 애정은 먼저 세상을 떠난 아내 진성이씨에게 쓴 제문에 잘 드러난다. 제문에는 부인 진성이씨에 대한 각별한 애정과 손자 용환에 대한 사랑이 잘 나타난다.

> 아아, 그대와 내가 이 세상에서 부부가 된 것이 사십팔 년이 되었습니다. 그대가 아들을 보고 손자를 보아서 뒷일을 부탁할 곳이 있었더라면, 그대가 오래 살지 못했더라도 나는 유감이 없을 수 있었을 것입니다. 그러나 내 모자란 복 때문에, 살아서 무릎에 아이를 안는 기쁨이 없었고 죽어서 제사를 모실 아이도 없습니다. … 내 뒷일은 의탁할 곳이 없었는데, 손자 용환이 태어난 뒤로부터 그대와 내가 조금 마음을 의탁할 곳이 있었습니다. 은혜로 부지런히 돌보고 기르는데, 첫 울음부터 말과 걸음을 배울 때까지 그대의 마음과 힘이 닿지 않은 곳이 없었습니다. 그대가 잠시라도 가지 않고 살아 있어서 그 아이 자라는 것을 보았으면 했는데, 사람의 일에 갑자기 크게 잘못되었습니다. 그대 임종할 때에 말을 이미 마치지 못하는데 목구멍에 실낱같은 소리가 있어서 용환, 용환 이어 부르기를 그치지 않았으니, 그대가 이 아이를 잊지 못하여 죽어도 오히

---

37) 김흥락 지음·오현진 옮김, 「輔仁稧帖」, 『서산선생문집』 8, 한국국학진흥원, 2016, 26~27쪽.
38) 『西山集』 卷 十, 書, 「答李廣初」 己亥(1899).
39) 『西山集』 續集 卷 六, 附錄 二, 「行狀」.

려 풀지 못하는 것을 볼 수 있었습니다.

　김흥락은 유학자가 부인에게 애정을 표하는 것이 쉽지 않던 시절 먼저 세상을 떠난 부인에게 간절함과 애절함을 전하였다. 그는 자신의 일생에 있어 진성이씨와 결혼한 것이 운이 좋은 한 가지 일이라고 표현하였다. 또 손자 용환은 부부에게 의지가 되는 존재였고 특히 아내는 손자를 갓난아이때부터 길러 눈을 감는 순간까지 보고 싶어했다고 적었다. 김흥락 부부의 손자인 김용환은 일제강점기 파락호라고 소문이 났으나 그의 행적이 독립군 군자금 지원을 위한 것이었다는 사실이 해방 이후 밝혀져 건국훈장을 받았다.40) 김흥락은 손자에게 각별한 관심을 기우렸고, 제자인 이중업에게 교육을 부탁하고 다음과 같은 편지를 보내 학업에 정진할 것을 당부하였다.41)

　　　날씨가 추웠다 따뜻했다 고르지 않은데 네가 객지에서 먹고 자는 것이 어떠하며, 학업은 내팽개치진 않았느냐? 네가 간 후로 너를 생각하지 않은 날이 없다. 그러나 선뜻 멀리 보낸 것은 오로지 스승이 그곳에 있기 때문이다. … 너는 잘 생각해 보아라. 세상에서 너를 아끼는 것이 누가 네 장인보다 더 하겠느냐? 한 마디 말과 하나의 가르침이 사람을 만드는 방도 아님이 없으나 이 점에 대해 귀담아 듣지 않으니 영영 버려진 사람이 되지 않겠느냐. 반드시 두렵게 여기고 스스로 힘써야 할 것이다. 마음을 비우고 가르침을 받아 네 할아비에게 근심을 끼치지 말도록 하여라.

　김흥락은 자식을 두지 못하고, 양자를 들였으나 그 또한 일찍 세상을 떠나고, 조카의 아들을 손자로 맞았으니 그에 대한 사랑이 지극하였다.

---

40) 국가보훈처 홈페이지, http://www.mpva.go.kr.
41) 「손자 용환에게 주다.(與孫龍煥)」, 『서산선생문집』 1, (김흥락 지음·김윤규 옮김, 앞의 책, 176~177쪽).

편지에 보이듯 손자의 교육을 위해 예안으로 보내고 하루도 생각하지 않은 날이 없을 정도였다. 그럼에도 불구하고 올바른 가르침을 위하여 사랑하는 손자를 이중업의 딸과 혼인을 시키고 교육을 장인에게 부탁하였다.

이와 같이 교육을 중시하고, 근본에 충실한 자세를 갖추는 데 힘쓴 김흥락을 조정에서는 여러 번 벼슬을 내려서 불렀으나 그는 나아가지 않고 사양하였다.[42] 1867년(고종 4) 9월에 어사 박선수朴瑄壽가 유일遺逸로 천거하여 인릉참봉仁陵參奉에 제수되었다.[43] 그 해 12월 조봉대부朝奉大夫 사옹원주부司饔院主簿에 승진되었다가 곧 경상도 도사都事가 내려졌으나 부임하지 않았다.[44] 1882년 통훈대부通訓大夫 사헌부지평司憲府持平에 제수되었고,[45] 1894년 통정대부通政大夫 우부승지에 제수[46]되었으나 부임하지 않았다. 같은 해 8월 영해부사寧海府使에 제수되었다.[47] 이 해 영해 관리의 탐학과 과중한 요역으로 인해 백성들은 과중함이 무거워 무리를 지어 소요를 일으켰다. 조정에서는 이 소요를 진무鎭撫할 사람을 찾았으나 마땅한 사람이 없었다. 대신이 특별히 "전 승지 김모金某가 산림의 중망衆望을 지고 대의에 밝으니 이런 유사시 진실로 그가 명을 받으면 부임할 것입니다. 또한 집이 도내에 있으니 곧 제수하고 지방관에게 명하여 일어나도록 권하면서 조정에 부임 인사를 하지 말고 속히 부임하게 하십시오"라고 주청하자 왕이 옳다고 하였다.[48]

김흥락은 조정의 이러한 부름에 응하지 않고 사직하는 상소문을 올렸다. 이 사직 상소문을 살펴보면 그가 어떤 사회를 꿈꾸고 있었는지를 보

---

42) 김언종, 앞의 해제, 36쪽.
43) 『西山集』 續集 卷 六, 附錄 卷 一, 「年譜」.
44) 위와 같음.
45) 위와 같음.
46) 위와 같음.
47) 『西山集』 卷 二, 疏, 「辭寧海府使疏」, 甲午(1894).
48) 『西山集』 續集 卷 六, 附錄 卷 一, 「年譜」.

다 잘 알 수 있다. 김흥락은 이 사직 상소문에서 자신은 나이 68세로 이미 나이가 들어 기력이 쇠퇴하였고, 재주와 덕행이 부족하여 관직에 나아갈 수 없다고 하였다. 그러면서 자신이 목도한 현실이 걱정스러워 침묵할 수만은 없어 몇 가지 시무책을 건의하였다.49) 김흥락이 진언한 시무책은 크게 다섯 가지로 나누어 볼 수 있다. 이 다섯 가지 시무책은 군주가 국가를 경영함에 있어 중요한 덕목으로 김흥락이 이상적으로 생각하는 국가관이 드러나 있다.

첫째, 토색질하는 자를 관직에 앉혀서는 안됩니다.50) 토색질하는 자가 벼슬자리에 앉으니 탐욕과 도적질이 풍조가 되었습니다. 병기는 소모되고 재물財物은 고갈되니 백성은 원망하고, 귀신은 분노합니다. 섬나라 오랑캐를 불러들이고 내부는 분열되고 궁궐에 변란51)이 일어나고, 관청의 기강은 문란해지고, 수레와 복제服制마저도 변모되니 토비土匪가 사방에서 일어나고 괴이한 말이 온 나라에 가득하고 길가에 흘러 다녀 신하로서 차마 들을 수 없는 말이 있습니다. 이것을 어찌 전하께서 모두 아시겠습니까! 둘째, 권위와 기강을 바로잡아 요행을 바라는 문을 막고 인재를 선발하여 어진이에게 직책을 주고, 재주가 능한 자에게 벼슬을 주십시오. 셋째, 요역要驛과 부세賦稅를 가볍게 하시어 백성들을 긍휼히 여기십시오.

---

49) 『西山集』卷 二, 疏,「辭寧海府使疏」, 甲午(1894).
50) 위와 같음. 이 부분은 토색질하는 자를 관직에 앉혀서는 안된다는 것인데 원문과 번역문에 미묘한 차이가 있어 원문을 전제한다. "今國運艱否 根本杌陧 威權失御 百度解弛 掊克枉位 貪饕成風 兵耗財竭 民怨神怒 馴致島夷 內訌逼近 城闕變亂 官紀易制車服 土匪四起 異言滿國 道路流轉 有非臣子之所忍聞者 是豈殿下之所盡知哉."
51) 일제는 1894년 7월 경복궁에 난입하여 갑오왜란을 일으켜 정치·경제·문화적 침략을 감행하였다. 일제가 경복궁을 난입한 것은 한국인의 감정을 크게 자극하여 반일감정이 전국적으로 파급되어갔다. 그 해 8월 청풍 유생 서상철이 안동에서 의병을 모아 봉기하여 청풍 등 충북 지방으로 진격하였다.(조동걸,『대한제국의 의병전쟁』, 역사공간, 2011, 123~124쪽)

넷째, 검소함을 숭상하고 쓰임을 절제하여 내수외양內修外攘에 힘쓰시어 진원眞元을 회복하시어 외부의 삿된 무리들이 떨어져 나가게 하십시오. 다섯째, 전하께서는 항상 경연慶筵에 참석하시어 학자들을 맞이하여 근원을 단정하게 하고 맑게 하는 데 뜻을 두신다면 오늘의 일은 아직 가망이 있을 것입니다.52)

김홍락은 이 다섯 가지를 국가를 경영하는 데 중요한 요소로 생각하였다. 청렴한 사람을 등용한다는 것은 부정부패가 일어나지 않도록 한다는 것이다. 이것은 인류 역사가 시작된 이래로 위정자에게 언제나 중요한 사실이었지만 제대로 지켜진 적이 없는 덕목이다. 이 당시는 안동김씨 세도정치 시기로 공공연하게 매관매직이 행해지던 시기였다.53) 김홍락은 이 사실을 잘 알기에 청렴한 사람을 관리로 등용할 것을 간청하였다. 둘째로 요행을 바라지 말고, 널리 인재를 등용하라는 말이다. 모든 일은 사람이 한다. 그렇기 때문에 일을 집행하는 사람의 능력과 역량이 중요하다. 능력이 있는 사람이 지도자가 되어야 정치가 안정될 수 있다. 셋째는 요역과 부세를 가볍게 하라는 것이다. 옛부터 "가혹한 세금은 호랑이보다 무섭다고 하였다."54) 조세는 옛부터 10분의 1일을 모범55)으로 하였으나 당시 민간의 전세는 각종 부가세와 중간 잡세 등을 포함하여 가혹하게 징수되었다.56) 이처럼 가혹한 수취체제는 백성들의 삶을 어렵게 하였다. 넷째는 국왕이 검소하고 절약하는 생활을 하여야 민생이 안정된다는 것과

---

52) 『西山集』 卷 二, 疏, 「辭寧海府使疏」.
53) 노대환, 「세도정치기 산림의 현실인식과 대응론」, 『한국문화』 42, 서울대학교 규장각 한국학연구원, 2008, 72~73쪽.
54) 『禮記』, 「檀弓」, 苛政猛於虎.
55) 『孟子』, 「藤文公」 上, "夏后氏五十而貢 殷人七十而助 周人百畝而撤 其實皆什一也."
56) 임성수, 「18세기 후반 田結稅 징수와 중간 비용 운영 : 『國役實摠』을 중심으로」, 『한국사학보』 64, 고려사학회, 2016, 214쪽.

안으로 나라를 잘 다스리게 되면 외부의 이적들은 발 붙일 곳이 없다는 것이다. 다섯째는 경연에 참석하여 학자를 우대하라는 것이다. 학자를 우대한다는 것은 실정을 비판하는 목소리에 귀 기울인다면 지금이라도 국가의 위기를 바로잡을 수 있다는 것이었다.

김홍락은 유학에서 근본으로 여기는 수기치인의 도리를 중시하였다. 그는 만년에 손자 용환의 생부인 조카 응식應植에게 주는 편지 속에 수신修身·돈친惇親·어가御家·신언愼言·경재輕財·독서讀書 등 여섯 개의 중요한 덕목들을 설명하는 내용을 담았는데 인용문이 다소 길지만 옮겨 보면 이렇다.57)

> 수신의 방법으로 분노를 막고 욕심을 없애고, 선을 실천하고 허물을 고쳐라. 행실에 부족함이 있으면 돌이켜 자신에게 원인을 찾아라. 먼저 반드시 기상氣象을 알아야 한다. 항상 자신에게 미진한 부분이 얼마나 되는지 알아야 한다. 나머지는 모두 보이지 않는다. 돈친에서 효자는 깊은 사랑을 간직하고 반드시 온화한 기운과 부드러운 얼굴빛과 순한 모습이 있어야 한다. 어버이를 사랑하는 자는 감히 남에게 악을 끼치지 않고, 어버이를 공경하는 자는 감히 남에게 거만하지 않다. 형제간에 기뻐함이 있어야 한다. 서로 좋아함을 본받고 서로 머뭇거림은 없어야 한다. 어가는 장엄하게 다스리고 자애로 길러야 한다. 은혜는 사람들에게 두루 미치게 하지 못하더라도 마음은 항상 두텁게 해야 한다. 악은 가려주고 선을 드러내 알리도록 한다. 신언은 조급하고 망령되게 말하는 것을 금해라. 마음이 온화하고 기운이 평온하면 말할 수 있다. 남의 불선함을 듣거든 부모의 이름을 들은 듯하여라. 말은 반드시 생각을 하고나서 말하도록 하여라. 마음이 바른 자는 그 말이 신중하고 느리다. 경재는 덕을 귀하게 여기고 재물을 천하게 여겨라. 자기에게 이롭게

---

57) 「응식에게 써서 주다.(書贈應植)」, 『서산선생문집』 1(김홍락 지음·김윤규 옮김, 앞의 책, 225~226쪽).

하면 반드시 남에게 해를 끼치기 때문에 원망이 많은 것이다. 독서는 책은 이 마음을 유지하기 위한 것이다. 한 시라도 놓아버리면 한 시간의 덕성이 게으르게 된다. 사람이 독서하는 것은 마음을 열고 눈을 밝게 하게 하여 행동하기에 이롭게 하기 위한 것일 뿐이다. 사대부는 하루 독서하지 않으면 곧바로 말에 맛이 없고 얼굴에 미움이 생긴다.

김홍락은 조카에게 이것을 좌우명으로 삼아 자리 오른쪽에 써놓고 아침저녁으로 보고 경계하라고 하였다. 이 여섯 조목은 김홍락 자신이 평소에 실천하고자 하였던 덕목으로 자신을 수양하고, 부모에게 효도하며, 덕을 귀하게 여기되 재물을 중요하게 생각하지 않으며 독서를 게을리하지 않아 마음의 평정을 유지하는 삶의 자세를 견지하고자 하는 지침이었다. 김홍락이 생각하는 이상적인 사회는 청렴한 사람이 등용되고, 부정부패가 없으며, 예禮가 실천되고, 인의가 바로 선 나라였다. 그는 이러한 국가를 세우려면 각 개인이 자신을 수양하고 부모에게 효도하며 자애로운 마음가짐으로 독서에 힘쓰는 사람이어야 한다고 보았다. 이런한 생활태도를 지닌 사람을 이상적 인간상으로 생각한 것이다.

그러나 현실은 안으로는 부정부패가 만연하여 국가의 기강이 허물어졌고, 밖으로는 외세가 들어와서 무부무군無父無君의 사교邪敎가 횡행하고, 이양선이 출몰하여 위기감이 고조된 시기였다. 그는 이 위기를 극복하기 위해서는 군주가 솔선하여 검소함을 실천하고 언로를 개방하여 비판의 목소리를 들어야 한다고 하였다. 그가 관직에 나아가지 않은 실질적인 이유는 국가의 위기가 심각해진 상황에서 자신 한 사람의 힘으로는 이 대세를 어찌할 수 없다는 판단 때문이었을 것이다. 그런 까닭에 그는 정치 일선에 나아가지 않고 물러나 제자들을 양성하였다. 그의 문하에서 40여 명의 독립유공자가 배출되고, 대한민국 건국훈장을 받은 인물이 10여 명이나 되었다.[58] 이러한 사실로 미루어 볼 때 관직에 나아가지 않고 제자들을 양성한 그의 선택은 탁월하였으며, 그의 인생은 성공한 것이었다고 하겠다.

4. 현실인식과 대응

김흥락은 국가의 시책에 대하여 비판하는 글을 쓰지 않았다. 다만 자신이 부당하다고 생각하는 정책에 대하여 걱정하는 태도를 보였을 따름이다. 이것은 『논어』의 "그 자리에 있지 아니하면 그 일에 대해서 논하지 않는다.59)"는 말을 지키려 한 것으로 생각된다. 그는 퇴계학맥의 정설定說을 충실하게 지켜내기 위해 많은 노력을 경주하였다. 그리고 새로운 이론을 전개하기보다는 이미 확립된 정론定論을 견지하면서 생활 속 실천에 더 큰 힘을 기울였다.60) 이러한 자세를 견지하였던 김흥락은 매사에 신중하고 조심스럽게 처신하였다.

당시는 서구의 이양선이 조선 근해에 출몰하던 시기였다. 이 같은 서구세력의 출몰에 대하여 김흥락은 1848년 2월 12일 당시 무장茂長 현감을 지내던 부친인 김진화金鎭華에게 올린 편지에서 막연하게 서구 세력에 대한 경계심을 이렇게 표현하였다.61)

---

58) 김언종, 앞의 해제, 46쪽.
59) 『論語』, 「泰伯」, 不在其位 不謀其政
60) 황위주, 앞의 논문, 220쪽.
61) 김흥락 간찰. 이 간찰은 西山先生記念事業會에서 2000년에 간행한 『韓末 退溪 學統의 正脈 西山 金興洛』, 표지 뒷면에 실린 초서 간찰이다. 전문을 파초해서 소개하면 다음과 같다.
　　父主前 上白是
　　行次後 多日 信息遯如 伏慕何等 伏未審憾頓中 氣體候 莫無添損 軒駕已屆何所否 伏慮區區 不任下誠之至 子凡節一安何幸如之 昨日告目使便聞 縣內吾里浦地 有異樣帆升漂來之事 雖非過加憂慮者 而亦甚怪 事事廬院鬧端未知究竟

어제 고목사告目使 편에 현내縣內 오리포吾里浦에 이양선이 표류
해 온 것이 있다고 들었습니다. 지나치게 걱정할 것은 아니라고 하
더라도 또한 매우 괴이합니다. 여강서원62)은 일마다 시끄러우니
끝내 어떻게 될지 모르겠습니다. 그런데 외부에서 들리는 소문은
날로 몹시 위태로우니 아버님께서 이번에 가시는 일은 떠나지 마
시고 한 번 엄히 헤아리시어 자세히 생각하시는 것이 어떠실지요?

김흥락은 당시 무장 현감으로 있던 아버지께 현내에 이양선이 출몰하
고, 들리는 소문이 괴이하기 짝이 없으니 이번에 외지로 출타하는 일을
잠시 보류하고 정세를 파악해보아야 한다는 의견을 제시하였다. 안동 지
역의 여강서원의 일은 위패 봉안을 둘러싸고 세 집안63)이 그간의 시비를
봉합하려는 시도가 논의되고 있다는 내용을 전하였다. 이 편지에서 보이
듯이 외국 선박의 출몰은 아직까지는 큰 위협으로 느껴지지 않고 있으나
여러 가지 무성한 소문들이 떠돌고 있음을 알 수 있다. 당시 조선의 정세
는 대외적으로는 이양선으로 표현되는 제국주의 세력이 출몰하고 있었
고, 대내적으로는 대원군의 섭정으로 대대적인 개혁의 선풍이 불고 있던
시기였다.

1868년(고종 5) 대원군은 집권 초기부터 서원철폐를 단행하였다.64) 서
원철폐령이 내리자 김흥락은 정재 문하의 선배 류치임柳致任에게 다음과
같은 내용의 편지를 보냈다.65)

如何 而外來風聞日甚危怖 父主今番行次不可去 一番臨座幸嚴裁細圖如何如何
日前又聞 渠輩欲請 三位胄孫仍爲保合計云耳 羅州景賢事 機今監欲聞其顚委
傳及伏望 餘不備下鑑 戊申二月十二日 子 興洛 上白

62) 여강서원의 일이란 안동 지역의 병호시비屛虎是非를 말한다.
63) 병호시비와 관련된 세 집안이란 퇴계 집안인 진성이씨 眞城李氏와 병파屛派인
풍산 류씨, 호파號派의 의성 김씨 집안을 말한다.
64) 禹龍濟,「大院君 執政期 書院撤廢와 成均館 整備計劃」,『교육사학연구』2·3,
교육사학회, 1990, 92쪽.
65)「류치임 어른께 드리다(與柳丈)」,『서산선생문집』1(김흥락 지음·김윤규 옮김, 앞

서원의 일은 그대로 두라, 훼철하라는 말이 일정하지 않다가, 관문
關文의 신칙申飭66)이 엄중하니, 조정의 처분이 무엇 때문에 이러
한지 알 수 없습니다. 관문의 대의는, 국조國朝의 선정先正이 이미
사액 받은 서원 외에 첩향疊享67)하는 곳들을 이에 또한 구별하여
부첨付籤68)하라, 운운' 하였습니다. 우리 고을의 경우에는 단지 임
천서원臨川書院69)만을 거론하였으니, 남겨둘지 없앨지를 고를 때
따로 무슨 뜻을 두었는지 모르겠습니다. 지금 생각건대, 지난 날
조금 걱정을 풀었던 것이 바로 오늘 늦어서 미칠 수 없게 된 까닭
이니, 그 한탄스러움을 이루 말할 수 있겠습니까? 지금에 와서 마
땅하게 조처하기는 망연하여 정해진 계획이 없습니다. 이전의 의
론을 다시 올리자니, 한 번 말할 때마다 한 번의 동요만 더해져,
나아가도 참으로 그 바라는 바를 얻을 수 없고, 물러나도 또 다른
가지로 번질 우려가 생깁니다.

김홍락은 서원을 철폐하라는 대원군의 처사가 부당하다고 생각하였다.
그런 까닭에 여러 가지 고민을 많이 하다가 선배인 류치임에게 이 문제
에 대한 조언을 구하였다. 류치임은 서원철폐령을 반대하였던 인물로 김
홍락이 이 사안을 의논하기에 적당한 인물이었다. 김홍락은 이어서 자신
의 선조 김성일을 배향한 임천서원을 훼철하라는 조정의 지시에 서원철

의 책, 217~218쪽).
66) 관문(關文)의 신칙(申飭) : 관문은 상급 관아에서 하급 관아에 보내던 공문이다. 오늘 날의 훈령과 같다.
67) 첩향(疊享) : 한 인물을 여러 서원에서 함께 모시는 것을 이르는 말이다.
68) 부첨(付籤) : 부황(付黃)과 같은 뜻으로, 조선 시대에, 임금의 재가를 받을 문서의 고칠 곳에 누런색 종이쪽지를 붙이던 일.
69) 임천서원(臨川書院) : 경북 안동시 송현동에 있는 서원. 학봉 김성일이 배향되어 있다. 이 서원은 본래 1607년(선조 40)에 지방 유림에서 임하현(臨河縣)에 처음 건립하였고, 1618년(광해군 10)에 임천(臨川)이라 사액되어 서원으로 승격된 것이다. 그 후 1868년(고종 5)에 대원군의 서원철폐령으로 훼철되었다가, 1908년에 중건하였다.

폐령의 분명한 원칙이 없음을 지적하고 자신이 어떻게 처신해야할지를 물었다. 이에 대한 류치임의 답서는 문집에 보이지 않아서 그 결과는 알 수 없으나 임천서원은 1868년에 훼철되었다. 서원철폐령이 내려진 지 얼마 지나지 않은 시점인 1881년 영남 지역에서는 시국의 현안에 대하여 개화정책을 반대하고 위정척사론을 견지해야한다는 대대적인 상소문이 올려졌다. 퇴계 이황의 후손인 이만손李晩孫이 소두疏頭가 되어 진행된 이 상소는 영남의 유생 만여 명이 서명하였기 때문에 조야朝野에 큰 파문을 일으켰다. 김흥락은 이만손이 강진현康津縣 신지도 新智島로 귀양을 간 지 1년이 지난 시점에 안부를 묻고 건강을 염려하는 다음과 같은 편지를 보냈다.70)

> 작년 일정이 빼듯했던 날에 마침 신병身病이 있어 노변路邊에서 절하고 전송하지 못하였습니다. 그 뒤로 가없는 풍랑이 해도海島에 극심하니, 구구한 염려 또한 세도世道에 대한 근심보다 깊었습니다. 그러나 인편因便을 얻기가 어렵고 병고에 시달리느라 문안 편지 한 번 올리지 못한 지가 이미 1년여가 되었습니다. 고아하신 풍모를 향하여 길이 탄식하며 이어서 깊이 송구스러워합니다. … 더구나 칠십 고령에 일 년이 넘도록 지체되었으니 오죽하겠습니까? 비록 평소에 덕을 충분히 길러 상황에 따라 편안하실 줄은 알겠으나, 구구히 지나친 염려로 어찌 자다 깨고 깨어 탄식하지 않을 수 있겠습니까? 나라에 대사령大赦令이 있으면 어쩌면 모두 환한 渙汗에 들게 될 터이나, 아무 들리는 말이 없습니다. 모르겠습니다만 하늘의 뜻이 끝내 우리 일맥一脈을 지켜주지 않으려는지요?

「영남만인소」는 당시 김홍집이 들여온 황준헌黃遵憲의 『조선책략朝鮮策略』과 개화정책에 반대하는 내용을 담은 영남 유림들의 위정척사론이 결

---

70) 「이만손 어른께 드리다(與李丈 晩孫)」, 『서산선생문집』 1(김흥락 지음·김윤규 옮김, 앞의 책, 227~228쪽.

집된 의사표명이었다. 김홍락은 어사御史가 『조선책략』을 보내오고, 내부 內部에서 『서유견문西遊見聞』이라는 책을 보내오자 준엄한 말로 거절하였 다71)고 한다. 결국 이 영남만인소는 채택되지 못하였고, 이만손은 귀양을 가게 되었다. 김홍락은 이러한 일을 보고 하늘이 우리를 지켜주지 않는다 고 탄식하였다. 김홍락의 이러한 근심은 현실로 나타났다. 1866년 김홍락 의 자형姊兄이면서 참의의 자리에 있는 이휘정72)에게 답한 편지를 보면 다음과 같은 내용을 알 수 있다.73)

> 서양의 소요가 갈수록 심하여 강도(江都: 강화도)가 무너지고 통진 通津74) 또한 수비에 실패하였으니, 공사 간의 근심이 마치 위에서 덮어 누르는 듯합니다. 이러한 때에 멀리 떠나 계신 분 때문으로 더욱 마음을 놓을 수가 없습니다. 우리 고을에서 의병을 모집한다 는 소식이 아직도 부성府城에 이르지 않았으니, 그 이유를 알지 못 하겠습니다. 차례로 책응策應할 도리는 반드시 온 고을의 공의公 議가 있어야 마땅할 것입니다. 그런데 오늘 잔약한 형편으로 조정 이 우리 영남에 권의眷倚75)하려는 뜻을 저버리지 않을 수 있겠습 니까? 아직 알 수 없습니다.

---

71) 權相翊,「行狀」,『西山集』續集 附錄 卷 二
72) 이휘정(李彙廷, 1799~1876)의 자는 제형際亨이고, 호는 황고潢皐이며, 본관은 진 보眞寶이다. 1824년 대소 향시에 합격하였다. 1864년 충주 목사에 부임하여 상사 의 친척에 관계된 사건에 사정을 두지 않고 처리한 것이 상관의 비위에 거슬려 파직, 귀양을 갔다가 이내 무죄로 밝혀졌다. 이어 통정대부, 가선대부에 올랐다. 형조참의로 증직贈職되었다. 아들 이만운이 김진화金鎭華의 사위이니, 곧 서산의 자형姊兄이 된다.
73) 「이 참의에게 답하다(與李參議)」,『서산선생문집』1(김홍락 지음·김윤규 옮김, 앞 의 책, 212쪽).
74) 통진(通津) : 경기도 김포군 월곶면 곤하리에 있는 옛 읍.
75) 권의(眷倚) : 돌보아 의지한다는 뜻으로, 여기서는 영남에서 맡은 의병을 모집하기 를 기대하고 있음을 의미한다.

위의 편지는 병인양요 당시 프랑스 함대가 강화도를 점령한 사실에 놀라면서 객지의 관직에 나가있던 자형 이휘정의 안위를 걱정하는 내용이다. 밖으로부터 접근해 온 서구 열강은 단순한 우연적 일회적 침략 세력이 아니라 자본주의 세계 체제의 외연 확대라는 세계사적 대세로 다가온 외압이었다. 따라서 조선의 지배층에게는 정확한 현실인식과 적절하고 과감한 대응이 요구되고 있었다.76) 이러한 외세의 침략에 맞서 김홍락의 생각하였던 대안은 의병이었다. 그의 의병을 일으켜야 한다는 생각은 외부 세력의 침략에 맞서 전통과 사직을 수호해야한다는 당위론에 입각한 것이었지 승패를 고려한 것은 아니었다. 그로부터 10여 년이 지난 1876년 또 다른 자형인 류지호에게 보낸 편지에 의하면 외국과 충돌이 일어날 것을 염려하는 내용을 엿볼 수 있다.77)

> 시사에 관한 소식은 종종 듣고 있거니와 기인杞人의 근심78)이 없지 않아, 장강長江의 험로를 장차 오랑캐와 함께 지나야 할 것입니다. 변방의 소요가 이미 오래라 형세상 반드시 사고가 있을 것이니, 국가를 위한 근심을 말로 다할 수 있겠습니까?

이 시기는 그 지난해 강화도 사건이 일어나고 현재는 일본 측과 강화도 사건에 대한 처리가 논의되고 있던 시점이었다. 외세가 침략해 왔으니 마땅히 의병을 일으켜야 한다는 것이 김홍락의 생각이었다. 그는 1896년 류치명 문하의 선배인 권연하權璉夏가 세상을 떠나자 제문79)에 이렇게 표

---

76) 최진욱, 「丙寅洋擾 전후 申櫶의 대내인식과 개혁론」, 『한국사학보』 42, 고려사학회, 2011, 169~170쪽.
77) 「류원좌 지호에게 주다(與柳元佐 止鎬)」, 『서산선생문집』 6(김홍락 지음·김윤규 옮김, 앞의 책, 69쪽).
78) 기인杞人의 근심 : 원문은 杞人之憂. 쓸데없는 걱정을 많이 하는 것을 비유하는 말로 쓰인다. 『열자』〈천서天瑞〉에 "옛날 기(杞)나라에, 하늘이 무너질까 걱정이 되어 잠도 못 자고 음식도 먹지 못하는 자가 있었다."고 한 말에서 나왔다.

현하였다.

총명한 남자가 우주의 기운을 부여받아서	聰明男子賦洪勻
아흔 나이 이르러도 이 정신 밝구나	到得耋頤炯此神
우리나라 지금처럼 의사가 없는데	左海如今無義士
원컨대 이 몸으로 나라 은혜 보답하리	願將身髮報君親

하였고, 또 말하기를

| 아흔에 생사는 하늘에 맡겼는데 | 九旬生死任蒼穹 |
| 우리 도가 궁해지니 운명도 궁하구나 | 吾道窮時命亦窮80) |

　권연하는 류치명의 문하에서 김흥락과 함께 수학한 선배로서 『정재집 定齋集』 발간에 함께 참여하였다. 그는 세상을 떠나기 1년 전 김흥락에게 세상이 변한 것을 안타까워하는 시를 보내왔다. 그로부터 머지않은 시점에 권연하는 세상을 떠났고, 그가 자신에게 남긴 마지막 편지 글귀가 가슴에 사무쳐 제문에 안타까움을 이렇게 표현한 것이었다. 김흥락은 권연하의 행장81)을 지어 그의 행적을 기렸다. 권연하의 아버지 권재덕權載德은 아들의 교육을 류치명에게 맡겼는데 류치명은 권재덕에게 편지를 보내어 아들을 이렇게 평하였다. "우리 도가 비색한 시기에 이런 좋은 벗을 얻어 떨쳐 쇄신할 수 있음을 기뻐합니다"라고 하였다.82) 김흥락은 권연하의 죽음 앞에 이렇게 말했다. '오늘 이 시대는 천지가 막히고 윤리가

---

79) 권연하(權璉夏, 1813~1896)의 자는 가기可器이고, 호는 이재頤齋이며, 류치명의 문인이다.
80) 「권이재를 애도하는 제문(祭權頤齋文)」, 『서산선생문집』 4(김흥락 지음·김윤규 옮김, 앞의 책, 64~65쪽).
81) 『西山集』 卷 二十三, 「頤齋權公行狀」.
82) 위와 같음.

바뀌었다'라고 표현하였다. 이것은 서양 종교와 문물이 들어와 풍속이 변한 시기를 맞아 더 이상 험한 모습을 보지 않고 세상을 떠났으니 이것이 어찌 우연이겠는가라고 권연하의 죽음을 애도하였다. 이 말은 이 시대는 인의仁義와 도덕이 타락하였다. 이렇게 어려운 시기를 더 이상 보지 않고 세상을 떠났으니 '이것이 어찌 복이 아니겠는가'라는 표현을 달리 한 것이다. 이 어려운 시기에 김흥락은 선현들의 유업을 계승하여 지키는 일을 자신이 할 일이라고 생각하였다. 그의 이러한 생각은 1880년 류휴목柳烋睦에게 보낸 다음 편지에 잘 드러난다.83)

> 오늘날 사문斯文의 운수가 막혀서 귀에 들리는 소식이 놀랍고 해괴하지 않은 것이 없네. 우리가 지금 첫 번째 일로 삼아야 할 것은 다만 문을 닫고 깊이 숨어 구업을 힘써 닦음으로써 선현이 배양하신 뜻을 저버리지 않는 일 뿐일 것이네만, 나는 병폐하여 이미 가망이 없으니 오직 형께서는 그 일에 힘쓰시게.

김흥락의 문집 속에는 서양 문물에 대하여 언급한 부분은 보이지 않는다. 그는 해외에 나가본 적도 없고, 서구 문물을 소개한 서적마저도 수령를 거부하였다. 그는 오직 유교적 가치 질서의 회복만이 대안이라고 생각하였기 때문이다. 풍속과 문화가 다른 서구 세력이 밀어닥치는 이 시기에 유교적 가치질서를 회복하고자 하였던 김흥락이 선택할 수 있었던 현실타개 방법은 의병봉기 밖에 없었다. 그는 위정척사론이 수용되지 않고 단발령이 내려지자 을미의병에 참여하게 된다. 을미의병이 거병될 때 김흥

---

83) 「류민겸 휴목에게 답하다(答柳敏兼 烋睦)」, 『서산선생문집』 2(김흥락 지음·김윤규 옮김, 앞의 책, 212쪽). 유휴목(柳烋睦, 1848~1898)의 자는 민겸敏謙이고, 호는 직재直齋이며, 본관은 풍산豊山이다. 수암修庵 유진柳袗의 후예이다. 초명(初名)은 신목愼睦이고 상주 낙동의 우천愚川에 살았다. 문집으로『직재문집直齋文集』이 있다.

락은 안동지역의 5명의 주요한 지도자84) 가운데 한 사람이었다. 그는 69세 고령의 나이에도 불구하고 주위의 추대가 있자 사양하지 못하고 의병장으로 나서게 되었다. 그가 의병장으로 나서게 된 배경은 이렇다.85)

> 중전中殿을 바라보니 8월의 변고가 생겼으며 금수의 무리가 금궁禁宮을 육박하여 심한 농간을 부리고 임금을 협박하여 영슈이라 빙자하여 중외中外에 호령하고 속이고 있으며, 심지어 머리를 깎고 옷섶을 왼편으로 하는 야만스러운 행동이 임금의 주변에 가해졌습니다.

8월의 변고는 명성왕후가 시해된 을미사변을 말하고, 머리를 깎고 옷섶을 왼편으로 한다는 것은 단발령과 변복령을 말한다.86) 성리학적 가치체계로 일평생을 살아온 김흥락에게 이것은 도저히 수용할 수 없는 사안이었다. 그는 1896년 1월 17일(음 12. 3) 자신의 집 부근 봉정사에서 있었던 지역 유림 대표 모임에서 의병을 일으키기로 한 결의에 따르기로 하였다. 그 결의대로 다음 날 1천여 명의 유림이 모여 향회鄕會를 개최하고 호계서원虎溪書院에 도소都所를 차리고 1월 20일 거의擧義할 것을 결의하였다. 1월 20일 아침 안동부 삼우당三隅堂 뜰에서 의병조직을 위한 대회가 열렸다. 이 자리에 참석한 수좌首座로 유도성柳道性・김흥락・류지호・김도화金道和・류지영柳芝榮이 있었다. 이들은 지역사회의 신망이 높은 지도자들이었다. 이 자리에 모인 사람들은 의병장으로 봉화 닭실[酉谷]의 권세연權世淵을 추대하였다.87) 1차 의병 결성까지 김흥락은 만년의 나이에 몸이

---

84) 柳道性・金興洛・柳止鎬・金道和・柳芝榮이다.(김희곤, 앞의 논문, 「西山 金興洛(1827~1899)의 의병항쟁」, 14쪽.)
85) 「倡義見聞錄」, 『독립운동사자료집』 1, 국사편찬위원회, 1971, 645~646쪽.
86) 김희곤, 앞의 논문, 11쪽.
87) 위의 논문, 14~15쪽.

불편하여 병옹病翁이라고 자호自號하는 처지였기에 현장에 참여하는 것으로 자신의 역할을 다하였다. 그런데 권세연 의병장이 패전의 책임을 지고 3월 12일(음 1. 29)일 사퇴하였다.[88] 상황이 이렇게 되자 12일 안동의진의 차기 의병장으로 척암拓庵 김도화가 선임되었고, 류도성과 김흥락은 지휘장으로 추대되었다.[89] 김흥락의 지휘장이 된 것은 그가 실질적으로 전투를 지휘하는 역할을 한다기보다도 지역 사회에서 상징적인 의미를 지닌다. 왜냐하면 그는 의성김씨 학봉 종가의 종손이었고, 퇴계학맥을 계승한 학자로서 많은 제자를 길러낸 인물이었기 때문에 그가 지니는 위상이 결코 적지 않았기 때문이다.

의병은 국가와 민족이 외세의 침략으로 위기에 처했을 때 생사와 성패를 생각하지 않고 저항한 무장투쟁이었다. 의병은 정의와 도덕적인 가치관 수호를 명분으로 내세웠지만 현대식 무기로 무장한 외세와 정부군을 적으로 돌렸기 때문에 패전을 거듭하였다. 의병전쟁으로 사람은 죽고, 집은 불타고, 국토는 황폐화되었지만 얻은 것이 있다면 정의를 지키려는 값진 전통이었다.[90] 김흥락의 의병 참여는 주자의 『맹자집주孟子集註』에도 있지 않을까 생각된다. 『맹자』의 「양혜왕梁惠王」 하에 외국의 침략을 걱정하는 소국 등藤나라의 문공文公에게 거빈去邠[91]과 효사물거效死勿去의 두 가지 방법을 제시하고 이 두 가지 방법 가운데 하나를 선택하라고 맹자가 답한 것이 그 내용이다. 주자는 여기에 주석하여 "나라를 옮겨 보존하기를 도모하는 것은 권權이고 정도를 지키면서 죽음을 기다리는 것은 의義다."[92]라고 하였다. 김흥락은 평소 일상 생활 속에서 옳다고 생각한 의리를 실천한 것이었다. 그것은 풍속이 오랑캐화 되는 것을 막고, 의를

---

88) 위의 논문, 15~19쪽.
89) 위의 논문, 20쪽.
90) 조동걸, 「한국사에서 근대와 현대」, 『우사 조동걸 저술전집』 2 역사공간, 2010, 54쪽.
91) 거빈(去邠) : 임금이 도성을 떠나 난리를 피하는 일을 말함.
92) 안병주, 앞의 논문, 21쪽.

실천하여 예을 회복하는 것이었다. 김흥락은 자신이 살고 있는 시기를 위기의 시대로 인식하였다. 그는 이 위기를 극복하는 방법으로 오직 선현들의 가르침을 오늘에 되살려 내는 것이라고 보았다. 선현의 가르침은 위기를 보면 목숨을 버리고 의를 취하는 사생취의捨生取義하는 것이었다. 그런 까닭에 현실에서 그가 취할 수 있었던 방법은 의병으로 나서는 것이었다.

5. 맺음말

이상에서 서산 김흥락이 이상적으로 생각하였던 사회와 처한 현실 그리고 그가 택한 대응방략 등을 살펴보았다. 김흥락은 의성김씨 학봉 김성일 종가의 11대 종손으로 태어났다. 그는 여유있는 집안 환경으로 어려서부터 독서와 공부를 게을리 하지 않았다. 그러한 까닭에 정재 류치명의 문하에서 퇴계학파의 정맥을 이어 큰 학자로 성장할 수 있었다. 어려서부터 성리학을 몸에 익힌 그는 인의와 예가 바로 선 유학적 가치가 존중되는 사회를 꿈꾸었다. 그는 성현으로 도를 지키면서 모든 사물을 공경하는 자세로 삶을 살고자 하였다. 그것은 스승의 문집을 간행하고, 동료들과 토론하며, 제자들에게 학문을 강론하는 학자의 자세를 견지하는 것이었다.

그러나 김흥락이 처한 현실은 녹록치 않았다. 대외적으로는 중국이 영국과의 아편전쟁에서 패함으로써 동아시아에서 맹주의 자리를 잃고, 반식민지 상태로 전락하고 있었다. 반면에 일본은 메이지유신에 성공하여 근대 국가 체제를 갖추고, 후발 제국주의 국가로서 이웃 나라 조선을 넘보고 있었다. 19세기 후반 조선의 내부 사정은 세도정치기로 매관매직이 성행하고, 조세부담이 무거워 도처에서 민란이 일어나던 시기였다. 뿐만 아니라 천주교가 유입되어 그 세력이 날로 커져가고 있었으며, 이양선이라 불리는 외국 선박들이 연안에 출몰하여 위기감이 커지던 시기였다.

이렇듯 격변의 시기에 태어난 김흥락은 평소 만물을 공경하는 경 사상으로 자신을 수양하고, 퇴계의 성리학을 지키고, 발전시키는 일에 골몰하고 있었다. 이러한 그에게 조정에서는 여러 번 벼슬을 내렸지만 그는 끝내 사양하고 부름에 응하지 않았다. 그는 벼슬을 사양하면서 현실을 개혁하는 데 필요한 것들을 정리하여 상소문을 올렸다. 영해부사를 사직하면서 올린 이 상소문에는 그가 꿈꾸던 사회가 담겨 있었다. 그 상소문의 내용은 청렴한 인재를 등용하라, 조세를 가볍게 하라, 국왕이 먼저 검소한 생활로 모범을 보이라, 경연에 참석하여 널리 어진 사람의 말을 듣고 학문을 숭상하고, 학자를 우대하라는 것이었다. 이러한 사회를 만들기 위해 개개인은 끊임없이 자신을 수양하고, 부모에게 효도하며, 덕을 귀하게 여기고, 독서를 게을리 하지 않아 마음의 마음의 평정을 유지하는 자세를 가져야 한다고 하였다.

김흥락은 관직에 나아가는 것을 사양하였지만 원근 각지에서 찾아오는 제자들에게 학문을 강론하는 것은 결코 게을리 하지 않았다. 700명이 넘는 그의 제자들 가운데 40명이 넘는 사람이 독립유공자로 포상을 받았고 10여 명은 대한민국 건국포장을 받았다. 그리고 많은 제자들이 의병전쟁, 애국계몽운동, 3·1운동, 임시정부 활동 등 다양한 독립운동에 참여하여 두드러진 활약을 한 인물들이었다. 그는 스스로 병약하다는 병옹이라고 불렀지만 그의 기개와 정신은 안동 지역의 독립운동의 대부로서 영향력을 미치고 있었다. 이렇게 훌륭한 제자들을 길러낸 김흥락은 퇴계 이황의 삶을 자세를 이어받아 실천한 인물이었다.

김흥락이 만연에 당면한 현실은 그로 하여금 편안하게 삶을 마감하도록 하지 않았다. 을미사변으로 국모가 시해되고, 단발령이 내려 길거리에서 백성들의 머리카락이 잘리는 것을 본 그는 고령의 나이에도 불구하고 의병장으로 나서게 된다. 그가 의병장으로 나선 것은 실질적으로 전투를 지휘하여 승리를 거두는데 있지 않았다. 그는 지역 사회에서 많은 사람들의 추앙을 받는 상징적인 존재였다. 그런 그가 의병장으로 나서지 않을 수 없었던 것은 선비가 국가의 위기를 만나면 삶을 버리고 의를 취해야 한다는 가르침을 실천하기 위한 것이었다.

척암 김도화의 현실인식과 의병항쟁

1. 머리말

　　김도화金道和(1825~1912)는 조선 말에 태어나 국운이 기울어가던 시기 일제의 침략에 맞서 의병장으로서 항거한 대표적인 안동 유림 가운데 한 사람이다. 그는 1849년 정재定齋 류치명柳致明의 문하에서 수학하여 퇴계 학맥을 계승하였다.[1] 그는 오랜 세월 경학과 성리학에 침잠하였던 까닭에 방대한 저술을 남겼다. 1917년 손자 헌주獻周와 문인들은 『척암선생문집』 원집 36권 18책을 목판본으로 간행하였다. 그 후 원집에 누락된 유고와 자료를 모아서 속집 14권 2책과 부록 2책 또한 목판본으로 출간하였다. 후손들은 을미사변 이후 일제의 침략에 저항하는 내용을 담은 시문과 상소문, 격문 등의 글들을 통해 일제강점기에는 감히 발간할 엄두를 내지 못하다가 1947년에 별집 2책으로 간행하였다.[2] 이처럼 문집 발간에 여러 가지 어려움이 있었던 까닭에 『척암전집拓菴全集』은 일관된 체제와 내용을 갖추지 못하였다. 『척암전집』은 29권 상과 30권 상이 29, 30으로 정해져 있으며, 목록과 본문이 일치하지 않는 것도 있다. 뿐만 아니라 속집과 별집이 편찬되는 과정에서 중복 수록된 것도 있다.[3]

　　이처럼 『척암전집』의 내용이 방대하고 아직 제대로 번역이 되지 않은 까닭에 척암에 대한 연구는 미진한 상황이다. 최근 한국국학진흥원은 그간 양성해왔던 한문교육원 졸업생들로 구성된 번역 전문가들에 의해 『척암전집』을 초역한 바 있다. 그러나 이 원고가 책으로 발간되기까지는 좀

---

1) 李完栽, 「解題」, 『拓菴全集』, 拓菴全集刊行會, 1983, pp.5~7.
2) 위와 같음.
3) 김윤규, 「19세기 말 ~ 20세가 초 전통 지식인 한시의 문학사적 성격 검토」, 『동방한문학』 53, 동방한문학회, 2012, p.8.

더 시간이 필요할 듯하다.

　지금까지 김도화에 대한 연구성과4)를 살펴보면 대략 이러하다. 김희곤은 척암의 항일투쟁이 안동에서 전개될 수 있었던 배경을 학문적으로 퇴계학통이라는 구심점에서 찾았다. 그는 퇴계학맥을 계승한 주요 인물들이 사회적으로 통혼권을 유지하면서 공동운명체적인 연대 의식으로 연결되어있었다고 한다. 이들은 학문적으로 같은 스승의 문하에서 수학하였으며, 혈연적으로 통혼권이 형성되어있어 깊은 유대 관계가 형성되어있었다. 그런 까닭에 권세연權世淵이 전기 을미의병장으로 활약하였고, 전기 의병 논의에 참가하였던 척암이 후기에 직접 의병장으로 참여할 수 있었다고 한다.5) 임노직은 척암의 소疏와 사詞를 중심으로 현실인식을 분석하였다. 그는 척암의 거의擧義를 선비로서 최후의 선택이라고 규정하면서 무력항쟁을 통해 국권상실의 위기 상황에서 나라 사랑을 몸소 실천한 것이라고 보았다.6) 김윤규는 척암의 한시 분석을 통해서 척암의 사상과 구국의지를 그려 내었다. 그는 척암의 정신세계를 이해하기 위해서는 공적 자아로서 의병활동과 관련된 자아인식 즉 국가적 위기 상황에 대처하는 공인으로서 지은 한시에 담긴 뜻을 고찰해야한다고 한다. 또한 사적 자아로서 개인적인 생활 다시 말하자면 아버지로서 먼저 죽은 자식들에 대한

---

4) 김윤규, 위의 논문.
　김희곤, 「안동의병장 拓菴 金道和의 항일투쟁」, 『民族을 위해 살다 간 安東의 近代 人物』, 安東靑年儒道會, 안동 : 도서출판 한빛, 2003.
　박석무, 「拓菴 金道和 선생의 生涯와 義理精神」, 『民族을 위해 살다 간 安東의 近代 人物』, 安東靑年儒道會, 안동 : 도서출판 한빛, 2003.
　서석홍, 「拓菴 金道和硏究」, 안동대학교 대학원 석사학위논문, 1993.
　이완재, 「해제」, 『척암전집』, 척암전집간행회, 1983.
　임노직, 「척암 김도화의 현실인식 - 그의 疏와 詞를 중심으로」, 『국학연구』 4, 한국국학연구, 2004.
5) 김희곤, 앞의 논문.
6) 임노직, 앞의 논문.

애끓는 정서를 함께 살펴볼 때 진정한 척암의 모습을 볼 수 있다고 한다.7) 이러한 선행연구는 김도화의 활동이 국권상실의 위기 상황을 극복하는 대안으로 작성한 상소문의 의미를 규명하였다. 나아가서 의병장으로서 활약상을 조명함으로서 구국항쟁의 의미를 부각시켰다는 점에서 큰 의의가 있다.

　본고는 이러한 선행연구를 바탕으로 김도화의 사상이 유교적 예교禮敎 질서를 근간으로 하는 의리론을 추구하고 있었다는 사실과 그것을 현실에서 실천하기 위해서는 도덕성과 수기치인에 힘써야 한다고 주장한 사실에 주목하고자 한다. 이러한 수양론은 예교질서를 무시하는 서양의 윤리와 양립할 수 없다는 것이었고, 이러한 질서를 위협하는 세력에 대해서는 결사 항전을 통해서 유교적 질서를 지켜내야 한다는 것이 척암의 지론이었다. 한말 위정척사파 가운데 안동지역을 대표할 수 있는 유림의 종장으로서 김도화가 느낀 현실인식과 해결 방안으로서 의병활동을 규명해 보고자 한다. 일반적으로 유생들의 상소문은 현안 실정의 책임을 엄정하게 비판하지만, 그 책임을 국왕에게 직접 묻는 경우는 극히 드물다. 그렇지만 김도화는 상소문에서 국가 위기 책임을 국왕에게 묻고 있다. 이러한 점은 다른 유생들에게서 볼 수 없는 특징으로 이러한 점에 주목하고 그 의미를 살펴보고자 한다.

2. 김도화의 학문과 사상

　김도화는 1825년 안동부 일직면 귀미동에서 의성 김씨 가문의 김약수金若水의 외아들로 태어났으며, 그의 자는 달민達民이고, 호는 척암拓庵이

---

7) 김윤규, 앞의 논문.

며 본관은 의성이다. 그의 가계를 살펴보면 증조부 김굉金㙆은 퇴계 이황 문하의 대산大山 이상정李象靖에게 수학하였으며 예조 참판을 지냈다. 김도화는 대산의 외증손으로 퇴계 학맥을 계승하였던 정재定齋 류치명柳致明의 문하에서 수학하였다. 척암은 류치명의 문하에서 직접 가르침을 받기도 하였지만 서신을 통하여 궁금한 것을 묻기도 하고 별지를 통하여 학문적인 토론을 하기도 하였다. 1852년 척암이 스승인 정재에게 보낸 편지를 살펴보면 정재가 척암을 분발시켜 학문에 힘쓰게 하는 면을 엿볼수 있다.

> 가르침 가운데 '격앙분려激昂奮厲' 네 자는 실로 증상에 맞는 신통한 처방입니다. 죽을 때까지 가슴에 새겨 가르쳐 주신 뜻을 만에 하나도 저버리는 것이 없고자 하나 다만 한 때의 생각이 오래가지 못할까 두렵습니다. 삼가 바라건대 때때로 정성스럽게 가르쳐 주시는 것이 어떻겠습니까.8)

윗글을 살펴보면 스승이 제자에게 분발할 수 있는 계기를 만들어 주었고, 제자는 그것을 가슴에 깊이 새겨 간직하는 모습을 볼 수 있다. 이러한 모습은 별지를 통하여 토론으로 이어지기도 하였다. 척암은 정재에게 「중용장구서中庸章句序」에서 "지각으로 삼은 것이 똑같지 않다.9)"라고 한 것에 대하여 척암의 생각은 "앞에서 말한 지각知覺은 아직 드러나지 않은 체體를 가리키고, 여기서 말한 지각은 막 드러난 용用을 가리킨다."라고 생각한다고 하면서 정재의 의견을 구하였다. 여기에 대한 정재의 답변은 "말이 일리가 있고 끝부분 또한 좋다. 다만 내 생각에는 위아래의 글은 체와 용을 나눈 것이 아니오, 마음은 하나라는 것을 대략 말했을 따름이

---

8) 拓菴全集刊行會, 「上定齋先生」, 『拓菴全集』 上, 1983, pp.70~71.
9) 「所以爲知覺者不同」, 『中庸』.

다. 인심人心과 도심道心이 같지 않은 점이 있기 때문에 이렇게 말했을 뿐이니, 곧 체와 용이 다른 점이 있다는 데 의미를 둔 것은 아니다."라고 답하였다. 이 논쟁의 끝에 정재는 "말한 바가 조리가 있는 듯하니 기쁘다"라고 하여 제자의 학문이 성숙하였다는 것을 인정하였다.10)

김도화는 류치명의 문하에서 유학 경전들을 배우면서 경학과 성리학의 깊은 경지까지 이르러 후일 영남학파의 종장으로 우뚝 서게 되었다.11) 척암은 위정척사파의 한 사람으로 정재 사후에 함께 수학하였던 동료들과 문집 간행에 함께 힘을 기울였다. 척암은 대체로 이 시기 퇴계학파의 위정척사론자들과 비슷한 시국관을 가지고 있었다. 외세 침략으로 국운이 위기에 처한 상황에서 이들이 선택할 수 있는 구국의 방략은 제한적이었다. 이들의 사상과 구국의식을 살펴볼 수 있는 자료들로는 문집에 실려있는 상소문과 여러 가지 잡저들과 주변의 지인들과 주고받은 편지 등이다. 1882년 임오군란이 일어나던 해 척암이 지기知己였던 서파 류필영에게 받은 편지의 답장에서 그의 시국관을 엿볼 수 있다.

> 우리들이 평소 읽은 것이 무슨 책이며, 강학하던 것이 무슨 의리였기에, 어찌 군주에게 충성을 바치고 어른을 위해 목숨을 바치는 일에 대해서는 말하지 않는단 말입니까?"12)

이 시기 조선의 정세는 민씨 척족의 횡포로 정국이 혼란스러웠고 일본과 청국 세력이 각축을 벌이면서 세력 확장과 이권 획득에 혈안이 되어 있던 시기였다. 이러한 때 척암은 향리에 살던 친구 류필영에게 자신의 속마음을 이렇게 털어놓았던 것이다. 그는 나라의 변고가 이와 같은데 명

---

10) 拓菴全集刊行會,「上定齋先生 別紙」,『拓菴全集』上, 1983, pp.71~73.
11) 임노직, 앞의 논문, p.148.
12) 拓菴全集刊行會,「答柳景達(壬午:1882)」,『拓菴全集』下, 1983, pp.296~297.

색이 선비로서 머리를 맞대고 탄식하는 일을 하지 않을 수 없다고 하였다.13) 글 읽는 선비가 평생 보고, 듣고, 배운 것이 충군애국인데 어찌 나라가 이 지경에 이르렀는데 보고만 있을 수 있겠느냐고 반문하고 있다.

김도화는 나라가 망하자 24일간의 단식으로 자정순국한 향산響山 이만도李晩燾의 절명 소식을 듣고 안타까운 마음을 이런 만시輓詩를 읊어 술회하였는데 그 가운데 한 수를 옮겨보면 이렇다.

이관필14)을 애도하는 만시[輓李觀必 晩燾]

사는 것이 치욕이요 죽는 것은 영광이니	生爲辱處死爲榮
커다란 새 훨훨 날아 신선 세계 올랐구나	漭鳥翩然上玉京
한 조각 푸른 산이 오히려 깨끗하니	一片靑山猶淨土
긴 노래는 이날에 그대 보낸 심정이네15)	長歌此日送君情

이만도는 척암보다 나이는 17살이 적지만 퇴계의 11대손으로 1866년 25세가 되던 해 8월에 경시京試에 합격하여 진사가 되었고, 이어 9월 정시문과庭試文科에서 장원으로 급제하였다. 이후 이만도는 성균관 전적, 병조좌랑, 사간원 정언, 홍문관 부수찬, 홍문관 부교리, 양산 군수, 공조 참의 등을 지내다가 1882년 고향으로 돌아와 후진 양성에 진력하였다.16) 척암은 고향 선배로서 향산의 처신에 대하여 깊은 경의를 표하였다. 순국의 길을 택한 향산은 커다란 새가 되어 자유롭게 하늘을 훨훨 날아 자유로운 세계로 갔지만 살아남은 자신은 궁색한 현실에 얽매여 있음이 안타까

---

13) 위와 같음.
14) 觀必은 李晩燾(1842~1910)의 字인데 그의 호는 響山이고, 본관은 眞城이다. 퇴계 李滉의 11대손으로 1866년 문과에 장원급제하였으며, 1910년 국권이 상실되자 단식을 단행하여 24일 만에 순국하였으며, 저서로 『響山集』이 있다.
15) 한국국학진흥원,『국역 척암전집』미간행 초고본.
16) 윤천근,「해제」,『響山全書』下, 한국국학진흥원, 2007, 425쪽.

웠다. 자정순국의 길을 택한 향산은 영광스럽게 느껴졌지만 살아남아 치욕스러운 삶을 이어가는 자신이 부끄러웠다. 그런 까닭에 "사는 것이 치욕이요 죽는 것은 영광이니"라고 표현하였고, 가슴에 남은 못다 한 말을 애달픈 노래로 다시 못 올 먼 길을 떠난 후배를 전송하였다. 이러한 모습은 그의 문집 도처에서 나타나는데 척암의 문인이자 사위인 류봉희柳鳳熙는 측근에서 지도받았고, 시중을 들면서 곁에서 보고 들은 행적을 기록한 「서술敍述」을 지었는데 이 글에서 척암의 일생을 이렇게 요약하였다.

> 아, 선생은 나라를 빛낼 재주로 평화로운 때를 만났다면 간원諫院에서 논사論思하는 직책과 경연에서 사보師保하는 임무와 조정의 예악을 논하는 모임이 어디인들 마땅하지 않았으랴. … 중략 … 을미년의 변고를 어찌 차마 말할 수 있겠는가. 선생이 의리를 내세우면서 의병을 일으켰으나 정권을 잡은 이들이 친위대를 동원하여 진압하자 눈물을 흘리며 곧바로 돌아와 문을 닫고 자취를 감춘 채 후학의 교육을 자기의 임무로 삼았다.17)

류봉희柳鳳熙는 전주 류씨로 삼산三山 류정원柳正源의 후손이고, 척암의 사위로서 장인의 문하에서 42년 곁에서 수학하였다. 그가 본 척암은 학문이 높은 학자였으며, 나라가 위기에 처하자 의병장으로 추대되어 노구를 이끌고 선봉에 섰다. 그러나 일의 형세가 불리하여 거의擧義에서 뜻을 이루지 못하자 바깥출입을 삼가고 후학의 지도에 열중하였다고 한다.18)

서산 김흥락, 서파 류필영 등은 정재 류치명의 문하에서 김도화와 함께 동문수학한 동료들로 이들은 학문이 높은 거유巨儒들이었으나 과거를 통해 벼슬길에 진출하기는 어려운 상황이었다. 왜냐하면 당시 정국은 영조 등극 이후에 구축된 노론 일당 체제였기 때문에 당색으로 남인이었던 이

---

17) 柳鳳熙, 「敍述」, 拓菴全集刊行會, 앞의 책 하권, 528~531쪽.
18) 위와 같음.

들은 관직 진출의 길이 차단되어 평생을 대부분 처사로 생을 마감할 수 밖에 없었다.19) 척암은 벼슬에 뜻을 두지 않고 오직 자신의 수양에 힘쓰고 있었으나 그의 학문과 경륜이 세상에 알려져 조정의 부름을 받게 되었다. 이러한 환경 속에서 척암 또한 평생을 처사로 살았으나 1893년 나이 68세에 유일遺逸로 금부도사에 제수되었다.20)

척암은 처사로서 향리에서 평범한 선비의 한 사람으로 살아가고 있었으나 그의 학문과 경륜을 알고 있는 주변 사람들이 그를 벼슬길 천거하여 벼슬에 나아가게 되었다. 평생 산림의 처사로서 자신을 다스려온 척암이 바라본 19세기 후반 조선의 현실은 참담하였다. 이 무렵 조선의 정세는 국제적으로 서양 열국들의 복잡한 이해관계가 충돌하고 있었고, 국내에서는 삼정의 문란으로 경제적·사회적으로 어려움이 중첩되던 시기였다. 이러한 때 김도화의 시문은 외세를 배격하는 자주적인 성격이 강하며, 그 이면에는 퇴계학맥을 관통하는 성리학적 가치 체계가 온존하고 있었다. 도덕적 의리론으로 무장되었던 그는 처사의 신분으로 국가적 위기 상황을 맞이하여 불굴의 의지를 가지고 한 시대를 이끌었다. 그의 사상과 행적이 외세의 압박 속에서 구체적으로 어떻게 나타났는지 살펴보자.

3. 현실인식과 의병항쟁

김도화가 살았던 시기는 안으로는 사상적으로 조선후기부터 천주학이 유입되어 전통적인 충군사상이 희석21)되어가고 있었고, 경제적으로는 삼

---

19) 김윤규, 위의 논문, pp.4~5.
20) 拓菴全集刊行會, 「與李方伯 憲永」, 앞의 책 하권, pp.284~285.
21) 노대환, 「조선 후기의 서학유입과 서기수용론」, 『진단학보』 제83호, 진단학회, 1997, pp.133~134.

정문란으로 도처에서 민란이 일어나고 있던 때였다. 밖으로는 서구 열강들이 이권을 쟁취하려고 혈안이 되어있었고, 이웃 나라인 일본은 조선을 병탄하기 위해 침략의 본성을 드러내고 있었다.22) 척암이 느끼는 대한제국의 현실은 위기 상황이었지만 척암은 이 위기를 정면으로 맞서고자 하였다. 그가 위기를 정면으로 극복하고자 하는 데는 평소 그가 익힌 의리론이 자리하고 있었다. 그가 창의를 하여 안동에 있을 때 우연히 감흥이 일어 읊은 「감음感吟」이라는 시에 그런 각오가 잘 드러난다.

감회가 일어 읊다[感吟]

기자가 봉해진 예악의 나라 삼천리요	箕封禮樂三千里
의관을 밝게 제정한 지는 오백 년일세	明制衣冠五百年
남자가 끝내 한 번 죽을 길이 없다면	男兒一死終無地
일편단심을 밝은 해처럼 걸 뿐이라오23)	惟有丹心白日懸

위의 시는 척암이 의병을 기병하여 안동에 머물 때 지은 것으로 죽음으로써 오랜 세월 지켜온 예악과 의리를 지키겠다는 강한 의지를 드러내었다. 척암은 위정척사론자로서 오랜 세월 지켜온 전통적인 예악이나 복식 등을 변형시키는 서구의 제도와 윤리에 대해서는 결코 타협할 수 없다는 결연한 자세를 견지하고 있었다. 그런 까닭에 유학적인 가치관에 입각한 윤리와 도덕을 수호하기 위해서는 목숨마저도 초개같이 바칠 수 있다는 입장을 취하였다.

일본군이 1894년 경복궁을 침범한 것을 응징하고자 충청도 청풍 지방 출신 유생 서상철이 중심이 되어 의병을 일으켜 항전하였는데 이것이 한

---

22) 김진윤, 「甲午東學農民運動의 목표와 방향으로서의 弊政改革案」, 『민족사상』 제5권 제3호, 한국민족사상학회, 2011, pp.136~137.
23) 拓菴全集刊行會, 「感吟」, 앞의 책 하권, p.452.

말 최초 의병인 갑오의병이다.24) 김도화가 서상철의 사촌으로 안동의 진과 관계를 맺었던 서상렬에게 주려고 지은 시를 살펴보면 그의 결연한 의지를 엿볼 수 있습니다.

소모장 서상렬25)에게 주려고 한 네 절구[擬贈徐召募 相烈 四絶]

어찌 기약했으랴 자리에서 잠깐 펴고자	安期席上暫求伸
쇠약한 몸 억지로 일으켜 뒤를 따를 줄	强策衰軀躡 後塵
한 조각 굳센 의지 곳곳에 비추니	一片膓 肝隨處照
살든 죽든 서로 함께하기를 맹세했었지26)	生生死死誓相因

1895년 국모가 시해당하는 을미사변이 일어나고 단발령이 시행되자 안동 지역의 격분한 유생들은 1896년 1월 13일(음 1895. 11. 29)에 예안통문의 작성 및 배포를 필두로 하여 의의병봉기를 준비하였다. 예안통문의 결과로 예안의진이 구성되었는데 대장은 이만도李晩燾였고, 부장으로 이중린李中麟이 활약하였다. 이보다 이틀 뒤 예안 주하촌에 도착한 청경통문靑鏡通文(청성서원과 경광서원의 통문)은 이틀 뒤인 1월 17일 봉정사에서 면회面會를 가지자고 제안하였다. 그다음 날 1월 18일 호계서원에서 보낸 호계통문이 보이는데 당시 호계서원 도유사였던 척암은 이 논의를 주도적으로 이끌었을 것으로 보인다. 봉정사의 회합이 있은 다음 날 1월 18일

---

24) 김희곤, 앞의 논문, pp.287~288.
25) 서상렬(徐相烈, 1854~1896) : 자는 경은(敬恩), 호는 경암(敬庵), 본관은 대구(大丘)이고, 1894년 갑오의병을 일으켰던 서상철의 사촌이다. 조정에서 외국인 묄렌도르프[Möllendorf]를 기용하자 이를 개탄하고 낙향하여 柳重敎의 문하생이 되었다. 1895년 의병장 李春永의 휘하에 들어가 단양 등지에서 활약했다. 1896년 예천에서 會盟所를 조직하였고, 유인석의 부대가 西進할 때 강원도 화천에서 싸우다가 전사하였다. 1963년 건국훈장 독립장이 추서되었다.
26) 拓菴全集刊行會,「擬贈徐召募 相烈 四絶」, 앞의 책 하권, p.452.

봉화 닭실의 권세연이 안동부에 도착하였는데 척암은 1월 20일 류도성柳道性·김흥락金興洛·류지호柳止鎬 등과 함께 그를 의병장으로 추대하였다. 의병장으로 추대된 권세연은 「경상도안동창의대장 권세연 격문慶尙道安東倡義大將權世淵檄文」을 발송하여 창의 사실을 천하에 알렸다.27) 이들은 때마침 도착한 고종이 재야의 유생들에게 의병봉기를 촉구하는 「애통조哀痛詔」28)에 고무되었다. 임금이 사직을 위해 죽을 각오로 임하니 의로운 8도의 선비들은 봉기하여 나라를 바로 세우라는 밀지의 당부29)에 따라 유생들은 의병장으로 나섰다. 권세연 또한 도내에 격문을 띄워 민병들을 규합하여 안동의진을 갖추었다. 상황이 이렇게 되자 안동관찰사 김석중은 도피하였다. 도망간 김석중은 전열을 재정비하여 1896년 1월 29일(음 1895. 12. 15) 다시 안동부로 쳐들어왔고, 안동의진은 패퇴하였다. 상황이 이렇게 되자 권세연 의병장은 사퇴하였고, 흩어진 의병진을 수습하여 2차 거사를 준비하고 있던 안동의진은 차기 의병장으로 척암拓庵 김도화를 추대하였고, 류도성과 김흥락을 지휘장으로 선임하였다.30) 척암은 의병장으로 취임하면서 「창의진정소倡義陳情疏」라는 상소문을 올려서 자신이 의병을 일으킬 수 밖에 없었던 상황을 이렇게 설명하였다.

> 삼가 아룁니다. 신은 초야의 미천한 사람이라서 본성이 어리석으니, 스스로 생각건대 폐기되어야 하지만 일찍이 일명一命의 은전31)을 입었는데도 자그마한 보답을 바치지 못하였으니, 걱정스럽고 부끄러운 마음만 간절합니다. 지금 나라가 큰 변고를 당하여 고

---

27) 김희곤, 앞의 논문, pp.291~294.
28) 拓菴全集刊行會, 「哀痛詔」, 앞의 책 하권, pp.454~455.
29) 위와 같음.
30) 김희곤, 「西山 金興洛(1827~899)의 의병항쟁」, 『한국근현대사연구』 제15집, 한국근현대사학회, 2000, p.20.
31) 한 번……은전 : 김도화가 1893년에 유일(儒逸)로 천거되어 의금부 도사에 임명된 것을 가리킨다.

을 사람들이 그릇되게 부탁하여 외람되이 의병을 통솔하는 일을 맡았으니, 재주로 보면 감당할 수 없고 일로 보면 매우 중대합니다. …… 조정에 있으면서 정책을 세우는 사람들이 단지 눈앞의 구차한 편안함만을 탐할 뿐 군주의 모욕을 하찮은 물건이나 자질구레한 일처럼 보아 떨치고 자신을 돌아보지 않아 나라의 수치를 씻으려는 사람이 한 사람도 없으니, 우리나라에 신하가 있다고 하는 것이 옳겠습니까.32)

김도화는 72세의 나이에 의병장으로 나서게 된 까닭을 나라를 걱정하는 작은 정성스러운 마음이 있었기 때문이라고 하였다. 나라의 원수를 갚지 못하고 군주의 치욕을 씻지 못하여 떳떳한 도를 지키지 못한다면 사는 것이 죽음만 같지 못한 까닭에 창의를 하게 되었다고 밝혔다. 아직 국왕의 군대가 출병하지 않았는데 분수를 모르고 병사를 일으킨 죄는 미천한 신에게 있고 나라를 위해 죽는 의리는 백성의 본성에 관련된 일이니, 혹시라도 백성의 본성을 어기기보다는 차라리 미천한 신에게 죄가 있는 것이 낫겠다고 생각하였다는 것이었다. 그런 까닭에 죽음을 무릅쓰고 의병을 일으켰다고 밝혔다.33)

김도화가 이끄는 안동의진이 2차 거사를 준비하고 있을 때 고종이 의병을 해산하라는 명을 내렸다. 고종의 이 명은 부일배들에 의해 결정된 것이었지만 의병들에게 이 명은 청천벽력 같은 소식이 아닐 수 없었다. 얼마 전에 내려진 「애통조」의 내용과는 정반대의 어명34)이 내려졌기 때문이었다. 김도화는 의병을 해산하지 않고 2월 18일 안동부를 탈환하였고, 향교에 본부를 차렸다. 25일에는 김도현이 안동부에 입성하였고, 영주의진도 안기역에 머물렀다.35) 척암은 당시 당혹스러웠던 현실을 맞이

---

32) 拓菴全集刊行會,「倡義陳情疏」, 앞의 책 하권, pp.455~456.
33) 위와 같음.
34) 拓菴集刊行會,「勅嶺南義陣」, 앞의 책 하권, pp.454~455.

하게 되자 의병을 해산하지 못한 까닭에 대하여 「파병후자명소破兵後自明
疏」에서 다음과 같이 밝혔다.

> 삼가 아룁니다. 신은 초야의 미천한 사람이자 개미같이 작은 목숨
> 으로 어리석고 노둔함이 가장 남들보다 못한데다 나이도 많으니
> 스스로 생각건대 구렁텅이에 빠진 물건이 된 지 오래되었습니다.
> 마침 나라에 큰 변고가 있는 때가 되어 백성들의 마음이 격분하여
> 신에게 그릇되게 의병을 통솔하는 일을 맡기기까지 하였습니다.
> …… 그런데 뜻밖에 왕의 군사가 내려와서 형벌을 일삼고 대신臺
> 臣을 결박하여 나라의 명분을 무너뜨리며 많은 선비를 도륙하여
> 나라의 원기를 손상하게 하고 책을 끼고 있는 어린아이들이 모두
> 형벌에 죽임을 당하고 길쌈을 하는 부녀들 또한 포탄에 죽은 이가
> 많습니다. 산골짜기의 나무꾼은 땔감을 지고서 길에서 죽었고 전
> 야의 농민들은 쟁기를 지고 서서 죽었습니다.36)

김도화는 의병봉기를 독려하였던 「애통조」의 논조와 상반된 어명으로
전하의 군대에 의해 전하의 백성들이 살육당하는 처참한 상황이 발생하
였다고 직언하였다. 병기를 든 군인이 아니고 공부하는 아이들과 산에서
나뭇꾼, 들판에서 일하던 농부들이 모두 전하가 보낸 군대에 의해 죽임을
당하는 사태가 발생하였다. 이것이 누구의 책임이냐 하면 잘못된 명을 내
린 전하의 책임이라고 하였다. 유교에서 천자는 하늘을 대신하여 천명을
실행하였기 때문에 천명이 계속되는 한 천자는 절대 권력을 보장받는 존
재였다. 천자는 하늘의 대리인인 까닭에 잘못이 있을 수 없다는 것이 유
교의 일반적인 천명관天命觀이었다.37) 천자와 국왕이 같은 존재일 수는

---

35) 독립운동사편찬위원회, 「碧山先生倡義顚末」, 『독립운동사자료집2』, 국사편찬위
원회, 1971, pp.20~21.
36) 拓菴集刊行會, 「破兵後自明疏」, 앞의 책 하권, pp.456~458.
37) 김순석, 『근대 유교개혁론과 유교의 정체성』, 모시는사람들, 2016, pp.182~192.

없으나 하늘의 명을 받은 존재라는 점에서는 일치한다고 볼 수 있다. 그런데 척암은 군주의 잘못된 명의 책임을 군주가 져야 한다고 하였다. 그의 이러한 생각은 국권을 상실한 이후에 올린 「청물합방소請勿合邦疏」에서 "5백 년 조종의 큰 보물과 3천리 문무文武의 강토는 선황제가 이것을 폐하에게 오로지 주었고 폐하께서 이것을 선황제에게 받았으니, 보옥寶玉과 보기寶器는 폐하께서 사사로이 가진 것이 아니고 땅 한 자나 백성 한 명도 폐하의 사사로운 물건이 아닙니다. 폐하께서 어찌 독단으로 주고받기를 필부필부가 밭과 농산물을 매매하는 것처럼 하실 수 있겠습니까.38)"라고 한 데서 그의 분명한 생각을 읽을 수 있다.

  초야에서 조용한 여생을 보내던 척암은 70이 넘은 나이에 밀사를 통해 전달된 고종의 밀조에 따라 의병을 봉기하였지만 막상 거의하여 대사의 책임을 맡은 상황에서 의병을 해산하라는 명을 받게 되었으니 참으로 통곡할 일이었다.39) 전제 군주국에서 국왕은 곧 국가를 상징하며, 국왕은 하늘을 대신하는 존재이기 때문에 실정에 대한 모든 책임은 보필하는 신하들이 지는 것이 일반적인 관례이다. 그런 까닭에 어떠한 상황에서건 국왕에게 직접 책임을 추궁하는 일은 거의 없다. 하지만 척암은 국왕에게 직접 그 책임을 물었다. 이것은 매우 이례적인 일이었으나 그만큼 척암은 의병장으로서 책임감을 느꼈다는 것을 알 수 있다. 그는 이러한 위기감을 주변에 간신이 많고, 충신이 적기 때문이라고 판단하였고, 그렇기 때문에 의병을 해산할 수 없었던 이유를 이렇게 말하였다. '간신을 살펴 처벌한 것이 두어 사람에 불과한데도 나라의 원수를 갚고 군주의 치욕을 씻었다고 하시니, 왜적의 수많은 무리가 어찌 벌써 섬멸되었으며 역심을 품고 아첨하고 영합하는 무리들이 어찌 벌써 모두 제거되었다고 하겠습니까. 고관에 있으면서 계책을 내는 이들은 한 마디도 경계하는 말이 없고 눈

---

38) 拓菴集刊行會, 「請勿合邦疏」, 앞의 책 하권, pp.459~460.
39) 拓菴集刊行會, 「倡義陳情疏」, 앞의 책 하권, pp.455~456.

앞의 구차한 편안함만을 탐하여 군주의 원수와 나라의 역적을 하찮은 물건이나 자질구레한 일 보듯이 하여 편안히 여기며 부끄러운 줄도 모르니, 이러고서도 나라에 인재가 있다고 하는 것이 옳겠습니까. 이것이 신들이 분개하면서 즉시 해산하지 못하는 이유입니다'40)라고 항변하였다. 척암이 늙은 나이에 노구를 이끌고 의병장으로 나섰던 이유에 대하여 군주를 섬길 날이 얼마 남지 않은 까닭에 작은 정성이나마 갚지 않을 수 없는 충정심 때문이었다고 하였다.41)

일제는 당시 혼란스럽던 국내외 정세를 이용하여 단계적으로 조선 침략을 조금씩 강화해 나갔다. 급기야 1905년 을사5조약을 체결하여 외교권을 박탈하고 말았다. 이 소식이 전해지자 전국의 유생들은 을사5적을 처단해야한다고 들끓었고, 전현직 관리들의 상소문은 빗발치듯 제기되었으며, 『황성신문』 주필이었던 장지연은 이 조약의 부당성을 「시일야방성대곡」과 같은 논설42)을 통해 세상에 알렸다. 김도화 또한 이 소식을 듣고 81세의 나이로 오직 아침저녁으로 죽기를 기다리면서 돌아가 선왕을 뵙기를 기약하고 있다고 하였다. 그런데 신문에서 다섯 조항 늑약의 치욕은 신하로서 차마 말하지 못하는 점이 있어 이 조약의 파기를 청하는 「청파오조약소請罷五條約疏」를 올렸다. 이 상소문에서 척암은 황제께 사직과 함께 죽을 각오로 임하라고 다음과 같이 진언하였다.

> 부디 폐하께서 이 말로 스스로 맹세하여 사직과 함께 돌아가신다면 이는 대의를 천하에 펼 수 있을 것이고, 왕의 위엄이 미치는 곳에 떳떳한 마음이 배나 격동할 것이니, 신포서申包胥 한 사람이 부르짖고 통곡하여 초楚나라를 보존한 것43)처럼 하는 이가 없으리

---

40) 위와 같음.
41) 위와 같음.
42) 張志淵, 「是日也放聲大哭」, 『皇城新聞』, 1905. 11. 20.
43) 신포서(申包胥)……것 : 신포서는 춘추 시대 초(楚)나라의 대부이다. 오(吳)나라

라는 것을 어찌 알겠습니까. 부디 폐하께서는 유념하시고 힘쓰소서.44)

김도화는 을사5적을 '승냥이나 범도 먹지 않을 더러운 놈들'이라고 격렬한 논조로 규탄하였다. 이어서 바라건대 '폐하께서는 먼저 이 소를 일본에 걸어 보여 원한을 참고 개화하는 것은 죽어도 할 수 없다는 것을 밝히시고, 이어서 또 각 나라의 공사公司에 포고하여 약속을 어기는 이를 토벌하지 않을 수 없음을 말씀하시라'45)고 하였다. 김도화의 이와 같은 간곡한 호소에도 불구하고 끝내 조선은 1910년 8월 29일 국권을 상실하는 비운을 맞게 되었다. 척암은 또 다시 황제께 종묘와 사직은 국왕이 사사롭게 주고 받고, 사고 팔 수 있는 사유물이 아니라는 것을 분명하게 지적하고 망국의 책임을 국왕에게 묻고 있다. 그러면서도 지금 이 순간에 우리 모두가 할 수 있는 유일한 일은 군신이 한 마음이 되어 배수의 진을 치고 만백성과 더불어 왜구와 한 판 싸워 결판을 내야 할 것이라고 마지막 남은 한 가지 대안을 다음과 같이 제시하였다.

> 애통한 윤음을 팔도에 반포하여 북쪽으로 향하여 일제히 달려가서 성을 등지고 한 번 싸워 죽으면 모두 죽고 망하면 모두 망하여 위로는 조종의 수치와 모욕을 씻고 아래로는 신하와 백성의 지극한 애통함을 갚는다면 어찌 통쾌하지 않겠으며 어찌 훌륭하지 않겠습니까. …… 다시 신의 위급하고 괴로운 충정衷情을 살피시어 종국

군사가 초나라 서울 영(郢)으로 침입하여 왕이 피난하는 국난을 만나 신포서가 진(秦)나라로 가서 구원병을 요청하였다. 그러나 진나라가 지원을 허락하지 않자, 신포서는 대궐 뜰에서 밤낮으로 울음을 그치지 않으면서 7일 동안 음식을 먹지 않았다. 이에 진나라 애공(哀公)이 그 정성에 감동하여 구원병을 내어 오나라를 물리쳤다. (『春秋左氏傳』「定公4年」)
44) 拓菴集刊行會,「請罷五條約疏」, 앞의 책 하권, pp.458~459.
45) 위와 같음.

을 보전하신다면 매우 다행일 것입니다. 신은 하늘과 해를 바라보며 피눈물을 흘리고 간절히 바라는 마음 가누지 못합니다. 삼가 죽음을 무릅쓰고 아룁니다.46)

김도화는 나이 90세를 바라보는 시점에 다되어 죽어가는 늙은이로서 실로 정색하면서 원통함을 다 토로하는 것이니 이것은 척암의 뜻이자 마지막 염원이라고 하였다. 그런 까닭에 절박하며 격앙되고 간절한 마음 가누지 못하고 죽음을 무릅쓰고 아뢴다고 진언하였다. 척암은 당시 조선통감으로서 한일 강제병합을 주도하였던 테라우치 마사다케[寺內正毅]에게 준엄한 경고의 격문을 보냈다. 그는 이 격문에서 '그대는 합방이라는 이름을 빌려 별전에 우리 임금을 유폐시키고 하늘을 속이는 계책을 세워 조정에서 대신을 재갈 물렸다. 국모를 시해하고 국군을 유폐시키니 『춘추春秋』를 지은 성인聖人이 반드시 토벌할 바이고, 남의 처를 과부로 만들고 남의 자식을 고아로 만드니 천지 귀신이 용납하지 못할 바이다. 대한의 신하 김도화는 90세의 늙은 유생이지만 스스로 도랑에 구르기보단 차라리 감히 적의 칼날에 맞서서 초야의 기름이 되는 것이 진실로 원하는 바이다. 길가에서 넘어진 것을 어찌 근심할 게 있겠는가. 이에 가슴속의 말을 올려서 통감에게 호소하노라'47)라고 하였다. 이 격문은 남의 나라 국왕을 유폐시키고 강제로 문명국가를 병합하였으니 이것은 천하를 적으로 돌리는 일이니 어찌 무사하겠는가. 나는 차라리 적의 칼날에 죽을 각오로 독립을 쟁취하기를 원한다는 것을 분명하게 밝힌다고 하였다.

김도화는 여기에 그치지 않고 군대를 앞세워 조선을 강제로 병합한 일본의 만행을 만천하에 널리 알렸다. "삼가 생각건대, 온 나라의 여러 대인께서는 하늘이 덮고 땅이 실어주니 한 기운을 가진 동포가 아니겠으며,

---

46) 拓菴集刊行會, 「請罷五條約疏」, 앞의 책 하권, pp.458~459.
47) 拓菴集刊行會, 「檄告統監文」, 앞의 책 하권, pp.468~469.

바다에 머물고 산에 거처하니 모두 옛 현인의 후예들입니다. 비록 평소에 한 번이라도 뵌 적은 없지만, 먼 지방에서 이 기운을 저절로 느낄 것입니다. 신의와 화평을 닦기를 마치 머리와 꼬리가 서로 응하듯 하고, 위기와 환란을 구제하기를 손과 발이 서로 도와주듯 할 것입니다."라고 하여 만국이 일본의 부당한 처사를 규탄하는데 호응해 줄 것을 부탁하였다.

결국 국권을 상실한 상황에서 그는 통곡하고, 또 통곡할 수밖에 없었다. 척암은 1910년 9월 5일 「통곡사慟哭詞」를 지어 나라 잃은 슬픔을 애타는 심정으로 쏟아 내었다. 「통곡사」는 살아도 무익하고, 죽을 곳도 찾을 수 없는 나라 잃은 백성의 애처로운 심정을 쏟아내었다.[48] 김도화는 국권을 상실한 직후 일제의 관학자인 다카하시 토오루[高橋亨]의 방문을 받았다. 다카하시가 방문을 한 명분은 조선유학을 흥기시킬 방도를 모색한다는 것이었다. 다카하시는 일본에서 조선학 연구의 권위자로서 일제강점기『이조불교李朝佛敎』와 조선유학사 연구에 몰두하여 우리 학계에 식민사학의 잔영을 남긴 사람이다. 어느 날 다카하시가 김도화를 찾아와 조선에서 유학을 흥기시킬 것을 누누이 이야기하니 선생이 "망국의 외로운 신하가 지극히 바라고 또 바라는 것은 오직 옛 군주를 봉환하고 이어서 옛 풍속을 보존하는 데에 있습니다"라고 하였다.[49] 일본 순사 키무라[50] [木村]가 또 시 한 수 지어달라 청하니 곧 다음과 같이 응하였다.

---

48) 拓菴集刊行會, 별집 권1, 「慟哭詞」, 앞의 책 하권, p.451.
49) 拓菴集刊行會, 부록 권2, 「敍傳」, 앞의 책 하권, p.522.
50) 木村 : 일본 순사로『척암별집』권1의 「정월 17일 일본 순사 기무라가 전날 매우 곤욕스럽게 한 것에 대해 와서 사과하고 이어서 시를 청하니 시 2수를 써서 주었다.[正月十七日 日巡査木村來謝前日困辱之甚 因請詩 書贈二絶]」와 같은 내용이다. 金道和의 묘갈명에 의하면, 이 시를 지은 해에 김도화가 세상을 떠났다는 기록이 있으므로, 이 시는 1912년 1월 17일에 지어진 것임을 알 수 있다.

키무라가 청해서 써 준 시[木村請詩書示]

하늘에 해가 없는 것 통곡하노니	痛哭天無日
죽지 못한 신하 서글플 뿐이로다	哀哀未死臣
홀연히 문명의 시대 끝났거늘	忽焉虞夏歿
오늘날에 섭정·형가 그 누구인가	誰是聶荊倫
신정에서 눈물 흘리노라니 눈앞이 캄캄하고	目暗新亭淚
율리에서 갈건 쓰노라니 마음이 참담하도다	頭憯栗里巾
바라건대 망묘조를 따라	願隨莽渺鳥
곧장 올라 상제께 호소하고 싶네[51]	直上訴瑤宸

 이에 저들은 김도화의 집 대문에 "병합을 크게 반대하는 집안[合邦大反對之家]"이라고 썼다고 한다.[52] 김도화는 퇴계학맥을 계승하여 경학과 성리학에 일가를 이루었으며 향촌 사회에서 존경받는 큰 학자였다. 한말 외세의 침략으로 국가가 위기에 처하게 되자 그는 평생 공부해 왔던 충군 애국의 의리를 실천하기 위하여 향리의 후학들이 추대한 의병장이라는 직책을 수락하여 구국의 길에 나섰다. 척암이 처음 의진을 구성하였을 때는 국왕으로부터 재야의 유생들을 의병에 참여시키라는 밀지를 받았지만 실제 외적들과 맞서려는 순간에는 국왕으로부터 의병을 해산하라는 상반된 명을 받는다. 유생들이 국왕의 실정을 지적할 때에는 대개 측근 신하들이 제대로 보필하지 못한 잘못을 문제삼았다. 그러나 척암은 전하의 상반된 명에 따라 전하의 군대가 전하의 백성을 도륙하는 처참한 상황이 벌어진 것에 대하여 직접 그 책임을 물었다. 이 국난을 해결할 수 있는 유일한 길은 국왕과 신료들 그리고 온 국민이 죽을 각오로 결사 항전하는 길밖에 없다고 진언하였다. 김도화의 이런 사상을 국가는 국왕의 사유

---

51) 拓菴集刊行會,「木村請詩書示」, 앞의 책 하권, p.275.
52) 拓菴集刊行會, 앞의 책 하권, 519~521쪽.

물이 아니고 만민의 것이므로 국왕이 임의대로 행사할 수 없다는 공의公義 사상이 있었기 때문이다.

4. 맺음말

이상에서 19세기 중반에서 20세기 초에 걸친 시기에 안동 지역 유학자 척암 김도화의 현실 인식과 의병항쟁에 대하여 살펴보았다. 김도화는 19세기 무력을 앞세운 제국주의 열강 세력들이 굳게 닫혀 있던 조선의 문호를 개방시키고 이권 쟁탈에 나서기 시작하던 시기 안동부 일직면에서 의성김씨 집안에서 태어났다. 그의 선대 가운데는 퇴계학맥을 계승하여 고관의 벼슬을 지낸 현조가 있었으며, 그 또한 정재 류치명의 문하에서 선학들의 학문적 업적을 정리하고 의리를 바로잡고자 한 학자였다. 하지만 그가 살았던 시대상황은 그에게 학자로서의 삶만을 살도록 허락하지 않았다. 그가 안동에서 항일투쟁을 전개할 수 있었던 것은 학문적으로 퇴계학통이라는 구심점이 있었기에 가능하였다. 여기에 지역사회 명문 사족들 사이에 널리 형성된 통혼권을 기반으로 한 공동운명체 의식으로 형성된 연대의식이 있었기 때문이었다. 그는 전통적인 화이론을 바탕으로 한 위정척사론자로서 의리와 실천의식을 중시하였다. 그는 유교적 예교질서를 근간으로 하는 의리론을 추구하였으며, 그것을 현실에서 실천하기 위해서는 도덕성과 수기치인에 힘써야 한다고 주장하였다. 이러한 예교질서는 서양의 윤리와 양립할 수 없다는 것이 그의 생각이었고, 이러한 질서를 위협하는 세력에 대해서는 결사 항전을 통해서 유교적 질서를 지켜내야 한다는 것이 그의 지론이었다.

국모가 시해되고 단발령이 시행되자 김도화는 나라가 위기에 처했는데 평생 보고, 듣고, 배운 것이 충군애국인 선비가 어찌 보고만 있을 수 있겠느냐고 하면서 의병장에 추대된 것을 받아들였다. 고종의 밀지인 「애통조」는 지방에 있는 유생들에게 의병봉기를 독려하는 간절한 마음이 담겨 있었기에 척암은 죽음을 무릅쓰고 의병봉기에 나섰다. 그의 나이 72세에 의병장으로 나설 수 있었던 것은 자신이 살아서 충군애국할 수 있는 시간이 얼마남지 않았다고 생각하였기 때문이다.

김도화가 이끄는 의병진이 2차 거사를 준비하고 있을 때 고종의 해산명령을 접하게 된다. 이 칙명은 외압에 의해 결정된 것이었지만 의병들에게 이 명은 청천벽력 같은 소식이 아닐 수 없었다. 불과 얼마 전에 내려진 의병봉기를 독려하는 내용과는 정반대의 어명이 내려졌기 때문이었다. 김도화는 의병을 해산하지 못한 까닭을 전하의 백성들을 모두 전하의 병기에 죽게 하니 세상에 무슨 이런 일이 있느냐고 따져 물었다.

김도화는 이러한 위기가 닥친 것은 국왕 주변에 간신이 많고, 충신이 적기 때문이라고 판단하였다. 고관들이 국왕의 주위에 있으면서 계책을 내는 이들은 한 마디도 경계하는 말이 없고 눈앞의 편안함만을 탐하면서 부끄러운 줄도 모르니, 이러고서도 나라에 인재가 있다고 하겠느냐고 묻는다. 김도화가 늙은 나이에 의병장으로 나섰던 것은 군주를 섬길 날이 얼마남지 않은 까닭에 작은 정성이나마 갚지 않을 수 없는 충정심 때문이었다.

이런 상황에서 외교권이 박탈당하는 을사늑약이 체결되었다는 소식을 듣자 김도화는 이 조약을 파기하고 황제가 사직과 함께 죽을 각오로 임하라는 상소문을 올리고, 모든 신민이 결사 항전의 각오로 싸워야 한다고 하였다. 김도화는 종묘와 사직은 국왕이 사사롭게 주고 받고, 사고 팔 수 있는 사유물이 아니라는 것을 분명하게 지적하고 망국의 책임을 국왕에게 묻고 있다. 지금 이 순간 우리 모두가 할 수 있는 유일한 일은 군신이 한 마음이 되어 배수의 진을 치고 만백성과 더불어 왜구와 한 판 싸워 결판을 내야 할 것이라고 하였다. 유생들은 왕권은 하늘로부터 받은 것이기 때문에 국왕은 하늘의 대리인이므로 그 책임을 물을 수 없다고 생각하여 모든 잘못을 자신에게로 귀착시키지만 김도화의 경우는 달랐다. 이것은 국가의 운명이 달린 중대한 결정을 국왕이 독단적으로 결정할 수 있는 사안이 아니라는 것을 천명한 것으로 이러한 점이 김도화의 상소문에 나타나는 큰 특징이라고 하겠다.

향산 이만도의 현실인식과 대응

1. 머리말

조선시대 도학道學은 매우 엄격한 도통의식道統意識과 정통주의 신념을 확립하고 있었다. 주자학과 다른 견해에 대해서는 이단異端 또는 사설邪說로 규정하여 엄격하게 배척하였다. 이러한 도학 이념에 자족하였던 조선 사회는 후기로 접어들면서 외국으로부터 군사적 침략이나 문화적 침투가 잇따라 일어나자 매우 강경한 태도로 저항의 자세를 취하였다.[1] 이러한 시대의 유학자였던 향산 이만도響山 李晩燾(1842~1910)는 1842년 경상도 순흥부 난곡리順興府 蘭谷里(현 봉화군 봉성면 동양리)에서 아버지 이휘준李彙濬과 어머니 야성 송씨 가운데서 둘째 아들로 태어났으나 일찍 세상을 떠난 숙부 이휘철李彙澈에게 입후入後되었다. 그의 자字는 관필觀必이고, 호는 향산 또는 직재라고 하였으며, 본관은 진성眞城이었고, 퇴계의 11대손이다. 그의 고조인 이세사李世師는 문과에 급제하여 수찬을 거쳐 지중추부사를 지냈다. 조부인 이가순도 문과에 급제하여 응교를 지냈으며, 생부인 이휘준 또한 문과에 등과하여 대사성을 지냈다. 그의 아우인 이만규는 교리를 지냈으며, 삼종질 이중언도 문과에 급제하여 사간원 정언을 지냈다.[2] 그는 국운이 기울어가던 조선 말기에 태어나 일제가 국권을 강탈하자 이것에 분노하여 자정 순국의 길을 택한 애국지사였다. 그는 벼슬길에 나아가 관직을 역임한 관인官人인 동시에 퇴계학맥을 계승한 학자였다. 그의 문집인 『향산집』은 목판본으로 1916년 14책으로 간행되었으나 일제에 의해 책이 압수되고 목판이 훼손되는 등의 수난을 겪었다.

---

1) 금장태, 『한국근대의 유학사상』 증보판, 서울대학교출판부, 1999, 31쪽.
2) 안병걸, 「해제」, 『향산집』 1, 이만도 지음·정선용 옮김, 한국고전번역원, 2010, 17쪽.

이후 1933년에 다시 간행되었다. 『향산전서』는 이 목판본을 저본으로 하여 『계첩』·『연보』·『청구일기』 등을 수록하여 2007년 한국국학진흥원에서 2책으로 간행되었다.3)

2010년 향산 이만도의 순국 100주년을 맞이하여 안동시 독립운동기념사업회가 주축이 되어 10월 8일 안동시민회관에서 일제의 강제병합에 항거하여 자정 순국한 향산 이만도 등 안동지역 열 명의 순국의사를 기리는 행사가 있었다. 이 행사는 6월부터 11월까지 5개월에 걸쳐 추념식, 뮤지컬 '락' 공연, 인형극 등을 비롯해 학술대회, 인물총서 발간, 안동 사람들의 독립운동 스토리텔링 공모전, 자정 순국 기획전 등으로 다양한 프로그램으로 진행되었다.4)

향산의 순국이 갖는 의미를 밝히기 위한 연구들이 문학·사학·철학계에서 다양하게 진행되었다. 문학계의 연구 경향은 대체로 이만도가 남긴 우국시의 분석을 통해서 시 속에 나타난 절의정신을 조명하였다.5) 철학계의 연구는 대체로 이만도의 사상을 몸과 마음을 수양하는 수기치인을 실천하고 敬을 보존하려는 퇴계학의 관점에서 앎과 삶을 일치시키려는 노력의 일환으로 파악하였다.6) 역사학계의 연구는 이만도의 생애와 자정 순국 경위와 그리고 결과에 초점을 맞추었다. 그 의미를 찾는 데 맞추어

---

3) 안병걸, 위의 해제, 21~25쪽.
4) 「향산 이만도선생 자정 순국 100주년 추념행사」, 『영남매일』, 2010. 10. 8.
5) 정병호, 「自靖殉國日記와 韓末 嶺南 선비의 形象-『靑邱日記』와 『蹈海日記』를 대상으로-」, 『대동한문학』 제33집, 대동한문학회, 2010.
김영숙, 「響山 李晩燾의 現實認識과 문학적 對應樣相」, 『대동한문학』 제33집, 대동한문학회, 2010.
6) 윤천근, 「해제」, 『響山全書』 下, 한국국학진흥원, 2007.
안병걸, 위의 해제, 2010.
추제협, 「響山 李晩燾, '直'의 사상과 衛正斥邪論」, 『대동한문학』 제65집, 대동한문학회, 2020.
박균섭, 「선비의 결단 1910 향산 이만도의 앎과 삶, 그리고 퇴계학의 지평」, 『현대유럽철학연구』 53, 한국하이데거학회, 2019.

져 있다. 나아가서 이만도의 순국정신을 기리고, 그의 자정순국이 이후의 독립운동에 미친 영향을 중심으로 이루어졌다.7) 이만도의 자정 순국은 일제의 무도한 침략에 결코 굴종하지 않고 망국의 치욕을 크나큰 아픔으로 느끼고 국권과 자존을 회복하고자 한 투쟁이었다고 평가한 연구가 있다.8) 같은 해 한국고전번역원은 『향산집』 국역본9)을 발간하여 연구에 활기를 띨 수 있는 계기를 마련하였다.

이만도에 대한 선행 연구는 대체로 생애 및 '자정순국 과정과 그 의미'를 찾는 방향에서 진행되었다. 그의 자정 순국에 대하여 재야로 물러난 다음 위기에 처한 나라를 구하는 길은 선비의 절개를 지키는 것뿐이라는 생각에서 자정의 길을 택하였다고 평가한 연구가 있다.10) 또 다른 연구는 1910년 국권 상실 이후 안동 유림 가운데 자정 순국한 인물들의 행적을 검토하였다. 이 연구는 자정 순국을 단순한 자살이 아니라 국난에 처한 나라를 위해 스스로 목숨을 끊은 것으로 규정하였고, 나아가 이 고귀한 죽음은 일제에 대한 투쟁이자 신념을 지키는 것으로 보았다. 또한 일제의 만행을 도저히 받아들일 수 없었던 이만도는 자정 순국을 통해 강한 저항의식을 드러내고 의리를 지키고자 했다고 평가한 연구도 있다.11) 이 연구는 한말 국권이 상실될 위기에 처했을 때 전국에서 자결한 순절

---

7) 김희곤, 「안동 유림의 자정 순국투쟁」, 『국학연구』 19, 한국국학진흥원, 2011.
곽진, 「향산 이만도의 자존적 삶과 순국」, 『민족문화』 36, 한국고전번역원, 2011.
박민영, 「향산 이만도의 생애와 순국」, 『한국독립운동사연구』 37, 한국독립운동사연구소, 2010.
_____, 『거룩한 순국지사 향산 이만도』, 지식산업사, 2010.
8) 박민영, 앞의 논문.
9) 이만도 지음, 정선용 옮김, 『향산집』 1, 한국고전번역원, 2010.
이만도 지음·공근식 옮김, 『향산집』 2, 한국고전번역원, 2010.
10) 오용원, 「향산 이만도의 현실인식과 사유세계」, 『안동학』 18, 한국국학진흥원, 2019.
11) 김희곤, 앞의 논문, 149쪽.

자는 90여 명 정도되며, 이 가운데 이름과 출신이 명확한 인물은 70명 정도이고, 이들 중에 그 행적이 증명되어 독립유공자로 포상된 사람은 61명이라고 한다.12)

이러한 선행 연구는 애국지사의 위업을 현창하고, 그것이 가지는 의미를 새롭게 조명함으써 후세의 귀감으로 삼는 계기를 만들었다는 점에서 큰 의미가 있다. 이만도에 대한 연구성과는 아직까지 많지 않은 편이다. 그 까닭은 그가 남긴 자료가 방대하고, 해방 전후 수차례 걸쳐 문집을 정리하고, 간행하는 과정에서 상이한 글들이 수록되어 세밀한 검토가 필요하기 때문이다.13) 향산의 학문과 사상을 전체적으로 조명하기 위해서는 추후 이러한 작업이 진행되어야 할 것이다.

본고는 이러한 선행연구를 바탕으로 하여 이만도의 자정순국을 현실인식과 대응이라는 관점에서 살펴보고자 한다. 그는 1895년 예안 의병장으로 추대되어 의병항쟁에 나섰으나 뜻을 이루지 못하였다. 거의한 까닭은 군주가 욕을 당한 상황에서 신하는 목숨을 내놓아야 한다는 의리론에서 기인하였다. 또한 그는 국권 상실에 대한 책임을 대하여 국왕을 제대로 보좌하지 못한 자신의 탓으로 돌리고 자책하였다.14) 그러나 같은 시기 안동의진 의병장으로 활약하였던 척암 김도화拓菴 金道和(1825~1912)는 국권 상실의 위기 상황을 맞게 된 것에 대하여 많은 부분을 자신의 책임으로 인식하기도 하였지만 궁극적으로 국왕에게 책임을 물었다. 척암은 고종이 영남의 재야 유생들에게 의병봉기를 촉구한 「애통조」와 그 후에 의병을 해산하라는 상반된 명을 내렸기 때문에 무고한 백성들이 희생되었고 그 책임이 국왕에게 있음을 직언하였다.15) 이렇듯 이만도와 김도화는

---

12) 오영섭, 『한말 순국의열투쟁』, 한국독립운동사연구소, 2009.
13) 박민영, 앞의 논문, 40쪽.
14) 이만도 지음, 정선용 옮김, 『국역 향산집』 2, 한국고전번역원, 2010, 41~42쪽.
15) 拓菴集刊行會, 「破兵後自明䟽」, 『拓菴全集』 下, 456~458쪽.

같은 국권 상실이라는 현실을 두고 책임 소재에 대한 견해가 달랐다. 향산은 국권 상실의 원인이 국왕을 잘 보필하지 못한 자신에게 있다고 생각하고 자정自靖의 길을 택하였다. 물론 이 사안은 향산 한 사람에게 책임을 묻는 일은 불가하지만 향산은 국권 상실이라는 위기의 순간에 이 나라에 망국의 책임을 지고 목숨을 내놓을 수 있는 신하다운 신하가 있다는 것을 보여 주고자 하였다.16) 김도화는 국왕의 명으로 의병을 해산한 후 두문불출하고 후학 양성에 매진하였다.17) 본고는 두 사람의 국권 상실에 대한 책임의식의 차이를 검토하고, 척암 김도화에 대해서는 『척암전집』이 방대한 까닭에 별고를 준비 중이다.

2. 이만도의 현실인식과 대응

19세기 후반 서양 열강과 일본 제국주의 세력들이 정치적·군사적·경제적·문화적 침략을 강화해 가자 유학자들 가운데는 제국주의 세력과 대화와 타협을 거부하는 위정척사론으로 맞서는 사람들이 있었다.18) 그 가운데 이만도는 퇴계의 후손으로 일찍이 과거에 급제하여 벼슬길에 나아갔다. 그는 어려서 부친과 족형인 신암 이만각愼庵 李晩慤을 통하여 가학을 계승하였고, 18세에 봉화 유곡酉谷의 충재 권벌 집안으로 장가들면서 장인인 기천杞泉 권승하權承夏와 처 숙부인 권련하의 문하에서 수학하였

---

16) 李晩燾 著,「遺疏」,『響山全書』上, 한국국학진흥원, 2007. 148~149쪽. 嗚呼! 痛矣. 此豈陛下之所樂爲哉? 實想其當日禍色 必有甚於乙巳之變矣. 言念至此 豈可曰 國有臣者乎? … 以世祿之臣 甘作讐人之氓 而朦然不知爲恥 此臣之罪也. 臣有此四罪 所不容於天地之間 乃以是日 不食自盡 惟此未足以貫其罪 而報聖恩之萬一也.
17) 柳鳳熙,「敍述」, 拓菴全集刊行會, 위의 책, 부록 528~531쪽.
18) 금장태, 앞의 책, 2쪽.

다.19) 이만도는 1866년 25세가 되던 해 8월에 경시京試에 합격하여 진사가 되었고, 이어 9월 정시문과에서 장원으로 급제하였다. 이 무렵 조선 해안에는 이양선이라는 낯선 배들이 출몰하였고, 이때 들어온 서양 문물은 처음으로 한반도에 들어온 근대문물이라는 특별한 의미를 가졌다. 당시 조선의 지식인들은 서양 문물에 대한 정보가 부족했고 불안한 시선으로 이를 바라보고 있었다.20) 이러한 때 이만도의 생부인 이휘준은 성균관 대사성이라는 당상관의 자리에 있으면서 장원으로 급제한 아들에게 다음과 같이 당부하였다.

> 나는 이미 고위직이 되었고 또 네가 장원 급제하였지만 기쁘지 않고 실로 두렵구나. 너는 삼가해야 한다. 또 말씀하시기를 나라에 몸을 바친 만큼 평화로울 때는 태평성세를 이루도록 노력하고, 위기를 당하면 마땅히 목숨을 바쳐야 한다.21)

생부인 복재공復齋公은 대과에 합격한 아들에게 가문보다는 나라를 우선하여 국가적 위난이 닥쳐오면 '목숨을 바쳐라', '죽음으로 책임을 다하라'고 당부하였다. 이만도는 성균관 전적, 병조좌랑, 사간원 정언, 홍문관 부수찬, 홍문관 부교리, 양산 군수, 공조 참의 등을 지내다가 1882년 고향으로 돌아왔다.22) 고향으로 돌아온 향산은 승정원 동부승지를 제수받았으나 부임하지 않았다. 이후 향촌에 백동서당柏洞書堂을 짓고 후학 양성에 몰두하였는데「계첩契帖」에 적힌 제자들의 이름이 214명23)이나 되었다.

---

19) 안병걸, 앞의 해제, 18쪽.
20) 전제훈,「이양선 출몰에 따른 근대 문물 인식 변화」,『한국도서연구』32(4), 한국도서(섬)학회, 2020, 3쪽.
21) 李晚燾 著,「年譜」, 앞의 책, 26쪽. "復齋公戒曰吾旣通顯汝又魁擢非可羲也 汝其愼之又曰許身於國時平則致澤爲心見危則當授命"
22) 윤천근, 앞의「해제」, 425쪽.
23) 李晚燾 著,「柏洞書堂契帖」, 앞의 책, 327~361쪽.

이렇게 후학 양성에 몰두하고 있던 이만도는 향리에 명망있는 유생들과 교류하였는데 그 가운데 충청도에서 온 서상철 의병장도 있었다. 서상철 의병장은 이만도에게 의병진에 합류해 줄 것을 부탁하였지만 그는 거의擧義의 당위성에는 찬성하였으나 다만 왕명이 없어 합류를 할 수 없다는 입장을 표명할 수밖에 없었다.24) 향산은 벼슬을 지낸 관인官人이었고, 유학적 가치관이 뚜렷하였기 때문에 왕명이 없이는 섣불리 움직일 수 없다는 입장이었다. 이러한 그의 면모는 원칙에 어긋나는 것에 대해서는 한 치도 양보할 수 없다는 원리주의자적인 성향을 보여준다.25) 이렇게 의병 참여와 명분 사이에서 고민하고 있던 그에게 고종의 밀사를 만날 수 있는 기회가 주어졌다. 이만도는 국왕의 밀명으로 영남 지역에 파견되어 의병 봉기를 독려하고 있던 소모사 이용호를 만났다.26) 이만도는 단발령이 발표되자 의병장으로 추대되어 선성의진宣城義陣을 구성하고 의병을 일으켰다. 이만도가 의병을 일으킨 까닭은 1894년에 작성하여 올리려고 하였으나 금령禁令으로 올리지 못한 「의상봉사擬上封事」의 다음과 같은 귀절에서 엿볼 수 있다.

> 일본 오토리 게이스케[大鳥圭介]가 군사를 일으켜 대궐을 침범해서 지난날 북묘北廟의 변란27)보다 더 심하게 핍박하였는데 … 이처럼 군부君父가 욕을 당한 때에 한 번 죽음으로써 원수에게 목의 피를 뿌리지 않는다면 이는 500년 동안 대대로 녹봉을 받은 은혜를 저버리는 것입니다.28)

---

24) 변창구, 앞의 논문, 198쪽.
25) 윤천근, 앞의 해제, 424~428쪽.
26) 박민영, 앞의 논문, 198~199쪽.
27) 北廟의 변란 : 1894년 갑신정변 당시 개화당이 일본군 주둔 병력의 지원을 받아 민씨 일파를 몰아내고 혁신 정부를 세우기 위해 정변을 일으키자 고종이 명성황후가 있던 북묘로 피난한 일이 있었다. 북묘는 종로구 숭인동에 있는 관우의 상을 봉안한 사당이다.

위의 글에서 이만도가 의병을 일으킨 까닭은 일본군이 궁궐에 난입하여 난동을 부렸고, 그로 인하여 군주가 욕을 당하였다는 사실이다. 그는 '군주가 걱정이 있으면 신하는 그것을 해소하기 위하여 혼신의 노력해야 하며, 군주가 욕을 당하면 신하는 죽어야 한다는 유교 윤리[29])'가 몸에 밴 유학자였다. 1894년 동학농민전쟁이 발생하자 조선 정부는 일본에 병력 파견을 요청한 적이 없었음에도 오토리가 일본군을 이끌고 경복궁에 난입하였다.[30]) 국왕의 정전에 외국군이 난입하였다는 사실은 전쟁도 불사해야 할 상황이다. 이만도는 이같이 일본의 도를 넘는 무례한 행동으로 고종이 욕을 당하자 신하된 도리로 도저히 묵과할 수 없었다. 그는 향리인 예안에서 선성의진의 의병장으로 추대되어 의병을 통솔하였다.[31]) 예안의 옛 이름이 선성인 까닭에 이 의병진의 이름을 선성의진이라고 부른다. 선성의진 결성은 1896년 1월 13일(음력 11월 29일)에 발송된 「예안통문」에서 비롯하는데 이 통문은 진성이씨 집안에서 주도하였다. 통문 작성을 주도한 사람들은 「영남만인소」의 소두疏頭였던 이만손의 아우인 이만응李晩鷹을 비롯한 목사 이만윤李晩胤, 금봉렬琴鳳烈(또는 금봉술) 등 모두 223인이 연명으로 참여하였다. 통문의 요지는 다음과 같다. '일제의 침략으로 인해 당당한 문명국이었던 조선이 이적과 금수의 지경으로 떨어진 것을 통탄하고, 일본이 임진왜란과 정유재란을 일으킨 죄상을 상기시켰다. 이어서 일본이 국모를 시해하고 단발령까지 자행한 죄상을 결코 묵과할 수 없으므로 각지의 인민들이 결사항전할 각오로 의병을 규합한다'는 것이었다.[32]) 의병대장은 이만도였고, 부장과 유격장은 이중린李中麟과

---

28) 이만도 지음·정선용 옮김, 앞의 책, 『국역 향산집』 1, 41~42쪽.
29) 「越語」, 『國語』, 范蠡曰 臣聞之 爲人臣者 君憂臣勞 君辱臣死.
30) 이종호, 「청·일전쟁의 開戰원인과 청과 일본의 군사전략 비교연구」, 『한국동북아논총』 제77호, 한국동북아학회, 2015.
31) 李九榮, 『湖西義兵事蹟』, 修書院, 1993, 160~161쪽.
32) 위와 같음.

이인화李仁和가 맡았다.33)

　이만도가 선성의진을 결성한 직후 안동의병이 관군과 싸우다가 대패하였다는 비보가 날아들었다.34) 이 소식에 충격을 받은 선성의진 병사들은 사방으로 흩어져서 거의한 지 8일 만에 사실상 와해되고 말았다. 이만도는 선성의진이 흩어지자 청량산으로 들어가면서 당시 상황을 이렇게 술회하였다.

> 1896년 2월 1일(음 12월 18일) 의진을 해산하고 입산하였다. 의병이라 이름한 지 겨우 8일 만에 경병京兵이 밤을 틈타 안동진을 습격하였다. 본진에서는 점검을 하려는데 소문을 듣고 놀라 흩어져 버려 수습할 수 없었다. … 성은 텅 비고 선생만 홀로 빈 성에 앉아 있고 자제와 문인과 친척 몇 명이 옆에서 울고 있었다.35)

　의병들은 고향과 가족을 지키겠다는 일념으로 전쟁에 참여하였지만 싸워야 할 적에 대한 정보가 부족했고, 무기와 장비도 비교가 되지 않았으며, 전략과 전술도 부족하였다. 의병들의 의기는 충만하였지만 장비와 전투력에서 열세였기 때문에 전투에서 승리를 거두기는 어려운 일이었다.36)
　1896년, 김도화는 권세연을 이은 안동의진의 새로운 의병장으로 추대되었다. 당시 의진은 2차 거사를 준비 중이었으나, 고종으로부터 의병 해산 명령이 내려졌다. 이 명령은 앞서 유생들에게 내린 「애통조哀痛詔」의 내용과 모순되었고, 김도화는 이에 따르지 않고 2월 18일 안동부를 점령하였다. 이후 향교에 본부를 설치하였고, 25일에는 김도현이 합류하였으며, 영주 의진 또한 인근에 주둔하였다.37)

---

33) 김희곤, 앞의 논문, 152쪽.
34) 변창구, 앞의 논문, 200쪽.
35) 李晩燾 著, 앞의 책, 「연보」, 『響山全書』 下, 35쪽.
36) 「연보」, 앞의 책, 35쪽.

김도화는 군사 해산 명령에 따르지 못한 이유를 「파병후자명소破兵後自明疏」에서 설명하며, 자신은 노쇠하고 미천한 인물이지만 당시 국가적 위기를 외면할 수 없었고, 백성들이 격분하여 의병을 요청하였다고 밝혔다. 특히 고종의 군대가 오히려 백성들을 해치는 상황에 참담함을 느꼈으며, 「애통조」의 은혜로운 취지와는 정반대의 상황이 벌어졌다고 탄식하였다. 그는 무고한 백성들이 군의 칼날 아래 죽는 현실이 결국 군주의 명령 때문이라며, 이 책임은 군주에게 있다고 지적하였다.[38]

당시 유교적 세계관에서는 군주는 하늘의 명을 대신하여 다스리는 존재로 절대 권위를 지녔다. 그럼에도 김도화는 상반된 두 명령의 책임을 군주가 져야 한다는 이례적인 비판을 했다. 그의 이러한 인식은 국권 상실 이후 작성한 「청물합방소請勿合邦疏」[39]에서도 드러나는데, 그는 국왕이 국가와 백성을 사유물처럼 다루어서는 안 되며, 그것들은 조종과 선황이 물려준 공적 자산임을 강조하였다.

또한 이만도와 김도화의 태도 차이도 언급된다. 이만도는 유학적 충절을 실천하며 자결하였고, 김도화는 해산 후 자취를 감추고 후학 교육에 전념하였다. 두 인물 모두 은둔하였지만, 이만도는 죽음을 택했고 김도화는 생을 이어갔다는 점에서 차이가 있었다.

---

37) 독립운동사편찬위원회, 「碧山先生倡義顚末」, 『독립운동사자료집2』, 국사편찬위원회, 1971, 20~21쪽.
38) 拓菴集刊行會, 「破兵後自明疏」, 앞의 책, 456~458쪽. 伏以臣草芥賤品 螻蟻微命 晠昧鈍劣 最出人下 以年且耄 及自分爲溝壑之物久矣 … 適値國有大變 輿情憤激至 以臣謬屬 義旅統衆之任 … 不意王師來下 刑戮僞事 結縛臺臣 壞敗國家之名分 屠戮多士 斷喪國家之元氣 童幼之挾冊子 幷被刑殺 婦女之績麻者 亦多砲死 澗谷之樵夫 負薪面路斃 田野之農氓 荷耒而立殣 亂砲如雹 血流成川 與前日哀痛之敎 恩諭布告之意 一切相反 使殿下之赤子 盡劉於殿下之兵刃
39) 拓菴集刊行會, 「請勿合邦疏」, 앞의 책, 459~460쪽. 五百年祖宗之大寶 三千里文武之疆土 先皇帝以是專付於陛下 陛下以是承受於先皇帝 則琼璜寶器 非陛下之私有也 陛下何可以 擅自與受 匹夫匹婦 田產之買賣乎

이만도는 이러한 요인들로 인해서 국권 상실의 책임으로부터 자유롭지 못하다고 생각하였기 때문에 자정 순국의 길을 택하였다.

반면에 김도화는 1893년 68세의 나이에 금부도사에 제수40)되기는 하였지만 평생을 처사로 살았던 사람이다. 김도화는 의병을 해산한 이후 눈물을 흘리며 곧바로 돌아와 문을 닫고 자취를 감춘 채 후학의 교육을 자기의 임무로 삼았다.41) 역임한 관직의 고하가 유학자의 처세를 가늠하는 기준이 될 수는 없겠지만 드러나는 현상을 종합해 볼 때 두 사람이 현실을 대응하는 방법은 이처럼 달랐다. 두 사람의 처세는 세상을 등졌다는 점에서는 공통점이 있지만 이만도는 자정 순국의 길을 택하였고, 김도화는 두문불출의 길을 택하였다는 점에서 차이가 있다고 하겠다.

일제는 시간이 지날수록 침략을 강화해 갔고 1905년 을사늑약을 체결하고 나서 외교권마저 박탈하였다. 을사늑약이 체결되었다는 소식이 전해지자 전국 각지에서 상소문이 빗발치고, 각지에서 의병들이 봉기하였다. 이만도 또한 을사오적을 참수해야 한다는 상소문을 올렸다. 「청참오적소請斬五賊疏」라는 이 상소문의 요지를 살펴보면 그 내용은 대략 다음과 같다.

> 저들이 우리를 시험한 지 오래 되었고 일을 꾸며내는 데 익숙해 을미년에는 만고에 없는 변고를 일으켰습니다. … 신이 듣건대 『만국공법』에 남의 나라 내정을 간섭하지 말며, 남의 재물을 취하지 말며, 나라에 일이 있으면 반드시 백성들의 소원을 따라 행할 것이니, 협박에 의해 이루어진 조약은 나라의 군주가 친필로 서명했더라도 폐기할 수 있다고 하였습니다. … 삼가 원하건대 폐하께서는 깊이 살펴 결단을 내리셔서 먼저 나라를 팔아먹은 오적의 죄를 바로잡아 시조市朝에서 처형하고 다음으로 만국에 통행하는 공

---

40) 拓菴全集刊行會,「與李方伯 憲永」, 앞의 책, 284~285쪽.
41) 柳鳳熙,「敍述」, 앞의 책, 528~531쪽.

법에 질정하여 협박에 의해 정해진 전후의 조약을 하나하나 도로
없앤다면 종사宗社가 위태로워졌다가 다시 편안해지고 윤강倫綱
이 끊어졌다가 다시 밝아질 것입니다.42)

일본은 1895년 10월 자객들로 하여금 밤중에 궁궐을 침범하여 명성황
후를 살해하는 만행을 저질렀다. 뿐만 아니라 1905년 박제순·이지용·이
근택·권중현·이완용 등을 앞세워 을사늑약을 체결하고 외교권을 박탈하
였다. 이만도는 이런 일은 『만국공법』43)에 어긋나는 부당한 일이니 원천
무효이므로 오적을 처단하고 을사늑약의 무효를 선포할 것을 간청하였
다. 여기에서 눈여겨보아야 할 것은 이만도가 상소문에 언급할 만큼 『만
국공법』을 알고 있었다는 사실이다. 이만도가 서구의 여러 나라에서 통
용되고 있는 『만국공법』의 내용을 알고 있었다고 하더라도 그가 계몽사
상을 받아들인 것 같지는 않다. 왜냐하면 『향산집』에는 그가 계몽사상을
수용한 흔적이 보이지 않고, 그는 자정 순국을 단행하는 그 순간까지 철
저한 위정척사론을 고수하는 모습을 보이고 있기 때문이다. 『청구일기』 9
월 24일자를 살펴보면 다음과 같은 사실을 알 수 있다.

> 천전 김구연川前 金九淵 어른이 와서 보았다. 김구연 어른은 소식
> 을 듣고 선생 생각만 하며 달려온 것이다. 선생은 그와 수인사를
> 나눈 뒤 간단하게 평상시의 일을 말씀하시고는 천천히 이르시기를
> "우리 남쪽 지방의 순박한 고풍을 거론할 때면 매양 천전과 유곡酉谷
> 을 칭송하지요"라고 하셨다. 천전은 근래에 신학新學에 동요되어
> 총명한 선비들은 모두 거기에 빠져서 돌아오지 않고 노성한 학자
> 들의 논의도 함께 물들어 혼잡하였다. 때문에 선생은 미언微言으

---

42) 이만도 지음·정선용 옮김, 앞의 책, 『국역 향산집』 1, 59~64쪽.
43) 『萬國公法』은 미국의 법학자 Henry Wheaten(1785~1848)이 1836년에 출간한 국제
    법 저서이다. 이 책은 1864년 중국에서 활동하던 미국인 선교사 William A. P.
    Martin에 의해 通文館에서 漢譯되어 출간되었다.

로 경계하여 말해 준 것이다.44)

위의 글에서 이만도는 천전 의성 김씨들과 봉화 유곡의 안동 권씨들 가운데 뛰어난 인물들이 많이 나왔는데 최근 천전의 총명한 선비들이 신학에 빠져 돌아오지 않는다고 말하였다. 이 말은 청년들이 신학문을 익히느라고 예학과 의리를 숭상하는 유학 본래 영역으로 돌아오지 않음을 개탄한 것이다. 협동학교는 1907년 류인식·김병후·하중환·김동삼 등 당시 개화사상을 흡수한 지식인들이 천전에 설립한 신식학교였다. 당시 젊은 학생들이 모여들었던 이 학교는 보수 유림의 격렬한 반대에 부딪혀 많은 어려움을 겪었다. 설립자인 류인식은 교장에 김병식, 학감에 유창식을 초빙하고 본인은 교무주임을 자청하였다. 교사는 주로 한성사범학교 출신의 신진 청년들을 초빙하여 청소년들을 가르치게 하였다.45) 이만도는 보수 유림의 입장에서 신학문의 전파를 걱정스러운 눈으로 바라보고 있었다.

이런 와중에 일제는 1907년 헤이그밀사 사건으로 고종이 퇴위하게 되자 어수선한 분위기를 진정시키기 위해 백관들의 품계를 올려 주었는데 이때 이만도 또한 종2품 가선대부를 제수받았다. 그는 후일 경술국치 몇 일전에 다시 정2품 자헌대부로 승차陞差되었다.46)

며칠 전에 경술국치를 당한 지 6일이 지난 9월 4일 절친이었던 서파 류필영이 고림高林에 있던 이만도를 찾아와서 국권 상실의 비보를 전하였다.47) 그는 국권이 상실되었다는 비보를 듣는 순간 통곡을 멈출 수가 없었고, 날마다 선대 묘소를 찾아가서 울었다고 한다. 국권을 상실한 지 19일이 지난 9월 17일 이만도는 자진自盡을 결심하고 마지막으로 하고 싶은

---

44) 李晩燾 著, 앞의 글, 「靑邱日記」, 392쪽.
45) 이경자·김은혜, 「안동지역 근대교육의 전개 양상」, 『한국학연구』 79, 고려대학교 한국학연구소, 2021.
46) 『承政院日記』, 1010년 8월 24일條
47) 李晩燾 著, 앞의 글, 「家傳」, 92쪽.

말을 담은 「유소遺疏」를 지어 아들 중업中業에게 주어 황제에게 올렸는데 그 내용의 요지를 살펴보면 이렇다.

> 삼가 아뢰옵니다. 신臣은 영남의 하찮고 비천한 사람으로 병들어 시골 구석에 버려진 지 이미 오래 되었습니다. 지난 을사년에 오적이 나라를 넘긴 변란에도 병으로 일어나지 못하였습니다. … 아! 비통합니다. 이것이 어찌 폐하께서 원해서 하신 일이겠습니까? 당시 재앙의 조짐을 되새겨보니 필시 을사의 변괴보다 더욱 심했을 것이라 봅니다. 생각이 여기에 이르니 어찌 이 나라에 신하가 있다고 말할 수 있겠습니까? … 이날부터 음식을 끊고 죽기로 작정하였습니다. 오직 이것만으로는 그 죄를 씻기에 부족하고 성은聖恩에 만분의 일도 보답할 수 없을 것으로 생각합니다.48)

단식을 시작하기 전에 비통한 심정으로 올린 이 상소문에서 이만도는 자신의 마음을 이렇게 담아냈다. 자신은 분에 넘치는 관계官階를 받았음에도 사양하지 못하였고, 예전에 현직에 있었을 때에도 문제 해결을 위해 직간直諫을 하지 못하였다. 황제는 자리를 잃었는데 본인은 정2품 자헌대부로 승진하였다. 누대에 걸쳐 높은 관직을 받은 가문의 후예로서 큰 은혜를 입었으나 그것을 조금도 갚지 못하였다. 그는 이 상소문에서 이미 폐위가 된 황제에게 깊은 존경의 뜻을 표하였고, 국망의 현실을 맞게 된 것에 대하여 무한한 책임을 느낀다는 심경을 토로하였다. 군주가 욕을 당한 이 상황에서 사람 사는 도리를 배운 자신이 선택할 수 있는 유일한 길은 자정하는 것뿐이라고 생각하였다. 그렇게 하더라도 국왕으로부터 받은 은혜는 도저히 갚을 길이 없다고 하여 유교의 근본주의적인 입장을 취하였다.

이만도가 느끼는 현실은 대체로 이러하였다. 열강들은 인의仁義를 숭상

---

48) 李晩燾 著, 「遺疏」, 앞의 글.

하는 조선에서 많은 이권들을 약탈하였다. 그 가운데 일본은 일개 公使로 하여금 국왕의 정전正殿이 있는 경복궁에 군사를 이끌고 난입하여 조선 병탄의 야욕을 노골화하였다. 이후 국모를 시해弑害하는 만행을 저질렀고, 단발령을 시행하여 조선의 유림을 경악하게 하였다. 뿐만 아니라 몇몇 부일배 대신들을 앞세워 을사늑약을 체결하여 외교권을 박탈하여 국제사회에서 국권을 행사할 수 없는 식물국가로 만들었다. 결국 일본은 무력을 앞세워 군대를 해산하고, 고종 황제를 퇴위시키고, 그들의 뜻대로 조선을 강제로 병합하였다. 이 과정에서 향산은 국권을 지키기 위해 의병장이 되어서 의병전쟁에 참여하기도 하였으나 현장에서 그가 느낀 것은 좌절감이었다. 고도의 군사훈련을 받고, 신식무기로 무장한 정규군을 재래식 무기로 무장하고, 훈련이 안 된 민병 조직인 의병으로 대적해서 일본을 조선에서 몰아낸다는 것은 어렵다는 것을 알았다. 이만도는 퇴계의 직손으로 태어나 고조부 이세사 때부터 높은 벼슬을 지낸 현달한 집안의 후손이었으며, 자신 또한 고관을 지낸 몸이었다. 나아가 주자학적 가치관이 온몸에 배어있었던 그가 택할 수 있는 길은 매우 제한적이었다.

3. 자정 순국과 유훈

이만도는 일제의 침략으로 국권을 상실하는 위기에 당면하자 자정 순국을 결심하였다. 이미 망해 버린 나라가 자신 한 사람이 순국을 한다고 상황이 달라지리라고 생각하였던 것은 아니었지만 굳이 어렵고 힘든 자정의 길을 택하던 것은 무엇 때문이었을까? 그것은 이 나라에 사람다운 사람, 신하다운 신하가 있다는 것을 보여주어야 한다고 생각하였던 것 같다.49) 그가 생각한 사람다운 사람과 신하다운 신하는 어떤 사람이었을까? 그가 생각한 사람다운 사람이란 유교 경전에서 배운 학문을 현실에서 실천하는 사람 다시 말하면 지행합일知行合一을 이룬 사람이었다. 신하다운 신하는 평화로울 때는 군왕을 잘 보필하여 태평성대를 이루도록 하고, 군왕이 욕을 당하거나 국가에 위기가 생기면 목숨을 바칠 수 있는 그런 신하였다.50)

이만도는 대대로 벼슬한 집안의 자손으로 평상시에는 그것을 자랑스럽게 여겼지만 망국의 현실 앞에서는 큰 부끄러움을 느꼈던 것 같다. 높은 벼슬을 지낸 신하로서 기울어가는 국운을 바로잡지 못하고 망국의 치욕을 당한 데 대하여 무한한 책임감을 느꼈다.51) 이만도는 국권을 상실한 지금 내가 여기서 죽지 않고 무엇을 바라겠느냐고 반문하고 있다.52) 그는 음력 8월 14일 음식을 끊기 시작하면서 고조부의 묘소에 올라가 통곡하고 내려와 이렇게 말하였다.

> 내가 나라에 두터운 은혜를 받았는데도 을미년 변란에도 죽지 못하고 다시 을사년 5조약이 체결되었을 때에도 죽지 못하고 산에 들어가 구차하게 연명한 데는 그래도 이유가 있었다. 지금은 아무것도 기대할 만한 것이 없어졌는데 죽지 않고 무엇을 바라겠느냐.53)

상황이 이렇게 되기 전에는 국가의 상징인 황제가 생존해 있었고, 종묘와 사직이 건재하고 있어 회복을 도모해 볼 수 있는 여지가 있었다. 그러나 망국이 현실이 되어버린 지금 이만도는 삶을 연명한다는 것이 부끄럽게 느껴졌으며, 이 상황에서 편하게 살기를 온몸으로 거부하였다.

---

49) 위와 같음.
50) 위와 같음.
51) 박민영, 앞의 책, 111~112쪽.
52) 李晩燾 著, 앞의 글, 「靑邱日記」, 380쪽.
53) 위와 같음.

지금, 여기서 그가 할 수 있는 유일한 것은 자신을 가다듬고, 반성하면서 고요하게 삶을 마감할 수 있는 방법을 찾는 것이었고 그것이 자정 순국이었다. 그는 죽음을 앞두고 자신의 주변 사람들의 손을 잡고 망국의 현실을 타이르는 교훈을 남겼다. 이 교훈의 효과는 그 어느 교훈에도 비길 바 없는 효력을 발휘하였다.54) 그런 까닭에 이만도의 자정으로 주변 사람들은 순국의 길에 동참하기도 하고, 살아남은 사람들은 독립운동에 투신하여 영광스러운 길을 함께하였다. 그의 절친이었던 류필영은 향산의 「행장行狀」에서 이렇게 말했다. "수치를 품고 구차하게 살아가는 자는 뒤에 죽는 비애를 금할 길이 없다"라는 말로 친구를 먼저 보낸 자신의 심정을 표현하였다.55)

이만도의 조카인 이중언은 "나는 우리 숙부의 이런 결행이 있을 것을 입산하던 날부터 짐작하고 있었다. 훌륭한 일이 아닌가, 통쾌한 일이 아닌가56)"라고 하였다. 아버지의 자정 순국을 지켜볼 수밖에 없었던 아들 중업은 삼촌 이만규와 함께 1919년 유림에서 주도한 파리장서운동 이른바 제1차 유림단 사건에 앞장섰다.57)

이중업의 아내 김락은 백하 김대락의 동생으로 이만도의 맏며느리였는데 훗날 김락은 일제의 고문으로 두 눈을 실명하고, 남편인 이중업과 두 아들 동흠과 종흠의 옥바라지를 한 여성독립운동가이다.58) 8월 14일 죽음을 결단한 이후 25일에 아침에 며느리들이 뵈었다. 선생이 개부介婦에

---

54) 조동걸, 『안동역사의 유교성향』, 역사공간, 2010, 204쪽.
55) 柳必永, 「通政大夫承政院同副承旨兼經筵參贊官春秋館修撰官響山李公行狀」, 『西坡先生文集』卷二十. 三. 包羞苟活者 尤不禁後死之悲哀.
56) 李中彦, 「家狀」, 『東隱實記』附錄.
57) 김희곤, 「기암 이중업의 독립운동과 역사적 위상」, 『기암 이중업의 학문과 독립운동』, 한국국학진흥원, 2021, 24~25쪽.
58) 김윤희, 「안동의 여성독립운동가 김락의 가사 「유산일록」에 대한 고찰」, 『한국문학과 예술』 Vol 22, 숭실대학교 한국문학과예술연구소, 2017.

게 이르기를 "무릇 여자들이 편협하다고 했는데 더구나 미망인들은 어떻 겠는가? 관대하고 너그럽게 마음을 가지거라. 너는 문자를 알지 못하나 옛사람의 말에 '물리치지 못하는 경우를 만나면 항상 자기보다 못한 사람을 생각하라'고 하였다.59) 이처럼 이만도는 찾아오는 가족들에게 자상하고, 따듯한 말로 타이르고, 당부하는 말을 잊지 않았다.

　이만도는 자정 순국의 장소를 자신의 집이 아닌 청구동 재종손 이강호李綱鎬의 집으로 택하였다. 이때 손님들을 맞았는데 그 내막은 다음과 같다. 향산은 단식 중에 찾아와 울부짖는 아들 중업에게 말하기를 "나라가 위태로운 것을 보면 목숨을 버리라는 것은 내가 전수받은 바가 있고, 죽는 것도 분수가 있다"라고 하였다. 그는 칼로 자결하거나 약을 먹고 자결하는 길을 택하지 않고 부모로부터 받은 유체遺體를 온전히 보전하기 위하여 단식 자결을 택하였다. 이중업이 울면서 집으로 돌아가기를 청하자 "임금이 없어졌는데 신하가 감히 집이 있을 수 있겠는가"라고 하면서 선조의 산소가 있는 궁벽한 곳에 가서 죽는 것이 자기의 평소 뜻이라고 하였다.60)

　향산이 이렇게 말하자, 재종손 강호가 울면서 "이곳 역시 궁벽한 객지이니 집(하계)으로 돌아가시지 않으신다면 이곳에서 머무십시오"라고 간청하자, 부득이 행차를 재종손의 집에 멈추었다.61) 이강호가 단식을 시작한 향산 곁을 지키면서 1910년 9월 17일(음력 8월 14일)부터 순국한 10월 8일까지 그의 집에서 일어난 모든 일을 기록한 것이 「청구일기靑邱日記」이다. 이만도는 단식기간 동안에 모두 5수의 시를 지었는데 그 가운데 6일째 되던 날인 8월 19일 밤 비장한 마음을 담은 두 수의 시를 소개하면 다음과 같다.

---

59) 李晩燾 著, 「靑邱日記」, 앞의 책, 『響山全書』 下, 405쪽.
60) 권오영, 앞의 책, 65쪽.
61) 李晩燾 著, 「靑邱日記」, 앞의 책, 『響山全書』 下, 381쪽.

둘러보매 산하 모습 다 변했는데	擧目山河異
하늘 향해 하소연할 길조차 없네	籲天那復培
필부의 지난 이 충성심 부끄러운데	劫憨匹夫諒
나라의 은혜 갚으려 해도 길이 없구나62)	無計報涓埃

내가 비록 배운 바가 부족하지만	我雖無所學
배운 바를 이제 실천하려 하네	所學驗於今
후인들은 의당 더욱 맘 가다듬어	後人宜勉勵
본분 다시 공경하고 또 공경하소63)	本分更欽欽

 산하대지는 남의 땅이 되어 예전과 같은 모습이지만 지금 쳐다보니 낯설게 느껴지니 이 얼마나 안타까운 일인가. 학자는 모름지기 배운 것을 실천해야 하는 법이다. 어느 '누군들 삶을 좋아하고 죽음을 싫어하지 않겠는가. 그러나 산다는 것이 죽음보다 못한 욕된 상황을 만나면 삶을 버리고 의를 취해야 한다'는 맹자의 가르침64)을 현실에서 실천하고자 하였다. 단식을 시작한 지 19일째 되는 10월 5일(음력 9월 3일)부터는 찾아오는 손님들 마저 사절하고 세상을 떠날 준비를 하였다. 10월 7일 예안 주재 일본 경찰이 수비병 3명과 순검 3명이 찾아와서 강제로 미음을 먹이려 하자 향산은 곧바로 자리에서 일어나 이렇게 말하였다. "나는 내 명命대로 자진하고자 하거늘, 지금 너희들이 나를 빨리 죽이고 싶은가? 내 빨리 죽고 싶으니 즉시 총포로 나를 죽여라"라고 하니 일본 경찰은 곧 물러갔다.65)
 향산은 10월 8일(음력 9월 6일) 아들 중업을 불러 장례 절차를 검소하게 할 것을 이렇게 당부하였다. 첫째, 자신이 죽으면 들것으로 하게 본가

---

62) 이만도 지음, 정선용 옮김, 앞의 책, 392쪽.
63) 위와 같음.
64) 「告子」上,『孟子』. 孟子曰 生亦我所欲也 義亦我所欲也 二者 不可得兼 舍生而 取義者也.
65) 李晩燾 著, 앞의 책, 「靑邱日記」,『響山全書』下, 421~422쪽.

로 옮겨서 평상복으로 염을 하고 검약하게 상을 치를 것, 둘째, 장례에는 대부大夫의 예를 쓰지 말 것, 셋째, 권상익에게 부탁한 묘지명은 과장된 말과 실상을 벗어난 말을 쓰지 말 것을 당부하였다. 향산이 아들 중업에게 이런 부탁을 한 것은 임금과 부모에게 죄를 얻었다고 생각하였기 때문이다. 명정銘旌에는 실제 역임한 품계인 통정대부를 쓰고 그 위에 '고조선국세신故朝鮮國世臣'이라는 여섯 글자를 더하고 이공李公 아래 이름을 쓰라고 하였다. 이것은 대대로 벼슬한 집안의 후손이란 것을 밝힘으로써 마지막까지 나라와 황제에 대한 충성심을 표시한 것이다. 그리고 벗들의 만사와 제문에 만약 과도한 말이 있으면 깃대에 걸지 말게 할 것 등이 있었다.66) 향산은 세상을 떠나는 마지막 순간까지 자신이 평소에 배운 학문을 실천하고 본분을 지키고자 노력하였다. 그는 자신에게 엄격하였고, 다른 사람에게 관대하였으며, 일을 처리함에 공정하였다. 이만도의 자정순국은 망국의 현실을 돌이킬 수는 없었지만, 마지막 순간까지 나라를 구하기 위해 최선을 다하는 숭고한 모습은 후세의 귀감이 되기에 충분하였다.

4. 맺음말

이만도는 조선말기에 태어나 1910년 일제강점기가 시작되던 때 그것을 온몸으로 거부하면서 자정 순국으로 저항한 애국지사이다. 그는 퇴계 이황의 11대 직손으로 집안에서 가학을 전수받아 대과에 합격하여 여러 청요직을 거친 학자이자 관료였다. 그의 집안은 고조부인 이세사로부터 증조부인 이귀서와 조부인 이가순 그리고 부친인 이휘준에 이르기까지 대대로 높은 관직을 지낸 명문가의 후손이었다. 그는 한말에 외세가 밀려오

---

66) 李晩燾 著, 앞의 책, 「家傳」(李中業), 『響山全書』 下, 94쪽.

는 보고 그것을 저지하기 위해 의병장으로 추대되어 항전에 나섰다. 상대는 첨단 무기를 갖추고, 정규 군사훈련을 받은 정규군이었으며 그가 이끄는 의병은 재래식 무기에 훈련되지 않은 민병이었다. 그럼에도 불구하고 이만도가 의병을 일으킨 까닭은 일제가 군사를 동원하여 궁궐에 난입하여 국왕을 위협하였고, 단발령을 통해 우리의 전통을 부정하였기 때문이었다.

의병을 이끌고 나선 전투에서 이만도는 무력으로 상대를 제압한다는 것은 불가능하다는 것을 느꼈다. 하지만 그는 대대로 나라로부터 녹을 받은 대신의 반열에 있었기 때문에 기울어 가는 국운을 바로잡고 국가를 수호해야 할 책무가 있다고 생각하였다. 그는 국권 상실의 책임을 모두 자신의 잘못으로 승화하고 있었다. 그의 이러한 면모는 궁극적인 책임은 국왕에게 있으며 땅 한 자와 백성 한 사람도 국왕이 사사롭게 할 수 없다고 한 척암의 사상과는 대비되는 모습이다. 향산은 전형적인 유학자의 모습을 띤 반면에 척암은 국가의 공적인 측면을 중시하는 태도를 드러낸다. 이만도와 김도화는 현실을 보는 시각은 비슷하였고, 대응하는 방법 또한 의병장으로서 국가의 위기와 유교의 이념을 지켜내기 위해서 헌신하였다는 점에서 같았다. 그러나 이만도는 고위 관직을 지낸 관인이었기 때문에 국권 상실에 대한 책임을 본인의 몫으로 생각하고 자정 순국의 길을 택하였다. 김도화는 의병을 해산하고 돌아와 문을 닫고 은둔의 길을 선택하였으니 결국 세상을 등졌다는 점에서는 같은 길을 택하였다고 하겠다.

이만도는 1905년 일제가 을사늑약을 강압적으로 체결하자 을사오적을 처형하고, 조약을 무효로 해야 한다는 상소문을 올렸지만 비답조차 받지 못하였다. 절망적인 상황에서 그는 나라와 국왕을 위해 할 수 있는 일이 무엇인가를 찾기 위해 자신이 자랑스럽게 생각하는 조상들의 산소를 찾아다니며 고뇌하였다. 결국 그가 찾은 답은 가장 강력한 저항의 모습을 적들과 많은 사람들 앞에 보여주는 자정 순국의 모습을 보여 주는 것이었다.

　이만도는 자진을 결심하고 마지막으로 황제에게 하고 싶은 말을 담은 「유소遺疏」를 지어 아들 중업에게 주어 광무황제에게 올렸다. 이 마지막 상소문에는 그의 국가관과 철학이 그대로 담겨 있다. 몇몇 역적들의 농간으로 나라가 일본에 넘어갔으니 관직에 있으면서 그것을 막아낼 수 없었던 자신의 죄가 크기 때문에 그 책임으로 고스란히 자신의 몫으로 떠안았다. 나라가 망하고 황제는 자리를 잃었는데도 본인은 정2품 자헌대부로 승차를 하였기에 그 은혜를 갚을 길이 없어 부끄러움을 견딜 수 없었다고 술회하였다.

　결국 이만도는 자정 순국을 결심하고 영광스러운 선조들의 묘소가 있는 곳에서 결행에 들어갔다. 그는 단식을 하는 과정에서 찾아오는 모든 사람들에게 사람답게 사는 길을 몸으로 보여주었다. 그런 까닭에 이만도의 집안은 3대가 독립운동에 투신할 수 있었다. 많은 친구들과 제자들에게 그가 보여준 것은 한 유학자의 절제되었지만 분명하고도 엄정한 가르침이었다. 그의 자정 순국은 무력을 앞세운 일제의 침략을 온몸으로 거부하는 가장 강력한 저항의 표시였던 것이다. 이만도가 자진을 결심한 것은 이 나라에 사람다운 사람, 신하다운 신하가 있다는 것을 보여주어야 한다고 생각하였기 때문이다. 그가 생각한 사람다운 사람은 나라가 평화로울 때는 백성들의 삶을 편안하게 하고, 나라에 위기가 닥치면 그것을 구하기 위해 목숨을 바칠 줄 아는 그런 사람이었다. 결국 그는 사람다운 사람이 되고, 신하다운 신하가 되기 위해 자진의 길을 택하였다. 이러한 그의 선택은 전국적으로 큰 반향을 일으켜 그와 생각을 같이 하는 많은 애국지사들이 자결로 국권을 강탈한 일본의 침략에 항거하였다. 뿐만 아니라 그의 자정 순국은 이후 독립운동에 나침판이 되었으며, 후세 사람에게 큰 귀감이 되었다.

서파 류필영의 현실인식과 독립운동

1. 머리말

　류필영柳必永(1841~1924)은 1841년 3월 9일 경상도 안동부 삼현리三峴里에서 부친 정진定鎭과 모친 예천 권씨 사이에서 태어났다. 그의 자는 경달景達이고, 호는 서파西坡이며, 본관은 전주이다.1) 그의 선대는 고려말 류습柳濕을 시조로 출사出仕한 이래 오랫동안 서울에 살았는데 2세는 극서克恕로 보문관직제학을 지냈고 6세인 식軾은 인천부사와 강릉판관을 역임하였고, 참판에 증직되었다. 그의 넷째 아들 윤선潤善은 통례원通禮院 인의引儀를 지내다가 지금의 경상북도 영주로 내려왔다. 그는 이곳에서 나주 박씨와 혼인하여 두 아들을 두었는데 큰 아들은 성城이고 둘째는 원垣이었다. 그 후 류성은 안동 내앞[川前]의 청계靑溪 김진金璡의 사위가 되어 처가 부근인 임동 무실마을에 정착하여 오늘날 전주류씨 문중의 입향조로서 가문을 번영시키는 기반을 세웠다. 무실 류씨는 모두 성의 후손으로 무실을 중심으로 한들·박실·맛재·고천·개실·삼산 등지에 나뉘어 부락을 형성하며 살았다.2) 전주류씨 문중에는 5위位의 불천위가 있다. 당대의 석학으로 높은 관직을 지낸 류직柳樴(1602~1662)·류승현柳升鉉(1680~1746)·류정원柳正源(1702~1761)·류휘문(柳徽文(1773~1827)·류치명柳致明(1777~1861)이 그들이다.3)

　서파 류필영은 삼산 류정원의 5대손으로 일찍부터 가학家學으로 학문의 기초를 닦은 뒤 정재 류치명의 문하에서 퇴계학맥을 전수하였다.4) 몇

---

1) 柳寅植,「家狀」,『西坡先生文集』卷二十六.
2) 全州柳氏安東花樹會,『岐下水流』, 안동 : 도서출판 한빛, 1997, 58~59쪽.
3) 全州柳氏安東花樹會, 위의 책, 120~128쪽.
4) 앞의 책.「家狀」卷二十六.

차례 과거시험에 응시하였으나 당시 문란해진 과거제도로 인하여 벼슬에 뜻을 접고 학문에 몰두하였다. 그는 이만도李晩燾·김흥락金興洛·김도화金道和·권연하權璉夏·이만각李晩慤 등 당대 영남의 석학들과 교류하였다. 1881년 퇴계 이황의 후손 이만손李晩孫을 소두疏頭로 하는 영남만인소에 조사曹司를 지냈고, 1895년 권세연權世淵 의병장 휘하에서 도서기都書記로 활약하기도 하였다.5) 만년에는 1919년 3·1운동을 겪고 유림계의 대표와 함께 프랑스 파리에서 열린 만국평화회의에 제출하기 위한 '파리장서' 서명에 동참하였다. 그는 유교지식인 137명의 가운데 최고령자였다.6)

류필영의 이러한 행적을 담은 문집『서파선생문집西坡先生文集』은 아들 인식寅植(1865~1928)이 살아 있었던 1928년 이전에 초고가 20여 권으로 정리되었다. 그러나 이 문집 초고본은 1950년 6·25전쟁을 맞으면서 소실되고 말았다. 이후 둘째 아들 만식萬植과 족질 영희永熙에 의해 유고가 수습되어 1960년 제자들과 친척들의 도움을 받아 석인본 26권 133책으로 발간되었고 대한민국 정부는 류필영의 행적을 높이 평가하여 1995년 건국포장을 추서하였다.

이러한 류필영의 행적에도 불구하고 그에 대한 연구 성과는 지금까지 거의 없는 실정이다. 그 원인은 여러 가지가 있겠지만 첫째, 그의 문집이 방대한데다가 아직 번역이 이루어지지 않았다는 점이다. 둘째, 그의 학문은 깊었지만 고관의 벼슬을 한 것도 아니었고, 현실 문제를 해결하기 위해 의병전쟁에 참여하였으나 그때 그의 나이 이미 50이 넘은 고령이었고, 파리장서에 서명을 하였을 때는 그의 나이 79세로 전체 서명자 137명 가운데 가장 많은 나이였다. 그런 까닭에 일선에서 적극적으로 활약할 수

---

5) 김희곤,「定齋 柳致明 종가 3대의 독립운동」,『한국독립운동사연구』제37집, 한국독립운동사연구소, 2010.
6) 서동일,「1919년 巴里長書運動의 전개와 역사적 성격」, 한국학중앙연구원 박사학위논문, 2008.

있는 처지가 못 되었다. 셋째, 그가 만년에 서명하였던 '파리장서'는 판본 상 내용의 편차가 있고 서명자 수 역시 달라 사실 파악이 용이하지 않다. 이것이 아직까지 류필영의 파리장서 운동 참여가 크게 주목받지 못한 또 하나의 요인이 될 수 있겠다.

본고는 지금까지 류필영에 대한 연구성과가 없는 까닭에 생애 전반을 살펴보고 그 가운데 현실 인식과 그의 독립운동 행적을 살펴보고자 한다. 그의 독립운동에 관한 행적은 문집에 실려 있는 부분이 너무 소략한 까닭에 주변 자료를 참고하여 구성하였다. 특히 의병 전쟁과 파리장서운동에 관한 자료들은 문집에 거의 보이지 않는다. 그 원인은 아마도 그의 문집 초고본이 유실되어 까닭에 『서파선생문집』 가운데 주요한 많은 부분이 소실된 탓이 아닌가 생각된다.

2. 서파 류필영의 생애와 학문

1) 류필영의 생애

류필영은 아주 어렸을 때 모친 권씨 부인이 그를 업고 벽에다 글자와 그림을 그려 붙여 놓고 손가락으로 짚으면서 가르쳤는데 말도 제대로 하지 못한 어린 아들은 어머니가 부르는 것들을 또박또박 잘 짚어냈다고 한다.[7] 6살이 되던 해 할아버지가 무릎에 앉히고 마침 창밖에 살구나무 꽃 한 송이가 먼저 피었길래 글을 지어보라고 하였다. 어린 손자는 한참을 생각하더니 다음과 같은 시구를 내놓아 할아버지를 놀라게 하였다.

---

[7] 안동청년유도회, 「西坡 柳必永」, 『嶺南學脈』, 1992, 160쪽.

가장 높은 가지에 꽃이 피었으니   花開最上枝
세상에 이미 봄이 왔음을 알리네   天地已表春[8]

  옆에 함께 있던 동와공同窩公(柳衡鎭: 1796~1864)이 말하기를 어구가 참신할 뿐 아니라 이미 생명의 미묘한 변화를 아는 것 같다고 하면서 범상한 재주가 아니라고 칭찬하였다고 한다. 할아버지는 손자를 공부시키고자 선정先亭으로 데리고 가서 동와공과 함께 기거하면서 잠시라도 곁에서 떠나지 못하게 하고, 일과를 엄정하게 정해서 날마다 점검하였다고 한다.[9] 1852년 백부 용재공[星鎭]을 따라 한들[大坪]로 가서 정재定齋 류치명을 만나서 열흘을 머물면서 『대학』을 외우고 질의하는 시간을 가졌다. 류치명은 서파의 이런 모습을 보고 "12살 동자의 견해가 이처럼 정밀하고 상세하구나"라고 칭찬하였다고 한다.[10] 1885년 모친 권씨가 세상을 떠나자 마치 어른처럼 슬퍼하고 법도에 따라 상을 치렀다. 이 해 류치명이 지도智島로 유배[11]되었는데 필영은 편지를 보내어 스승을 위로하였다고 한다.

---

8) 류인식, 앞의 글, 「家狀」卷二十六.
9) 앞의 책.
10) 위와 같음.
11) 김지은, 『조선후기 류치명의 시대인식과 문인집단』, 경인문화사, 2022, 101~102쪽. 류치명이 莊獻世子를 추존해야한다는 상소를 올렸는데 이것이 빌미가 되어 대사간 朴來晚의 탄핵을 받아 상원에 유배되었다가 다시 지도로 안치되었다.

〈류필영 가계도〉

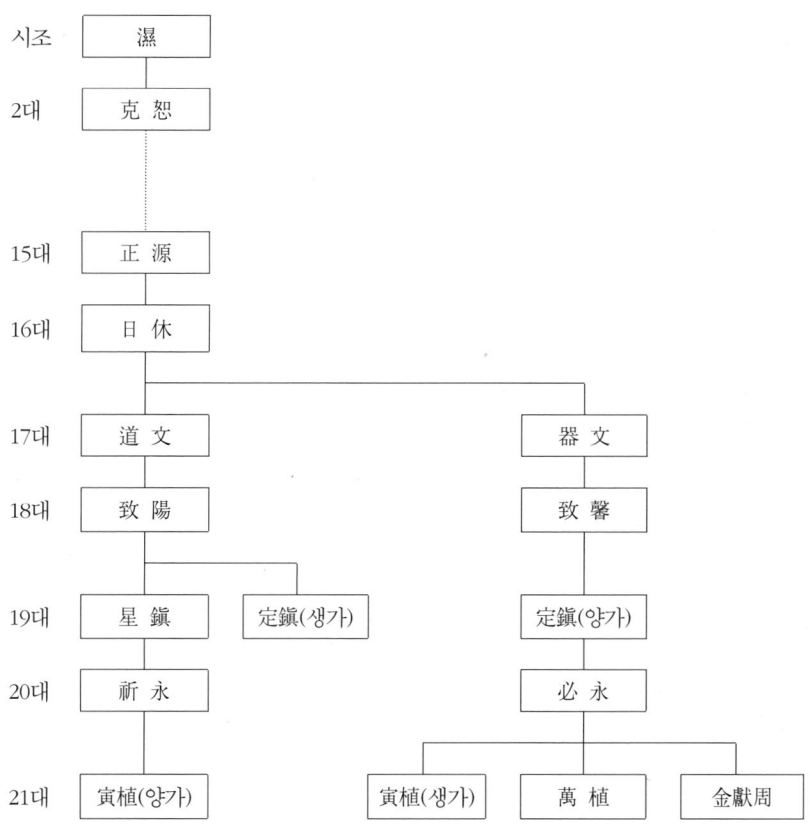

※ 류필영의 아버지 정진은 조부인 치형에게 입후하였다.

　　1857년 17세의 나이에 청주 정씨 집안의 규수와 혼인하였는데 처가에 머물면서 또래들과 어울려 놀지 않고 해질 무렵까지 독서에 열중하는 모습을 보이자 장인 정씨는 흐뭇해하며 장차 큰 인물이 되리라 기대하였다. 같은 해 달성에서 동당시에 응시하였는데 시제試題를 물 흐르듯이 답안을 써서 제출하니 모였던 응시생들이 우리 영남에 다시 한 거장巨匠이 나왔다고 칭송하였다고 한다.12) 1859년 집안 형편이 어려워 동교東橋로 이사를 하게 되자 서파는 나무할 수 있는 산과 물고기 잡을 수 있는 물이 비록 넉넉하지 않지만 어버이를 모시기에 족하다고 여겼다.

1861년 스승 류치명이 세상을 떠날 무렵 임종시에 류필영을 불러 이렇게 당부하였다. "네가 이렇게 총명하고, 일찍이 배움에 뜻을 두었으니 혹시라도 게을리하지 말라, 훗날의 바람이 너에게 있다"라고 하였다.13) 서파는 이 가르침을 받고 더욱 경계하여 학문에 힘썼다. 1862년 겨울 주서朱書를 안고 고림사로 올라가 독서에 몰두하였는데 일찍이 말하기를 일생에 필요한 것을 이해 겨울에 얻은 것이 많았다14)고 하니 얼마나 글 읽는 일에 몰두하였는지 짐작할 수 있다.

1868년 대원군이 '전국의 서원을 철폐하라'는 영을 내리자 유림이 적막하게 되었을 때 서파는 과거 공부를 폐하고 싶다는 뜻을 부친께 이야기하였다. 부친이 말하기를 "내가 교양을 성취한 것은 네가 전적에 통달하여 입신양명하는 것을 보고 싶었는데 네가 뜻한 바가 있으니 어찌할 수가 없구나"라고 하였다. 류필영은 기뻐하며 과거 공부를 그만두고 오로지 이치를 자신의 몸에 익히는 데 더욱 절실하게 하였다. 정신을 집중하여 종일토록 독서하는데 목소리가 청량하여 부모님의 뜻을 더욱 기쁘게 하였다.15) 1887년 족숙族叔 졸수재拙修齋 정호廷鎬와 향산響山 이만도李晩燾와 더불어 향음주례를 낙천洛川에서 행하였다. 의식을 행하는데 새끼로 줄을 치고, 띠를 묶어 설 자리를 표시하고 모래사장에서 읍양揖讓16)하며 오르내리는 동작이 빈틈이 없었으며, 이치에 맞는 것이 질서가 있어 지방의 선비들이 보고 느끼는 효과가 컸다. 이때부터 나라에 변란이 끊이지

---

12) 류인식, 앞의 책.
13) 위와 같음.
14) 위와 같음.
15) 류인식, 앞의 글, 「家狀」 卷二十六.
16) 위와 같음.

않고, 세상이 험난해지자 서파는 세상에 더욱 뜻이 없어 문을 닫고 고요히 가학을 밝혀 후진을 양성하는 데 매진하였다.17)

1906년 집 서쪽 작은 언덕에 침산정枕山亭이라는 정자를 짓고 머물면서 주변에 화훼를 심고 시부詩賦를 지으며, 잠명箴銘을 지어 힘쓰고 경계하였다. 책 수천 권을 두고 그 가운데 유유자적하며 날마다 경사자집經史子集을 탐독하고 동현東賢의 문집과 집안 선조들의 유고를 정리하는 데 침식寢食을 잊었으니 세상의 득실과 영욕이 무슨 상관이 있었겠는가.18) 이때 류필영은 향리의 선배인 척암拓菴 김도화金道和에게 다음과 같은 편지로 기문을 부탁하였다.

> 근래에 덕을 사모하였지만 성의가 없어 편지 한 장도 보내지 못하였는데 기거起居가 예전 같지 않고 오랫동안 소식이 끊겨 그리움만 쌓인 것은 예전엔 없었던 일입니다. 슬픔과 후회스러움으로 죄송하고, 병으로 몸이 불편하시다니 어찌 감히 살펴주시기를 바랄 수 있겠으며 큰 죄를 범하지 않았겠습니까? 추위에 갑자기 긴장이 되셨을텐데도 도체道體가 평소와 같고 오관五官의 기능이 여전하시니 이것은 하늘이 우리를 살펴주신 것입니다. 기쁨을 말할 수 있겠습니까. … 한가롭게 지내고 병을 돌보기 위해 서쪽 언덕 구석에 서까래 몇 개를 구해 정자를 지었습니다. 일로서는 사치스런 것이고 계획으로는 시기가 늦었으며, 정자 이름으로서는 외람되고 때를 맞추지 못했습니다. 그래서 어떤 사람은 그것을 보고 비웃기도 합니다. 땅은 좋은 경관을 취하지 않았고 집 또한 너무 검소하여 다만 눈앞에 누추한 곳입니다. 꽃과 나무를 심고 정원을 가꾸고 구름과 달이 머무는 것을 감상할 수 있으니 다만 세상일의 시끄러움과 사방의 두려운 일들은 한가하게 처리할 것이니 오랫동안 너그럽게 놓아 두지 않을 것입니다.19)

---

17) 류인식, 앞의 책.
18) 위와 같음.

김도화는 류필영의 학문의 깊이와 사람됨을 익히 알고 있었던 까닭에 그의 부탁에 이렇게 화답하였다.

> 나의 벗 류경달柳景達 군은 나의 선사先師 정옹定翁(류치명을 가르킴)의 문도이다. 책 읽기를 좋아해서 고요한 곳으로 갔지만, 곧바로 지나치게 고요하여 존양하는 데 좋은 방법이 아니라고 말하고 이에 동네 밖의 얼마 지나지 않은 곳에 하나의 작은 언덕을 찾아 몇 칸의 초가집을 짓고서 '침산枕山'이라고 편액을 달았다. 편지를 써서 나에게 기문記文을 써주기를 부탁하였는데 나는 이렇게 화답하였다.[20]

침산정기[枕山亭記]

그대는 『시경』「면만緜蠻」편을 보지 않았는가? 그 시에 '꾀꼴꾀꼴 꾀꼬리가 언덕 모퉁이에 머물렀네.'라고 하였는데, 공자孔子가 이 시에 대해 '새가 머물 곳을 알았도다.'라고 하였으니, 지금 그대가 여기에 머문 것은 머물 곳을 알았다고 이를 만하다. 닭이 울고 개가 짖는 소리가 들리는 곳을 떠나지 않아도 무릎을 용납할 작은 집도 편안하다는 것을 알며, 새와 짐승이 함께 무리를 이루는 것에 참여하지 않아도 편안하게 거처하는 한가함을 즐거워하고, 경전을 깊이 연구하고 이치를 깊이 음미하는 것을 함양하는 근본으로 삼고 자연을 감상하고 마음 가는대로 따르는 것을 발산하는 바탕으로 삼는다면 나무꾼의 노래와 목동의 피리 소리에 지극한 이치가 깃들어 있지 않음이 없게 될 것이니, 어린아이가 부른 창랑滄浪[21]

---

19) 류필영,「與拓菴丈 丙午」,『西坡先生文集』卷四.
20) 金道和,「枕山亭記」,『拓菴集』卷16.
21) 어린아이가 … 무엇이겠는가 :『孟子』「離婁上」에 "어떤 아이가 노래하기를 '창랑의 물이 맑으면 나의 갓끈을 씻을 수 있고, 창랑의 물이 더러우면 나의 발을 씻을 수 있도다.[有孺子歌曰 滄浪之水 淸兮 可以濯我纓 滄浪之水 濁兮 可以濯我足]'라고 하였다."라고 하였다.

이 아니면 무엇이겠는가?22)

침산정이 완성되었을 무렵 류필영은 자신의 호가 왜 서파인지를 해명하는 「서파기西坡記」를 지었는데 그 까닭을 이렇게 설명하였다.

> 집 서쪽에 작은 언덕이 있는데 예전에는 이름이 없었으나 내가 그 위에 정자를 짓고 서파라고 불렀는데 다만 그 방위와 장소에 따른 것이었지 그 뜻을 취한 것은 아니었다. 나를 쫓아 공부하는 사람들이 그것을 기록하자고 청하였다. 파坡는 곧 한 비탈이고, 낭떠러지가 있는 계곡일 뿐이다. 산봉우리들이 완만하게 감싸 안고 있으며, 기암괴석과 깎아지른 절벽은 없지만 조망해보면 경치가 뛰어나다. 또 우는 듯한 소리를 내며 솟아나는 샘물과 굽이쳐 드는 물줄기는 없지만 평온한 마음으로 보면 지나치지 않게 펼쳐진 것이 끝이 없다. 서쪽은 계절로 말하면 가을이고, 음악으로 이야기하자면 상商에 해당하니 그 소리가 맑고 덕으로 치면 의義가 되니 만물이 싹이 터서 자라는 것이 동쪽에서 시작되어 남쪽에 변화하여 여기에 이르러 꽃이 결실을 맺고 뿌리로 돌아가 단단해지니 천지 만물이 이루어지는 것이다. … 지사志士의 까마득한 감정이 옛날과 지금이 무엇이 다를까마는 내가 허물을 뉘우치고, 걱정하는 뜻이 서로 맞지 않는 것이 있으니 그대는 그곳에서 쉬시게. 다시 문을 닫고 기문을 쓰다.23)

류필영이 침산정을 지었을 때는 1906년이었다. 이 당시 국내 사정은 을사조약이 체결된 직후라서 을사오적을 참하라는 상소문이 빗발쳤고, 나아가서 전국의 유생들이 을사오적의 처형과 을사늑약의 무효를 주장하면서 의병봉기가 일어났던 시기였다. 이때 서파의 나이 65세였다. 서파는

---

22) 위와 같음.
23) 류필영, 「西坡記」, 『西坡先生文集』 卷十五.

어지러운 세상을 바로잡기 위해 의병진용에 참가하기에는 너무 노쇠한 나이가 되어 버렸던 것이다. 이제 집 가까운 곳에 침산정을 지어 만년에 예전에 읽었던 책을 다시 읽으면서 자신의 삶을 돌아보고 반추하는 시간을 가지려고 하였다. 그렇지만 정자 하나를 짓는데도 지사가 나라를 걱정하는 마음을 잊지 않았다.

1910년 일제가 조선을 강제로 병합하였다는 소식을 듣고 류필영은 권재훈權載勳·류기영柳耆永 등과 함께 고림高林 선영 아래 머물고 있던 향산 이만도를 찾아갔다. 이때 함께 갔던 두 사람은 먼저 돌아갔고, 류필영은 비에 막혀 이틀을 묵고 돌아왔다.24) 서파가 떠날 때 향산은 동구 밖까지 따라 나와서 손을 잡았다. 서파는 헤어지면서 이렇게 말했다. "오늘 이李공과 많은 것을 강론하여 결정하였지만 곁에서 보좌하는 사람이 없어서 강론한 내용을 후세에 전할 수 없게 되어 아쉽웠습니다."라고 하고 헤어졌다. 이후 이만도가 류필영에게 보낸 편지를 살펴보면 두 사람의 우정을 알 수 있다.

> 몇 년 동안 뵙지 못한 얼굴을 궁벽한 골짜기에서 죽기를 기다리는 와중에 뵙게 되니 얼마나 감격스러웠겠습니까마는 가져온 국권을 상실하였다는 소식은 초수楚囚25)의 눈물을 더 합니다. 억지로 말을 하려 해도 말을 다할 수가 없고, 억지로 말을 해도 말의 맛이 없습니다.26)

이만도가 이 편지를 류필영에게 보낸 것이 1919년 10월 13일(음력 8.

---

24) 박민영, 「향산 이만도의 생애와 순국」, 『한국독립운동사연구』 37, 한국독립운동사연구소, 2010, 64쪽.
25) 楚囚: 초나라의 포로라는 뜻으로 역경에 빠져 어찌할 수 없는 사람을 이름. 여기서는 아무것도 할 수 없는 향산의 처지를 빗대어 한 말인 듯함.
26) 한국국학진흥원, 「答柳景達 庚戌八月十日 在高林時」, 『響山全書』, 228쪽.

20)이다. 이 무렵 향산은 고림高林에서 율리栗里로 돌아와 족손 이강호의 집에서 단식을 결심한 때였다.

> 천지 사이에 한 죄인인 나에게 직접 찾아오고 편지를 보내 주었으니 그동안 어찌 이처럼 지성스러웠습니까. 또 내일 꽃가마에 신부를 태우고 왕림하려 한다는 말을 들었습니다. 비록 신부를 데리고 친정으로 오는 때이기는 하지만 서로의 마음을 알았으니, 만나고 만나지 못하는 것이 무슨 상관이 있겠습니까. 자만함을 꾸짖지 마시고 행차를 정지하시는 것이 어떻겠습니까?[27]

류필영은 며칠 후 향산이 율리로 돌아와서 곡기穀氣를 끊었다는 소식을 듣고 가서 소매를 잡고 이별을 하려고 일어나서 세수를 하고 머리를 빗었으나 몸이 좋지 않아 동구 밖을 나갈 수가 없어 가묘家廟에서 관천[28] 灌薦하였다. 편지를 써서 아들 만식에게 대신 보내게 했다. 그리고 나서 또 류필영은 오지 말라는 이만도의 만류에도 불구하고 기어이 길을 나섰다. 이러한 사실은 이만도의 고종일기考終日記인 『청구일기靑邱日記』에 이렇게 나타난다.

> 삼현三峴 류필영 어른이 와서 보고는 말하기를 "전에 고림에서 만났을 때는 장시간에 선화仙化할 뜻이 있었던 것 같은데 어째서 이같이 스스로를 고통스럽게 하시오?"라고 하였다. 선생이 웃으면서 말하길 "이것이 어찌 장시간 선화하는 것이 아니겠소"라고 하였다.[29]

1919년 유림계에서 주도한 파리장서 사건에는 전국 유림대표 137명이

---

27) 한국국학진흥원, 「答柳景達 八月 二十日」, 『響山全書』 下 卷五, 228쪽.
28) 灌薦 : 灌은 술을 땅에 뿌려 신에게 제사지내는 것이고, 薦은 신에게 祭需를 올리는 것이다.
29) 한국국학진흥원, 「靑邱日記」, 『響山全書』 下, 228쪽.

서명하였는데 류필영은 그 가운데 가장 나이가 많았으며 주요 서명자 가운데 한 사람이었다. 이 때문에 그는 안동 출신 유림으로 함께 서명하였던 이만규李晚奎·류연박柳淵博·김병식金秉植·이돈호李敦浩 등과 함께 성주경찰서에 구금되었다. 성주에서 돌아온 그는 "늙어서 죽지 않으면 험한 욕을 당할 준비를 했었어야지 오래 산 재앙이다"라고 하였다.[30] 1920년 이후에는 일제의 감시가 심해지자 모든 것을 폐했고, 대안조차 세울 수도 없게 되자 이미 읽었던 책들을 다시 읽음으로써 지난날을 반추하는 세월을 보냈다. 나라가 이미 망했으니 모든 것이 무익함을 알고 그만두는 것이 오히려 낫다고 생각하고 스스로 마음을 다스려 평온하게 유지하였다.

1924년 평소에 바람 때문에 생기는 현기증인 풍현風眩 증세가 점점 악화되었다. 주변에서 약을 먹을 것을 권하자 "평생 약을 먹지 않고 금년 80을 넘겼는데 어찌 약을 먹어 오래 살기를 구하겠느냐"라고 하면서 거절하였다.[31] 그해 11월 28일 포시晡時(오후 4시부터 6시까지)에 류필영은 조용히 세상을 떠났다. 다음 해인 1925년 3월 치러진 장례식에 참여한 사람들이 1,000여 명이나 되었다고 한다.[32]

2) 학문 세계

류필영은 어려서부터 학문에 뜻을 두었고, 가학을 통해 기초를 닦았으며, 12살에 당대 석학이었던 정재 류치명의 문하에서 수학하면서 퇴계학맥을 계승하였다. 6세 때 한시를 지을 만큼 총명하였던 그는 12살에 집안 어른인 정재 류치명의 집에 열흘을 머물면서 『대학』을 외우고 질의하는 시간을 가졌다. 집으로 돌아온 후에 미처 질문하지 못한 궁금한 것이 있

---

30) 류인식, 앞의 글.
31) 위와 같음.
32) 위와 같음.

어 편지로 내용을 물었다. 그는 편지의 첫머리에 "지난번 찾아뵈었을 때 궁금한 것이 있었는데 초학이 분명하게 알 수 있는 부분이 아니라서 질문하지 못하고 돌아와서 생각해보니 후회됨을 어찌할 수 없어 질문하오니 가르쳐달라"라고 하였다. 류필영이 질문한 내용은 이렇다.

> 서문에 사도司徒의 직책은 음악을 관장하는 것인데 음악을 주관하는 사람이 어떻게 주자胄子를 가르치고, 주자를 가르치는데 반드시 음악으로 하는 것은 무엇 때문입니까?33)

이 질문은 국가를 다스리는 데 음악이 왜 중요한가를 묻는 것으로 12살 어린아이가 이해하기가 어려운 것은 당연한 것이었다. 그렇지만 예와 악은 유교의 양대 축으로 국가의 질서를 유지하고, 사람들의 심성을 아름답고, 평안하게 유지시켜 주는 역할을 한다. 더구나 혼자서 즐기는 것보다 여럿이 함께 즐기는 것이 좋은 까닭에 많은 사람과 화합할 수 있는 장점이 있다.34) 12살 어린 소년이 치국의 주요한 덕목인 음악의 기능에 대하여 이런 의문을 가질 수 있었다는 것은 그의 자질과 학문에 대한 열정이 강하다는 것을 보여주는 대목이다.

류필영은 학문하는 방법에 대하여 이렇게 말하였다. 공부하는 순서는 사서史書를 먼저 읽고 다음으로 육경六經을 익혀야 한다. 의리로써 말하자면 육경은 근본이 되고 사서는 지엽이 되니 만약 학문하는 방법으로 논한다면 사서만 전적으로 공부하여 육경에 못 미치게 되면 논리와 처신에 분명하지 않게 된다고 하였다.35) 이러한 서파의 학문하는 자세는 1884년 스무살 아들 인식에게 보낸 편지에서도 엿볼 수 있다.

---

33) 柳必永,「上定齋先生」,『西坡先生文集』卷四.
34) 윤용섭,『음악, 마음을 다스리다』, 한국국학진흥원, 2013, 24~25쪽.
35) 柳寅植, 앞의 책.

노비 편으로 보낸 답장을 읽고 위로가 되었으나 읽는 것을 욕심내면 안 되는 것이니 부지런히 힘써서 얻어야 한다. 이미 책을 다 읽었다고 들었는데 처음부터 끝까지 외는 데 막힘이 없느냐? 너는 일에 있어 매번 급하게 나아가려 하는 경향이 있으니 이것은 학업을 하는 데 있어서는 어려운 점이다. 옛날 현지賢智한 선비들도 책 한 권을 읽을 때 깊이 침잠하여 그 분위기를 알 수 있을 때까지 숙독해야 진실로 체험하는 경지를 알 수 있다고 하였다.36)

이 편지에서 40대 중반의 아버지가 이제 20살이 된 아들의 공부를 걱정하는 모습을 엿볼 수 있다. 공부는 모름지기 읽고, 또 읽어서 그 글을 쓴 사람의 감정이 느껴질 때까지 읽어야 비로소 그 본뜻을 알 수 있다고 한 것이다. 무릇 학문하는 자세는 빨리 이루려고 서두르다 보면 어디에선가 오류와 실수가 있게 된다는 것을 경계한 것이다.

1864년 이휘재李彙載·금서술琴書述 등이 도산서원에서 강회를 열었을 때 류필영이 단아한 자세로 분명하게 「성학십도」를 강설하니 참석한 사람들이 모두 주목하고 놀랐다고 한다.37) 서파의 5대조 삼산 류정원은 역학에 밝았고 『역해참고易解參攷』라는 주역 해설서를 저술하였다. 이 책은 강필효의 서문이 있고, 류장원의 범례를 겸한 지識가 있으며, 류치호와 형진衡鎭의 발문이 있으며 1852년 17권 10책으로 그의 현손 형진에 의해 간행되었다. 집안 사람 가운데 역학에 밝았던 사람으로는 호고와好古窩 류휘문과 삼산의 현손 형진이 있었다. 삼산이 『역해참고』에 인용한 역학자들은 모두 175명이다. 회재晦齋 이언적李彥迪과 퇴계退溪 이황과 같은 조선의 학자를 포함하여 중국 한대漢代부터 명대明代에 저명한 역학자들의 저술과 견해를 소개하였다. 조선의 학자로는 회재晦齋 이언적李彥迪과 퇴계退溪 이황을 들 수 있다.38) 6살 때 서파가 할아버지 무릎에서 시를 짓는

---

36) 柳必永, 「答兒寅植」, 『西坡先生文集』 卷九.
37) 안동청년유도회, 앞의 책.

것을 지켜본 동와공 형진은 호고와의 『주역』에 대한 학식과 자신의 견해를 모두 영특한 자질을 갖춘 류필영에게 전했다고 한다.39) 『역해참고』가 처음 목판본으로 인출되었을 때 오탈자가 많았는데 이것을 수정해서 다시 인쇄할 때 이 교정 작업을 서파가 하였다고 한다. 우리나라 선학들이 역易에 대하여 논설한 것이 매우 드물었는데 『역해참고』는 의리義理 및 상수象數를 확대 추리하여 자세히 알고 이단의 설을 배척하고 정주程朱의 본지本旨에 부합하는 설을 제시하였다고 한다.40)

류필영은 『주역』의 운용 원리를 이렇게 이해한 것으로 보인다. 천지간에 만물이 있고 그 만물을 평상시 사용하듯이 대한다면 괘상卦象의 효의爻義가 아닌 것이 없으니 '바르면 길하다'는 정길貞吉의 도가 364효(384효의 오기 : 필자)가 두렵지 않은 것이 없으니 자신을 수양하고 살피는 뜻이다. 길효吉爻를 얻었더라도 정당한 도道로써 대응하지 않으면 후회가 따를 것이니 황상원길黃裳元吉이 이것이다. 흉을 만났지만 올바른 도로써 처신한다면 흉함을 면할 수 있을 것이니 명이明夷괘의 간정艱貞이 이 경우에 해당한다. 이것은 서파가 길한 일을 만났을 경우에 자만하지 말고, 흉한 일을 만났을 때도 절망하지 말라는 삶의 지침을 제시한 것이라고 보인다.

중년이 되어 교장橋庄에 살 때 연이어 흉년이 들었는데 한겨울에 며칠 동안 불을 지피지 못하였다. 벽면에 서리꽃이 가득했고 깔고 앉은 부들방석은 쇠처럼 차가웠다. 그러나 책상에서 글 읽는 소리는 맑고 운절韻節(聲과 音이 어울리는 것)의 높낮이가 마치 순임금의 음악인 소韶를 듣는 것 같아서 이웃집 아낙들이 베짜는 것을 잊을 정도였다고 한다. 계서溪西

---

38) 조장연, 「삼산 류정원의 역학사상」, 『국학연구』 제43집, 한국국학진흥원, 2020, 95~97쪽.
39) 柳寅植, 앞의 글, 「家狀」.
40) 조장연, 앞의 책, 116쪽.

배영두裵永斗[41])는 일찍이 말하기를 50년을 함께 지냈으나 일찍이 가난을 걱정하는 말 한마디를 들을 수 없었으니 이 노인의 가슴속에 이러한 걱정이 없었음을 알 수 있다고 하였다.[42])

다음으로 류필영의 역사관을 알 수 있는 자료를 살펴보면 한말 창강滄江 김택영金澤榮(1850~1927)의 역사서인 『한사경韓史綮』을 다음과 같이 평가한 데서 그의 엄정한 역사인식을 엿볼 수 있다.

> 개성 사람 김택영이 책 한 권을 지었는데 『한사경』이라고 한다. 택영은 본래 소견이 없는 사람으로 참람僭濫하게도 역사책을 저술하였는데 사례가 사실과 차이가 나는 것 외에도 또 인륜을 저버리고, 도리에 어긋난 것이 있다. 구체적인 예로 태조와 세조의 기紀를 모두 찬시簒弒로 표기하였다. 아! 지나치다. 어찌 감히 그럴 수 있는가. 택영의 이 책은 책의 형태를 띠었으나 그 뜻이 망령되고 직필을 자처하였으나 아버지가 자식을 숨겨주는 가운데 직直이 있음을 알지 못하였으니 택영은 스스로 직이라 하고 진정한 직을 얻지 못하고, 다만 도리에 어긋남을 보았을 뿐이다.[43])

류필영은 『한사경』에서 김택영이 고려 말 태조 이성계가 위화도 회군을 감행하였을 때 당시 시대 상황을 인식하지 못하고 오직 신하로서 군주를 시해한 점만을 부각시킨 것을 어리석다고 표현하였다. 그는 이것을 『논어』의 「자로편子路篇」에 아버지가 양을 훔치자 아들이 이 사실을 관가에 고발한 것을 두고 『한사경』을 망령되다고 하였다. 섭공葉公은 아버지를 고발한 아들을 정직하다고 하였고, 공자는 그것은 정직한 것이 아니라고 하였다. 공자는 이럴 경우에는 아버지는 아들을 위해 잘못을 숨겨주

---

41) 裵永斗(1839~1906)의 자는 六一, 호는 溪西, 본관은 興海이다. 北澗 裵善源 (1808~1880)의 문인이다.
42) 앞의 책.
43) 위와 같음.

고, 아들은 아버지를 위해 숨겨주는 것이 진실로 바른 것이라고 하면서 정직은 이 가운데 있다고 하였다.

3. 현실인식과 독립운동

1) 현실인식

류필영의 사상적 계보를 살펴보자면 위정척사 계열의 보수 유림이라고 할 수 있다. 보수유림은 위정척사와 복벽을 주요한 국권회복의 방법으로 여겼다. 류필영은 퇴계의 후손인 이만손李晚孫이 소두가 되어 올린 상소문인「영남만인소」가 작성되는데 조사曹司 역할을 하였다. 뿐만 아니라 을미사변 이후 안동에서 조직된 의병진에서 도서기를 맡기도 하였다. 그는 매번 역사서를 읽을 때마다 간흉奸凶·매국賣國·이적夷狄들이 질서를 어지럽히는 대목에 이르면 책을 덮고 크게 탄식하면서 제갈무후諸葛武侯의「출사표」와 중국 역대 충신들의 행적을 기록한 내용44)들을 맑은 밤 뒷짐을 지고 마당을 산책하면서 두세 번씩 외우고 흐느꼈다고 한다. 여기에서 그의 마음이 충성스러운 것을 알 수 있으니 천성에서 비롯된 것이었다.45)

류필영은 척암 김도화를 흠모하였다. 아들 인식으로 하여금 스승으로 모시고 지도46)를 받게 하였고『서파집』에도 척암에게 보내는 편지가 가장 많은 것에서 그런 사실을 알 수 있다.47) 1884년 류필영이 김도화에게

---

44) 「張中丞傳後敍」,「胡澹庵封事」,「岳武穆傳文」,「文天祥衣帶贊」 등을 말한다.
45) 柳寅植, 앞의 글,「家狀」.
46) 박걸순, 앞의 책.
47) 柳必永,『西坡先生文集』.

보낸 편지를 살펴보면 그는 머지않아 척암이 의병을 일으키게 될 것임을 예견하고 있었다.

> 바야흐로 지금 국세가 날로 위축되어 오랑캐의 정세를 뒤돌아 생각해 보면 충신 의리지사가 순국할 날은 반드시 왕의 군대가 먼저 일어날 것입니다. 여러 고을이 그것을 이어받은 이후에 유림의 논의가 비로소 시작될 것이고 논의가 시작되면 반드시 국왕의 애통지조哀痛之詔가 내려질 것이고, 여러 곳을 돌면서 격려하고 권면하며 부르는 일이 있을 것입니다. 그렇게 되면 곧 당신께서 명분있는 군대를 일으킬 날이 있을 것입니다. … 화란이 들불보다 시급하고 시론이 그것을 걱정하니 태평도성이 적의 수중에 떨어질 것입니다. 국왕의 뜻은 반석같으나 난亂이 일어난 후 몇 개월이 지나도 짧은 지휘 문서도 없으니 초야의 충의지사가 어찌 일어나지 않겠습니까.48)

위의 편지는 1884년 갑신정변 당시의 상황으로 보이며 류필영은 현재 국가의 상황이 외세 간섭으로 촌각을 다투는 위급한 상황이지만 조정의 대처가 미온적인 까닭에 반드시 의병이 일어날 것임을 예측하고 있으며, 그 의병을 지휘할 사람은 류필영의 척암이 될 것이라고 하였다. 1910년 국권상실 무렵 현실을 인식을 살펴볼 수 있는 자료는 그가 지기知己였던 이만도에게 보낸 다음과 같은 편지에서 알 수 있다.

> 고림에서 이틀을 묵었을 때 대략 속내를 보여 주었지만 보내 준 답장을 받고 보니 그 말이 도탑게 느껴졌습니다. 뜬구름 같은 삶에 이틀간에 빈 계곡에서 천금을 받았으니 이것이 어찌 난세에 쉽게 얻을 수 있는 것이겠습니까? 감사하고 또 다행스러운 일이었습니다. 지금에 이르러 생각해 보니 모두 작은 일이라 언급하지 않으렵

---

48) 柳必永,「與拓菴丈 甲申」,『西坡先生文集』卷四.

니다. 일전에 애간장을 끓이며 머물 곳 없이 떠돌면서 3일을 통곡하고 7일 동안 식사를 하지 않고 고심하던 모습은 사람들을 감화시키는 풍모였습니다. 일흔의 나이에 기력이 거의 다한 상태일 텐데도 도리어 정력이 평상시와 같이 평온하다고 하니 문장이 완성되지도 않았는데 그 울림이 화락한 것 같습니다. … 200자 운운은 무슨 말인지 잘 모르겠으나 동구 밖에서 전송하던 그 뜻을 졸렬한 내 재주로 감당할 수 있을지 모르겠습니다.[49]

향산이 3일을 통곡하고 7일 동안 밥을 먹지 않을 정도로 처참한 일이 일어났으니 그것은 국권이 상실되었다는 현실이었다. 서파는 이 가슴 아픈 소식을 안고 산속에 망국의 신하라는 자책감에 시달리고 있던 절친을 찾아가서 그 아픔을 함께 나누었다. 두 사람은 망국의 현실에 참담한 심정이었으며 결코 받아들일 수 없었다. 200자 운운은 국권상실 소식을 가지고 류필영이 권재훈·류기영 등과 고림을 방문하고 돌아올 때 향산이 동문까지 그들을 전송하면서 문득 류필영에게 "공은 200자 글을 지어주게"라고 한 말에서 나온 것이다. 류필영이 "제목없이 무슨 글을 짓는가?"라고 의아해 하자, "당연히 제목을 달 것이네"라고 하였다고 한다. 결국 이 말은 향산이 자정自靖하였을 때 여러 가지 번잡한 말로 향산의 행적을 칭송하지 말고, 책판 한 장으로 자신의 삶을 대변해 달라는 이야기였다.[50] 실제로 류필영은 향산의 장례식 때 200자의 뇌사誄辭를 지었는데 내용을 살펴보면 이렇다.

> 성현의 말씀은 간략하면서도 합당하다. 공자는 "자신을 죽여서 인을 이룬다[殺身成仁]"라고 하였고, 맹자는 "삶을 버리고 의를 취한다[捨生取義]"라고 하였다. 단지 여덟 글자가 모든 것을 다 포괄하

---

49) 柳必永, 「與李觀必 庚戌」, 『西坡先生文集』 卷五.
50) 박민영, 『향산 이만도』, 지식산업사, 2010, 96쪽.

고 있다. … 관필 이공이 순절한 대절大節은 동방에 우뚝하니 공을 위해 곡하는 선비들은 한둘이 아니나 그 칭송과 묘사가 극진하여 많기를 기약하지 않아도 절로 많다. 나는 문사에 졸렬하여 단지 공자와 맹자의 말을 거론하는 것 외에 한마디도 더하지 못한다. … 강개慷慨하기는 쉽고, 담담하기는 어려우나 이른바 쉽다는 것 또한 쉬운 것이 아니고, 어려운 것은 더욱 어렵다는 것을 분명히 알겠다.51)

진리는 아주 쉽고, 간결하여 한 번 들으면 누구나 금방 이해할 수 있다. 하지만 그 쉬운 것을 실천하기는 어렵다. 성인은 모시기 쉽지만 기쁘게 하기는 어렵고[易事而難悅], 소인은 기쁘게 하기는 쉽지만 모시기는 어렵다[易悅而難事]52). 향산의 죽음 앞에 누가 무슨 말을 할 수 있는가. 향산의 순국 후 그의「행장行狀」을 찬술한 류필영은 자신의 심정을 이렇게 말했다. "수치를 품고 구차하게 살아가는 자는 뒤에 죽는 비애를 금할 길이 없다"라는 말로 자신의 심정을 대변하였다.53) 향산이 떠난 후 백동호상소栢洞護喪所로 보낸 위장慰狀에서 절절한 그의 슬픔을 느낄 수 있다.

통곡하노라! 오늘 모암某巖에서 영공令公이 의義를 취해 인仁을 이루셨으니 다시 감동이 없겠는가? 촌부와 아낙들이 곡하면서 영광스러워했고, 그럭저럭 살아가는 무리들은 장차 누구를 의지하며 살아갈까를 돌아보며 부끄러워하였다. 장례 치르는 절차와 맑은 정신으로 한 유언과 살아서 이루지 못하고 남긴 뜻을 생각하며 통곡하고, 통곡하노라. 검소하고, 소박한 법을 어기지 말되 부고를 널리 알리지 않을 수 없으니 이것은 과장하는 것이 아니고, 인륜이 땅에 떨어진 것이다. 의관을 바로잡고 일제히 부고를 보낼 때 먼

---

51) 한국국학진흥원,『靑邱挽祭錄』1, 2017, 89쪽.
52)「子路」,『論語』.
53) 안병걸,「해제 - 한일병탄에 죽음으로 항거한 유림의 사표」,『향산집』1, 한국고전번역원, 2010, 41쪽.

곳이라고 보내지 않을 수 없으니 부고를 보낼 때 반드시 "순殉"자 字 한 자를 쓰는 것이 어떤가. 필영은 북쪽의 신위를 바라보며 한 번 곡하니, 만사가 끝이로다.54)

어려서부터 함께 지내왔던 절친이 단식으로 죽음을 맞이하는 모습을 옆에서 지켜볼 수 밖에 없었던 서파의 심정을 어떻게 말할 수 있을까? 말이라는 것이 복잡다단한 인간의 마음을 표현하기에는 너무 졸렬하다고 밖에 할 수 없다. 1910년 국권이 상실될 당시 서파가 느꼈던 현실은 이러하였다.

2) 파리장서운동 참여

① 파리장서의 작성 과정

개항 이후부터 기회가 있을 때마다 단계적으로 침략을 강화해 가던 일본 제국주의 세력은 결국 조선을 강제로 병합하고 무력을 앞세운 식민통치를 시작하였다. 10년 동안 문화민족인 조선을 식민지로 지배하였던 일제는 1919년 3·1운동이라는 거족적인 저항에 직면하였다. 3·1운동은 비폭력·무저항 항일운동으로 전국적으로 2백만 명이 넘는 군중들이 참가하였고, 7,509명이 사망하였으며, 150,961명이 부상당한 엄청난 저항운동이었다.55) 일제의 식민통치에 대한 유림의 반응은 다양한 형태로 나타났다. 일제의 지배정책에 순응하여 제한된 범위 내에서 '중간 지배층'의 역할을 수행하는 것에 만족하는 유림이 있는가 하면, 시대적 역할을 자각하고 독립운동에 투신하는 사람들이 있었다. 특히 국제 정세의 급격한 변동에 따

---

54) 柳必永,「與栢洞護喪所 庚戌」,『西坡先生文集』卷五
55) 백암박은식선생전집편찬위원회 편,『한국독립운동지혈사』,『白巖朴殷植全集』, 동방미디어, 2002, 526쪽.

라 망국의 현실을 체감하고 대안을 찾고자 하는 사람들이 있었다.56) 제1차 세계대전 이후 변화하는 세계질서와 국내 상황에 유교계는 제대로 대응하지 못한 채 고립되기 시작하였고, 독립을 향한 논리와 조직도 발전시키지 못하고 있었다. 당시 국외 독립운동 세력과 경성의 3·1운동 조직에서도 유교계의 동참을 극적으로 시도하지 않았던 데는 유림의 책임도 무척 컸다.57)

파리장서운동은 3·1운동의 이념과 성격을 담은 「기미독립선언서」에 유림이 참여하지 못했다는 반성에서 비롯되었다. 「기미독립선언서」에 서명하고 독립운동을 촉발시킨 민족대표 33인은 모두 유림이 평소에 이단시하던 천도교·기독교·불교인들이었기 때문이다.58) 그런 까닭에 유림계에서는 우리도 나서서 독자적으로 독립선언을 해야 한다는 공감대가 묵시적으로 형성되었고, 구체적으로 모습을 드러낸 것은 곽종석·김복한 등 한말에 관료를 지냈던 보수 유림들에 의해서였다. 파리장서는 그 문안이 확정되기까지 언제, 누구에 의해서 작성되었느냐에 따라 다양한 이본들이 존재하고 있다.59) 지금까지 파리장서운동에 관한 연구를 검토해 보면 영남 유림과 기호유림이 각기 독자적으로 파리장서를 작성하여 파리평화회의에 대표를 파견하려 하였다는 사실을 알 수 있다. 파리장서 작성을 준비한 영남 유림단60)은 성주의 한주 이진상의 문인들 가운데 좌장격이었던 면우 곽종석의 주도로 진행되었고, 기호 유림은 홍주에서 의병장으

---

56) 서동일, 「1919년 巴里長書運動의 전개와 성격」, 한국학중앙연구원 박사학위논문, 2009, 2~3쪽.
57) 이황직, 「유교개혁사에서 파리장서운동의 의미와 가치」, 『현상과 인식』 43, 한국인문사회과학회, 2019, 65~66쪽.
58) 서동일, 앞의 논문, 35쪽.
59) 임경석, 「유교지식인의 독립운동-1919년 파리장서의 작성 경위와 문안 변동」, 『大東文化硏究』 37, 2000, 118쪽.
60) 영남 유림단과 호남 유림단이라는 실체는 없지만 두 지역의 유림 세력 집단을 통칭한다는 의미에서 유림단이라는 용어를 쓰기로 한다.

로 활약하였고 기호 유림의 종장 역할을 하였던 김복한에 의해 진행되었다.61)

파리장서 판본에 대한 임경석의 연구에 의하면 판본은 모두 9개가 있다고 한다.62) 그 가운데 주요 판본은 3개라고 하는데 다음과 같다.

1. 「長書于巴里平和會」, 『俛宇先生年譜』 卷六(초간본), 1956 : 卷三 (중간본) 1961.
2. 「長書」, 『志山集』 卷15, 年譜 1919年 3月條, 『志山先生文集』 2 景仁文化社 1990.469~501쪽.
3. 「巴里長書草案」, 『重齋先生文集』 13 附錄, 1998, 43~46쪽.

그런데 이 연구에 따르면 파리장서 초안들은 서로 동일한 것도 있지만 상호 간에 작은 차이가 있다고 한다. 이런 차이가 있게 된 원인은 각 문안은 초안이 작성될 때부터 최종 완성본이 만들어질 때까지 여러 차례 수정 과정을 거쳤기 때문에 그 과정에서 빚어진 것이라고 한다.63) 위의 판본 가운데 1919년 파리평화회의에 전달된 판본은 1번 면우본의 중간본이라고 한다. 1956년 『면우선생문집』 초간본이 발간되었을 때는 서명자 명단이 없었는데 1961년 거창군 국농소國農所에 거주하는 이성훈李成薰씨 집 변소 천정에서 파리장서 원본이 발견되었다고 한다. 이 문건은 여러 연구자들이 파리평화회의에 제출된 원본으로 인정하였고, 김창숙도 원본임을 확인하였다고 한다.64)

그러면 파리장서가 여러 판본이 있으며, 왜 판본마다 차이가 있는지 살펴보자. 먼저 곽종석이 주도한 파리장서 작성 경위를 살펴보면 이렇다.

---

61) 남부희, 『유림의 독립운동사 연구』, 범조사, 1994, 200~210쪽.
62) 임경석, 앞의 논문, 119~120쪽.
63) 위의 논문, 121~122쪽.
64) 위의 논문, 120~121쪽.

곽종석은 조카인 곽윤郭奫과 문인인 김황金榥 등을 2월 26일(음 1. 26)에 고종의 인산을 참관하게 하고, 윤충하尹忠夏를 만나 독립청원운동에 참여하는 문제를 논의하게 하였다. 윤충하는 그 이전에 서울에서 내려와 곽종석에게 서울 유림들이 독립청원서를 제출할 계획이 있으니 앞장서 달라는 이야기를 하고 간 바 있었다.

김황은 3월 2일에 길에서 우연히 김창숙을 만났고, 이어 곽윤과도 연락이 닿아 함께 논의하였다. 김창숙은 독립청원운동 계획이 본래 곽종석을 구심점으로 상정하고 시작했으므로 계속 곽종석을 대표로 하여 독립청원운동을 진행해야 할 것이라고 하였다. 곽윤 일행은 곧장 귀가하여 곽종석에게 독립청원서의 집필을 위촉한다는 말을 전하도록 하였다.

김창숙과 함께 파리장서운동에 실무자로 활동했던 사람으로는 김정호金丁鎬·이중업李中業·유준근柳濬根·성태영成泰英 등을 들 수 있다. 이들은 영남·기호지역 모두가 그런 것은 아니지만 대부분 명문가에서 성장한 유림의 후예들로 독립운동에 나선 사람들이었다. 이들은 혈통을 중시하는 유림사회에서 단시일 내에 독립청원서 서명자를 규합하고 자금을 모집하는 데에 중요한 역할을 하였다. 김창숙은 의성김씨 동강東岡 김우옹金宇顒 집안의 종손이었고 이중업은 진성이씨 퇴계退溪 이황李滉의 후손으로 향산 이만도의 큰아들이었다. 김정호는 징사徵士 김담수金聃壽의 후손이었다. 유준근은 비교적 한미한 가문에서 성장한 인물이었다.[65]

다음으로 파리장서가 작성된 과정을 살펴보면 이렇다. 3월 9일에는 2월 말에 상경했던 곽윤·김황 일행이 거창의 다전茶田으로 돌아와 곽종석에게 김창숙이 추진한 독립청원운동 계획에 대해 설명했다. 곽종석은 김창숙의 제안을 흔쾌히 수락했다. 유림이 그동안 국가의 존망을 돌보지 않아 여론의 질타를 받았으므로 이 기회를 통해 독립운동에 적극 나서야

---

65) 서동일, 앞의 논문, 「1919년 巴里長書運動의 전개와 성격」, 57~62쪽.

한다고 하였다.66) 곽종석은 즉시 장석영에게 독립청원서의 집필을 의뢰하였다. 왜냐하면 곽종석이 74세의 고령에다 병이 깊어 정상적인 집필이 어려웠기 때문이다. 김창숙은 곽종석의 지시를 받아 김정호·이중업·유준근·성태영 등과 함께 독립청원서의 집필과 서명자를 규합하는 활동을 시작하였다. 곽종석은 3월 9일 장석영에게 독립청원서의 집필을 의뢰한 바 있는데, 이튿날 본인의 집에 모인 젊은 문인들에게도 시험 삼아 독립청원서를 기초해 볼 것[試草]을 권유하였다. 권유를 받은 문인은 권명섭, 김수金銖, 김황 등이었다. 이들은 유림을 대표해서 작성해야 할 독립청원서를 20·30대인 자신들이 감당할 수 없다고 사양하였고, 다만 당시 곽종석을 모시고 있던 김황이 이 지시를 받아 초안 집필을 수행했다. 곽종석은 김황에게 독립청원서를 기초할 때 유의해야 할 사항을 전달했다. 무엇보다 이해하기 쉬운 문장으로 구성해야 한다고 하였다. 이 글은 구미인들이 읽어야 하는데 번역을 하고도 이해하지 못하면 유림의 의지를 제대로 알릴 수 없다는 것이었다. 따라서 어려운 문투와 고사성어를 피하라고 하였다.67)

3월 20일에는 김창숙은 곽종석의 지시에 따라 성주의 장석영이 기초한 독립청원서를 받았다. 그런데 장석영에게서 받은 독립청원서는 김창숙이 생각한 것과 다소 거리가 있었다. 문장은 좋았지만 사실 기술에 분명하지 않은 부분이 있었다. 김창숙은 그 자리에서 국제외교상 외국어로 번역하여야 할 문장에만 주의할 것이 아니라 반드시 사실 기술에 치중하여야 할 것을 이야기하고 수정하기를 청하였다. 하지만 장석영은 "이 초고는 이미 면우에게 보냈으니 다시 수정할 것이 없다"고 하면서 이 청을 거절하였다. 당시 작성한 장서가 남아 있지 않아서 장석영이 기초한 장서가 어떤 내용으로 구성되었는지는 알 수가 없다. 3월 21일 김창숙은 독립청원서의 문안을 최종적으로 결정하기 위해 다전의 곽종석을 재차 방문했

---

66) 「己未日記」, 1919년 음력 2월 8일, 37쪽.
67) 서동일, 앞의 논문, 155~156쪽.

다. 이 자리에서 김창숙은 곽종석과 협의하여 외교문서상 불필요한 부분은 삭제하고 분명치 않은 부분은 수정하여 완성본을 만들었다.68) 그러면서 또 "여기에 미숙한 조항이 있으면 군의 소견대로 서슴치 말고 수정하오"라고 당부까지 하였다. 김창숙은 그 초고를 받아 몇 번이고 읽은 뒤에 사실 기술에 있어서는 명료하여 불비한 곳이 없으나 외교적인 면에 있어서의 문장에는 간략을 위주로 함이 좋겠다는 뜻을 표하니 면우도 쾌히 승낙하고 다시 붓을 들어 버릴 것은 버리고 취할 것은 다시 써서 두 사람의 뜻이 같게 되었다. 이리하여 파리평화회의에 보낼 장서는 완성되었다.69)

다음으로 김복한 유림단의 파리장서 작성 과정을 살펴보면 이렇다. 김복한의 유림단이 어떤 문제 의식에 따라 독립청원운동에 참여하게 되었는지 즉 초기과정을 알 수 있는 자료는 매우 적은 편이어서 그 내막을 자세히 알 수는 없다. 그런 까닭에 호서 유림이 추진한 독립청원운동의 전체적인 실상을 파악하기에는 어려움이 있다. 다만 파리장서 서명자들이 대구 감옥에 투옥된 이후의 생활에 대해 기록한 행형기록 중 시찰표에 수감된 서명자들이 언제, 어떤 계기로 파리장서운동에 참여하게 되었는지가 간략히 기재되어 있다. 김복한 유림단은 곽종석 유림단과 달리 김복한의 판단이 유림단을 형성하는 중요한 계기로 작용했다. 김복한은 파리에서 국제평화회의가 열린다는 소식과 서울에서 맹렬히 진행되고 있던 3·1운동 소식을 듣고 충남 홍성의 동문, 문인들에게 편지를 보내 독립청원운동을 벌일 것을 제안했다. 김복한은 파리 국제평화회의에 대한 소문을 듣고 이적과 협력한다는 오해가 있을 수 있다는 점을 감안하면서도 자치통감강목資治通鑑綱目에서 중화를 보호하기 위해 이적의 도움을 받은 경우를 인정했다고 하여 예외적으로 인정할 수 있다고 보았다. 그는 자

---

68) 서동일, 앞의 논문, 155~162쪽.
69) 心山記念事業準備委員會 編譯, (心山金昌淑先生鬪爭史)『躄翁一代記』, 太乙出版社, 1965, 76~77쪽.

치통감강목에 따라 구미열강에 도움을 요청하는 독립청원운동을 전개하는 것이 명분상 배치되는 않는다는 점을 확인하고 김덕진 등 주변 인사들에게 서명을 요청하고 직접 독립청원서를 작성했다. 김복한이 독립청원운동에 대한 추진의 의지를 펼치면서 '구차하게 밥 먹고 숨쉬기를 이어간 지 이미 10년'이라고 했다. 이는 곽종석이 김창숙을 만난 자리에서 '죽을 곳을 얻은 날'이라고 한 것과 일맥상통한다. 김복한과 곽종석은 모두 유림의 원로이자 전직 고위관료로서 '강제병합'과 함께 죽지 못했다는 책임감을 강하게 지니고 있었기 때문이다.

서명자 수합은 두 가지 계통으로 이루어졌다. 첫째, 김복한이 직접 서명을 권유한 경우이다. 김복한은 전양진과 임한주에게 직접 서명을 권유하였고, 이들이 서명 의사를 밝히자 독립청원운동을 확산시키는 문제를 함께 협의했다. 이어 안병찬, 김덕진, 최중식 등에게 협조를 요청했다. 김복한은 충남 서산에 사는 김봉제에게도 서명을 권유했는데, 김봉제는 같은 군에 거주하는 김상무에게 서명을 권유했을 것으로 추정된다. 또한 김복한의 문인인 이길성과 황택성도 역시 김복한으로부터 서명 제안을 받았을 것으로 추정된다. 황택성은 김복한의 문인으로 김복한 유림단에 자금을 지원한 황일성의 재종형이다. 둘째, 김복한은 아들 김노동金魯東을 통해 주변 인사들에게 서명을 권유하기도 했다. 김복한의 2남인 김노동은 유호근을 찾아가 서명을 권유했다. 김복한, 김덕진, 안병찬, 김봉제, 임한주, 전양진, 최중식 등 유림단의 구성원 대부분은 의병운동의 경력을 지닌 인물들이었다.70) 따라서 기호지역 파리장서 서명자 17명 중에 8명을 제외한 인사들은 김복한이 아닌 유준근 또는 고석진高石鎭의 제안에 따라 곽종석 유림단에서 추진하는 독립청원운동에 참여한 인사들로 보아야 한다. 김복한 유림단에서 소요되는 자금은 황일성이 조달했다고 전해

---

70) 독립운동사편찬위원회 편, 독립운동사 제3권: 삼일운동사(하), 1971, 136쪽.

진다.71) 김복한은 본인이 작성한 독립청원서를 문인 이영규를 시켜 서울에 있는 문인 임경호에게 전달케 했다. 임경호는 해외파견대표가 되어 출국할 준비를 하였다.72)

② 파리장서 서명자

　파리장서 독립청원운동을 추진한 인물들은 명실상부한 유림대표들을 독립청원서의 서명자로 선정할 계획이었다. 유림대표란 지역의 대표적인 유림을 선정하겠다는 추상적인 의미에 그치는 것이 아니라 일제의 불법적인 식민지 지배와 한국인들의 독립에 대한 강한 열망·의지를 국제사회에 알리겠다는 의미를 담고 있었다. 그런 까닭에 1~20위의 순서는 많은 고민이 있었던 것으로 보인다.73) 서명자들이 일제의 탄압을 무릅쓰고 기꺼이 그처럼 어려운 결정을 내리게 된 배경, 그리고 백 수십 명에 달하는 유림들을 결집시킬 수 있었던 요인이 무엇인지 밝히는 일은 중요하다. 실제로 이들은 이 파리장서 문안으로 인해 일경으로부터 장기간 구금상태에서 가혹한 취조를 받았으며 심지어 옥중에서 얻은 질환으로 사망한 사람들도 있었다.74)

　곽종석, 김복한 등이 주축이 되어 독자적으로 전개하던 독립청원운동은 3월 하순에 이르면 유진태 등의 중재에 따라 하나의 유림단으로 통합되었다. 이 활동을 주도한 김창숙은 이 유림단을 '기미유림단己未儒林團'이라고 부른 바 있다. 기미유림단은 137명의 파리장서 서명자가 활동의 주축이 되었는데, 유림의 파리장서 서명에는 구심적 역할을 한 인물들이

---

71) 위의 책, 137쪽.
72) 서동일, 앞의 논문, 166~169쪽.
73) 위의 논문, 69~70쪽.
74) 임경석, 「파리장서 서명자 연구」, 『大東文化硏究』 38, 성균관대학교 대동문화연구원, 2001, 419~420쪽.

있었다. 기미유림단에서 구심적인 역할을 했던 인물은 곽종석, 김복한, 고석진, 류필영, 이만규, 장석영, 노상직, 안병찬, 김동진, 김건영, 권상익, 임한주, 전양진 등이었다. 이들은 파리장서에 서명한 인물들 가운데 여러 문건에서 중첩적으로 발견되는 인물들이다.

서명자의 수에 대해선 몇 가지 설이 있다. 일반적으로 137명으로 알려지고 있으나, 적게는 52명부터 많게는 147명까지 다른 견해가 있다. 이에 대해선 김창숙의 견해를 가장 신뢰할 만하다. 김창숙은 파리장서운동의 추진세력으로 파리장서 서명자 명단을 수집하고, 해외대표에 선임되어 서명자 명단이 포함된 파리장서를 가지고 출국한 인물이기 때문이다.[75] 해외대표 김창숙이 중국으로 갈 때 휴대한 파리장서에 부기된 서명자는 총 137명이었다.

파리장서 독립청원운동을 추진한 세력은 파리장서 서명자 명단 작성시 서명 순위 즉 1~20위에 넣을 인물을 심사숙고하여 선정했다. 김창숙 등 실무자들은 곽종석 유림단을 이끌고 있으며, 전 의정부 참찬, 경연관 및 서연관 곽종석을 원래 계획대로 제1 서명자에 배치하고, 김복한 유림단을 이끌고 있으며 전 우부승지 김복한을 제2 서명자로 배치했다. 그리고 이하 서명자들은 두 유림단의 서명자를 혼합하되 대외적인 명망도, 유림사회 내에서의 신망, 대한제국에서의 관력官歷, 연령 등을 감안하여 서명자의 순위를 결정했다. 특히 1~20위의 서명자들은 기미유림단 내에서 분명히 중요한 인물로 인식되었다고 하겠다.[76] 뿐만 아니라 서명을 한 유림들은 반드시 그런 것은 아니지만 대체로 나이가 40세 이상이었으며, 유력 문중의 종손이거나 적장자가 대부분이었고 저명한 학맥으로 연결된 지역사회에서 명망 있는 인사들로 채우려고 하였다.[77]

---

75) 서동일, 앞의 논문, 186쪽
76) 위의 논문, 71~73쪽
77) 임경석, 앞의 논문, 435~436쪽.

그런데 곽종석의 영남 유림단 해외 파견대표인 김창숙과 김복한의 기호 유림단 해외 파견대표 임경호는 3월 하순경 서울에서 출국을 준비하던 중 우연히 유진태의 소개로 서로 회합을 가지게 되었다. 유진태의 주선을 통해 곽종석 유림단의 김창숙과 김복한 유림단의 임경호는 이득년의 집에서 회합을 가졌다. 이때 유진태는 김창숙과 임경호에게 곽종석 및 김복한이 유림의 종장으로 유림을 규합해 같은 목적으로 같은 시기에 모인 것은 '나라의 장래를 위하여 신명神明이 도왔다고 볼 수밖에 없는 일'이라고 높이 평가했다. 이어 목적이 같은 두 유림단을 통합할 것을 제안했고, 유진태의 이와 같은 적극적인 태도에 두 인물도 통합에 동의했다. 이두 유림단의 해외파견 대표는 극적인 타협을 이루어 선언서의 초안은 영남 유림단의 것이 낫다고 판단하였고, 현실적인 문제에 있어서도 김복한 유림단은 서명자가 20명 미만으로, 서명자가 110명 이상인 곽종석 유림단에 비해 현격한 차이를 보였다. 서명자는 두 집단의 이름을 통합하여 총 137명으로 발표하기로 합의하였다고 한다. 그리고 기호 유림단은 해외파견 대표 또한 영남 유림단의 대표인 김창숙에게 대표성을 위임하였다.[78]

김창숙은 파리장서를 휴대하고 중국을 거쳐 프랑스 파리로 향했다. 그곳에서 임정을 대표해 파리에 와있던 김규식에게 파리장서를 전달하기로 하였다. 이에 김창숙은 파리장서의 번역문제가 시급하다고 보고, 당시 상해에서 활동하던 윤현진에게 영문 번역을 위촉했다. 김창숙은 수일 뒤 완성본을 받아 영문본을 3,000매 인쇄하여, 먼저 파리평화회의 의장 및 파리위원부에 번역된 파리장서를 우송하였다. 특히 파리위원부에는 선전용으로 국문본 몇 통을 함께 동봉했다. 이밖에 나머지 영문본 및 별도로 인쇄한 한문본 3,000매를 중국의 각 기관 및 국내에 우송하였다.[79]

그러면 당시 세칭 남쪽에 곽종석, 북쪽에 류필영이라는 뜻으로 쓰이던

---

78) 서동일, 앞의 논문, 186쪽.
79) 『高等警察要史』, 248쪽.

남곽북유南郭北柳로 불리던 류필영이 어떻게 파리장서에 서명하게 되었는지를 살펴보자. 류필영이 파리장서에 서명하게 된 데는 이만도의 아들 이중업의 요청이 있었기 때문으로 보이는데 그 내막은 이렇다. 김창숙과 김정호는 자신들이 영남 출신이므로 우선 영남을 중심으로 지지세력을 규합해 나아가기로 했다. 그런데 영남 지역의 지지를 얻어내기 위해선 안동 유림의 대표적인 근거지인 도산서원陶山書院, 병산서원屛山書院, 호계서원虎溪書院 등의 지지가 필요했다. 마침 당시 서울에는 안동 유림의 중진인 류만식柳萬植과 이중업李中業이 인산을 참관하기 위해 상경해 있었다. 류만식은 서애西厓 류성룡柳成龍의 후손이며 류후조柳厚祚의 손자로 상주를 근거지로 병파屛派의 중진이었다. 유만식은 병론屛論의 영향권에 있는 도산서원과 병산서원 측을 담당하기에 적합한 인물로 인식되었다. 이중업은 이황의 후손이자 1910년 국권상실 직후에 단식 자결한 이만도의 아들로서 류치명과 김흥락의 학맥을 계승한 호론虎論의 중진이었다. 그러나 안동 유림 전체의 지지를 기대하기는 힘들었다. 일반적으로 이진상에서 곽종석으로 이어지는 한주학맥은 호론으로 인식되는 경향이 있었는데, 병론과 불편한 관계에 있었고, 유만식은 일련의 사건에 직접 관련되어 있었다. 3월 3일에 김창숙 일행은 이중업과 유만식을 만나 독립청원운동에 대한 개요를 설명하고 동참을 호소했다. 먼저 이중업을 찾아갔는데, 그는 이 제안에 찬성하고 독립운동에 적극 나서겠다는 점을 높이 평가하고 협력을 약속했다.[80] 류필영은 혁신유림이 되어 계몽운동에 투신하였던 아들 인식寅植에게 절연을 선언할 정도로 강경한 위정척사 계열의 유학자로 알려져 있다. 이것은 1900년대 초반 류인식이 서울에서 개화파 인사들과 교류하면서 개화사상을 받아들이고 협동학교에 관여할 때 일이다. 그로부터 20년 가까운 세월이 흘러 파리장서에 서명을 하는 단계에 가면 서

---

80) 서동일, 위의 논문, 145~150쪽.

파도 만국공법을 이해하는 단계에 이르게 된다. 이 시기에 가면 아버지는 아들의 충심을 이해하였을 것이고, 겉으로 먼저 아들에게 화해의 손을 내밀지는 않았어도 대견스럽게 여겼을 것이다. 이런 사정은 류인식의 다음과 같은 글에서 그 단서를 찾을 수 있다. "내 어찌 아버님의 묵인이 없었으면 유가儒家를 하루 아침에 내팽개쳐 버릴 수 있었겠나, 유신維新 애국한 사람이 서파장西坡丈 밑에서 가장 많이 배출되었다고 뒷사람들은 말할 것이다81)"라고 말한 데서 알 수 있다.

다음으로 김창숙 일행은 같은 목적으로 유만식을 찾아갔다. 유만식은 일행의 제의를 거절했다. 유만식은 현재 순종에게 올릴 복제개정소服制改定疏를 준비하고 있으므로 김창숙 일행이 제안한 활동에 참가할 수 없다고 하였다. 김창숙 일행은 유만식이 거듭된 요청을 거절하자, 이 논의가 발각될 경우 유만식에게 책임을 묻겠다는 말을 전달한 후 자리를 떠났다. 김창숙의 부탁을 받은 이중업은 김창숙이 이미 고려했던 바와 같이 안동에서 호론의 지지를 이끌어 내는 역할을 맡았다고 할 수 있다.82)

이 정황을 종합해 보면 이중업이 류필영을 방문해서 파리장서에 서명을 부탁하였고, 서파는 기꺼이 서명하였던 것으로 추정된다. 그리고 류필영은 파리장서를 주도한 곽종석과 김복한 그리고 그와 연결된 면암 최익현의 문인 고석진高石鎭 다음 네 번째 서명자가 되었다. 이 사건으로 7월경에는 안동권의 서명자인 유필영, 이만규, 유연박, 김병식, 이돈호 등이 모두 성주경찰서에 체포되어 옥고를 치르고 풀려났다.83)

---

81) 안동청년유도회, 앞의 책, 160쪽.
82) 위와 같음.
83) 장석영 지음, 정우락 옮김, 『국역 흑산일록 - 대구감옥 127일 그 고난의 기록』, 경북대출판부, 2019, 75쪽

4. 맺음말

　류필영은 조선조 말엽 안동의 명문세족 가운데 한 집안인 전주 류씨 삼산 문중에서 태어났다. 어려서부터 영특하였던 그는 정재 류치명의 문하에 들어가서 퇴계학맥을 계승하고 일찍 과거를 포기하고 학문에 전념하였다. 그는 이만도·김홍락·김도화·권연하·이만각 등 당대 영남지역 석학들과 교류하였다. 그는 천성이 학문을 좋아하여 집 근처에 침산정이라는 정자를 짓고, 날마다 배우고, 익히는 것을 게을리 하지 않았다.

　세상 모든 사람들은 함께 살았던 시대의 흐름을 어떤 형태로든 자신의 삶에 드러내지 않을 수 없는 법이다. 류필영과 교류하였던 사람들은 모두 위정척사 계열의 큰 인물들이었고, 나라가 위기에 처하자 의병장으로 나서기도 하였고, 자정순국을 하기도 하였다. 류필영 또한 1881년 이만손이 주도한 영남만인소에 서명하였고, 1895년 권세연 의병진에서 도서기로 활약하는 등 시대 흐름을 바로 잡으려는 노력을 게을리하지 않았다. 그의 학문은 5대조인 삼산 류정원의 역저인 『역해참고易解參攷』라는 주역 해설서의 오탈자를 바로잡고 교정할 정도로 깊었다. 그는 가난을 걱정하지 않고 편안한 마음으로 글을 읽을 수 있는 평정심을 가졌으나 자신의 관점에서 잘못된 역사서인 『한사경』을 저술한 김택영에게는 혹평을 가할 정도로 엄정한 역사관을 지녔다.

　류필영은 1910년 일제가 조선을 강제로 병합하였다는 소식을 듣고 고림高林 선영 아래 머물고 있던 향산 이만도를 찾아가서 친구가 망국의 설움을 죽음으로 갚으려는 안타까운 모습을 보고 돌아올 수밖에 없었다. 그에게도 나라를 구하는 일에 참여할 기회가 주어졌으니 그것은 1919년 유림계에서 주도한 파리장서 사건에 참여할 수 있었던 것이다. 3·1운동 이후 파리장서에 서명하게 되는 시점에 가면 근대와 서구를 수용함으로써 사회의식이 변화하게 되는 과정을 경험하게 된다. 이러한 설명이 가능한 이유는 파리장서의 내용 가운데 주요한 부분에 이러한 요지가 있기 때문이다. 파리장서는 3·1운동 직후 기획되어 빠르게 실행되었기에 전통주의와 근대주의로 오랜 시간 대립·반목하고 있던 두 진영이 마침내 한목소리로 일제에 맞서는 투쟁으로 나가는 계기를 만들었다는 데 의미가 있다. 이러한 류필영의 뛰어난 행적에도 불구하고 그에 대한 연구성과가 없는 것은 안타까운 일이다. 향후에 보다 더 진전된 연구성과가 나오기를 기대한다.

석주 이상룡의 현실인식과 대응방략의 변화

1. 머리말

이상룡李相龍(1858~1932)은 1858년 11월 24일 경상도 안동군 법흥동 임청각臨淸閣에서 이승목李承穆의 3남 3녀 중 장남으로 태어났다. 어렸을 때 이름은 상희象羲이고, 자는 만초萬初이며, 호는 석주石洲였다. 1911년 중국 망명 이후 상룡으로 개명하였다.1) 그가 살았던 시기는 서구 열강들의 침략으로 기존의 가치관들이 무너지고, 새로운 윤리관이 정립되기에는 혼란스러운 때였다. 그는 시대변화와 함께 자신의 모습을 변모시키면서 구국운동에 헌신한 선각자였다. 퇴계 이후 성리학적 가치관을 배우고 익힌 유학자로서 근대라는 급변하는 시기에 의병전쟁이라는 무장투쟁을 과감하게 선택하였다. 의병으로 서구 세력에 맞서는 것이 무모하다는 것을 깨달은 그는 국권 상실의 위기를 맞게 된 까닭을 교육의 부재에서 찾았다. 이후 그는 애국계몽운동에 투신하여 대한협회 안동지회장을 맡아 단체를 통한 계몽운동에 헌신하였다. 대한제국이 무너지고 국권을 상실하게 되자 그는 가족과 가까운 일가를 이끌고 만주로 망명을 단행하였다.2)

만주에서 이상룡은 교민들의 결속을 다지는 결사자치結社自治를 위해 경학사를 설립하고, 신흥무관학교를 세우는 일에 참여하였다. 그는 국권을 회복하는 방략으로 무장투쟁 노선을 택하였다. 그런 까닭에 군사력을 기르는 상무尙武 활동에 힘을 기울였다.3) 그는 1920년대 사회주의 사상을 받아들여 계급이 없고, 공정한 분배를 지향하는 사회주의를 유교에서 이상향으로 제시하는 대동사회와 연결시켜 해석하고 수용하였다. 그는 무

---

1) 김기승, 「해제」, 『국역 石洲遺稿』 상, 안동독립운동기념관, 2008, 1쪽.
2) 이상룡, 「西徙錄」, 위의 책.
3) 이상룡, 「答安島山昌浩」, 위의 책 418~420쪽.

장투쟁 노선을 취함에 있어 좌익과 우익을 통합하는 좌우합작노선을 취하였다. 왜냐하면 일제강점기 최대의 과제는 민족해방이었기 때문이다. 이러한 노력의 일환으로 그는 1921년 북경 군사통일회의에 참가기도 하고, 1923년 상해에서 개최된 국민대표회의에 사람을 보내기도 하였다.

이러한 이상룡에 대한 연구는 그의 문집인 『석주유고石洲遺稿』가 1973년 고려대학교에서 영인본으로 간행되면서 시작되었다. 이때 빠진 유고들을 모아서 1996년 석주 이상룡기념사업회에서 후집을 발간하였다. 『석주유고』는 2008년 안동독립운동기념관에서 상·하 2권으로 국역본으로 간행되었다. 이상룡의 행적에 대해서는 지금까지 적지 않은 연구가 진행되었지만 대체로 두 가지 방향에서 이루어졌다. 첫 번째는 재만 한인사회의 독립운동근거지를 밝히고 교민들의 단합을 위한 자치조직의 결성과 활동에 대한 의의를 조명한 연구성과들이다. 이들 연구는 경학사耕學社, 부민단扶民團 등의 교민 자치조직과 신흥무관학교 설립을 통해 독립운동의 기반을 조성하는 데 있어서 이상룡의 역할과 역사의식을 조명하였다.[4] 2001년에는 박사학위 논문까지 발표되었는데 그 요지는 다음과 같

---

4) 최덕수, 「석주 이상룡 연구」, 『사총(史叢)』 19, 고려대학교 역사연구소, 1975.
조동걸, 「安東儒林의 渡滿經緯와 독립운동상의 性向」, 『대구사학』 제15·16집 합집, 대구사학회, 1978.
한영우, 「1910년대의 민족주의적 역사서술 - 이상룡, 박은식, 김교헌 『단기고사』를 중심으로」, 『한국문화』 제1집, 서울대학교 규장각한국학연구원, 1980.
박영석, 「石洲 李相龍 硏究 -臨政 國務領 選任 背景을 중심으로」, 『역사학보』 제89집, 역사학회, 1981.
_____, 「日帝下 在滿韓人社會의 形成 - 石洲 李相龍의 활동을 중심으로」, 『韓民族獨立運動史硏究』, 一潮閣, 1982.
박 환, 「만주 지역의 신흥무관학교」, 『史學硏究』 40호, 한국사학회, 1989.
_____, 「서로군정서」, 『滿洲韓人獨立運動史硏究』, 일조각, 1991.
윤병석, 「1910년대 西北間島 韓人團體의 民族運動」, 『國外韓人社會와 民族運動』, 1990.
김상기·채영국, 「남만주에서의 한국독립운동」, 『중국동북지역 한국독립운동사』,

다. 김정미는 이상룡의 생애를 4시기로 구분하고, 시기별 특징을 언급하였다. 제1기(1858~1886)는 출생과 성장 그리고 수학기로 보았다. 제2기 (1886~1908)는 정재학파定齋學派의 문도로서 영남 일원의 위정척사론자들이었던 유림과 더불어 성리학과 철학적인 문제들에 대하여 토론하면서 사회안정과 구국의 방책을 모색하던 시기로 보았다. 이 시기 이상룡은 상소上疏운동과 의병항쟁에 참여하였다고 한다. 제3기(1908~1918)는 안동에서 대한협회 지회를 설립하여 국권회복운동과 근대국가건설을 위한 운동을 전개하였던 때라고 한다. 이 시기 그는 서간도로 망명하여 독립운동 근거지를 마련하고 독립군을 양성하는 데 주력하였다. 제4기(1919~1932)는 국내외에서 독립운동의 열기가 고조되던 1919년부터 사망할 때까지로 1920년대 전반 국외 독립운동 세력이 분화하는 가운데 이들 세력의 통합을 위해 노력하던 때라고 한다. 이 시기는 사회주의 사상이 독립운동의 새로운 사조로 광범위하게 확대되던 때였다. 이상룡은 마르크스의 역사발전 단계론을 검토하고, 인류사회의 변화 발전과정을 체계적으로 정리하면서 우리 역사가 궁극적으로 대동사회, 공산주의 단계로 나아갈 것으로 전망하였다.[5] 또 다른 연구는 이상룡이 보수 유학자에서 근대 유교지

집문당.
서중석,『신흥무관학교와 망명자들』, 역사비평사, 2001.
박걸순,「日帝强占期 亡命 人士의 高句麗·渤海인식」,『한국독립운동사연구』 23, 문화체육관광부, 2004.
_____,「일제강점기 안동인의 역사저술과 역사인식」,『국학연구』 20, 한국국학진흥원, 2012.
한시준,「신흥무관학교와 한국독립운동」,『한국독립운동사연구』 40, 문화체육관광부, 2011.
변창구,「석주 이상룡의 선비정신과 구국운동」,『민족사상』 8, 한국민족사상학회, 2014.
5) 김정미,「石洲 李相龍의 獨立運動과 思想」, 경북대학교 사학과 박사학위논문, 2002.

식인으로의 사상전환의 배경과 정치사회사상에 대한 검토이다. 이 분야의 연구는 전통 성리학자였던 이상룡이 서양 근대 시민사상을 흡수하여 계몽운동가로 전환하는 과정과 그 논리를 조명하였다. 이들 연구는 의병운동에 참가하였던 이상룡이 애국계몽운동가로 변신하는 사상적 변화과정에 주목하였다. 사회주의 사상을 수용한 그의 사상 근저에는 대동사회 추구라는 이상이 내재되어 있었다고 한다.6)

이와 같은 선행연구가 있음에도 불구하고 이상룡의 사상전환과 독립운동 노선에 대해서 여전히 규명해야할 점이 많다. 본고는 이상룡이 위정척사론을 견지하다 애국계몽사상을 받아들이게 된 계기에 주목하고, 결국 그의 사상은 대동사회라는 유교의 이상향을 추구한 독립운동가였다는 점을 살펴보고자 한다. 나아가서 그의 무장투쟁론은 좌우합작으로 연결되

---

6) 김기승, 「韓末 儒敎知識人의 思想轉換과 그 論理 - 石洲 李相龍의 境遇」, 『民族文化』 4, 한성대학교민족문화연구소, 1989.
안건호, 「1910년 전후 이상룡의 활동과 사회진화론」, 『역사와 현실』 29, 한국역사연구회, 1998.
신귀현, 「석주 이상룡선생의 서양철학과 그의 개혁사상」, 『철학』 63, 한국철학회, 2000.
박원재, 「석주 이상룡의 현실인식과 유교적 실천론 - 정재학파의 유교개혁론」, 『오늘의 동양사상』 11, 한국동양철학회, 2004.
임종진, 「석주 이상룡의 공교미지(孔敎微旨)에 대한 분석」, 『철학논총』 44, 새한철학회, 2006.
김진호, 「20세기 초반 계몽담론과 한문」, 『정신문화연구』 31, 한국학중앙연구원, 2008.
한경희, 「안동지역 근대문학 연구의 가능성 모색」, 『국학연구』 11, 한국국학진흥원, 2007.
_____, 「경북 북부지역 근대 문학자들의 유학 전통의 사유와 신념의 변화 양상」, 『정신문화연구』 32, 한국학중앙연구원, 2009.
강윤정, 「난세의 지식인 석주 이상룡의 공부」, 『안동학』 13, 한국국학진흥원, 2014.
정병석, 「일제강점기 경북 유림의 만주 망명일기 - 『백하일기(白下日記)』와 『서사록(西徙錄)』을 중심으로」, 『민족문화논총』 58, 영남대학교 민족문화연구소, 2014.

는 통일전선의 형성에 있었다는 점을 검토하고자 한다.

2. 위정척사론에서 애국계몽사상으로 전환

이상룡은 안동의 유력한 문중 가운데 하나인 고성 이씨가문의 장남으로 태어났기 때문에 혼반과 사승관계로 지역의 많은 명사들과 인연을 맺었고, 그들과 도움을 주고받을 수 있었다. 그의 조부 이종태李鍾泰는 의성 김씨 종손인 김진화金鎭華의 딸을 배필로 맞았다. 김진화의 아들 김흥락金興洛은 이종태의 처남이 되었고, 이상룡의 진외종조陳外從祖가 되었다. 이종태의 누이가 척암拓庵 김도화金道和에게 시집을 감으로써 김도화는 이승목에게 매부가 되었고, 이상룡에게는 존고모부가 되었다. 아버지 승목은 안동 권씨 벌橃의 후손인 진하鎭夏의 딸에게 시집을 갔다. 을미의병장 권세연權世淵은 이상룡의 외숙부였다. 이런 까닭에 당시 정재학파定齋學派의 거유巨儒들이 임청각을 자주 드나들었고, 이상룡은 이들로부터 많은 영향을 받았다. 이상룡의 학문과 사상 형성에 가장 큰 영향을 주었던 것은 김흥락이었다. 김흥락은 퇴계 이황 - 학봉 김성일 - 갈암 이현일 - 대산 이상정 - 정재 류치명으로 이어지는 퇴계 학통의 맥을 계승한 인물이었다. 이상룡은 김흥락의 문하에 들어가 동문들과 함께 학문을 익혔다.[7] 그는 퇴계학설을 계승하여 이理와 기氣를 구별하는 주리론적 이기이원론理氣二元論을 지지하였다. 사단칠정론四端七情論에 있어서도 사단과 칠정을 원리적으로 구별하는 입장을 취하였다. 또한 주목되는 것은 이상룡이 조선조에서 배척하였던 왕양명王陽明의 학문을 높이 평가한 점이다.[8] 이렇

---

7) 김정미, 『석주 이상룡의 독립운동과 사상』, 14~15쪽. ☞ 「石洲 李相龍의 獨立運動과 思想」, 경북대학교 사학과 박사학위논문, 2002?

8) 안건호, 「1910년 전후 이상룡의 활동과 사회진화론」, 『역사와 현실』 29, 한국역사

듯 성리학에 몰두하였던 이상룡은 1886년에 과거시험에 응시하였으나 낙방하여 유람을 하다가 1년 후 고향으로 돌아온 후 지방의 재야 사족으로서의 입장을 견지하고 있었다.9)

이렇듯 성리학적인 가치 체계에 충실하게 살아가던 이상룡은 1900년경 서원 복설을 청하는 상소문을 썼다. 그는 "서원을 철폐한 이후로 향촌의 기풍이 날로 쇠퇴하고, 원기元氣가 꺾이게 되었다. 객사客邪는 그 빈틈을 타고 들이닥치고, 금수禽獸 같은 무리들이 전국을 활보하는 지경에 이르렀다. 이에 초야의 미신微臣으로서 통곡하는 심정으로 서원의 복설을 청한다"고 하였다. 이상룡은 서원이, 폐단보다는 인재를 양성하고 현인의 존숭尊崇을 통해 풍속을 교정할 수 있는 등 장점이 많다고 주장하였다.10) 이같이 척사론적인 관점을 고수하였던 이상룡은 1895년 을미사변과 단발령을 계기로 안동 지역에서 외숙부인 권세연과 스승 김흥락·김도화 등이 의병을 일으키자 이를 지원하였다. 당시 이상룡은 조부 이종태의 상중喪中이라서 직접 의병에 가담하지는 못하고 막후에서 지원하였다. 권세연은 1896년 1월 24일 의병진의 조직을 개편하여 전투에 대비하였다. 이상룡은 병법에 대해 조예가 상당하였으며, 그가 남긴 유고 가운데 병법을 체계적으로 정리한 『무감武鑑』11)이라는 저서가 있다. 이 책의 저술 연대는 분명치 않으나 1894년 도곡陶谷에서 연노連弩 발사 시험을 하기까지 하였다고 한다. 이러한 사실로 미루어 볼 때, 이 책은 그의 국권회복운동과 독립운동에서 일관되게 무장항쟁을 전개하는 데 중요한 지침이 되었을 것이다.12) 이 무렵 권세연의 패전으로 의병장은 김도화로 바뀌었다. 이상룡은

연구회, 1998, 255쪽.
9) 위와 같음.
10) 『石洲遺稿』, 고려대학교출판부, 1973, 53~55쪽.
11) 「무감(武鑑)」, 『석주유고』 후집, 216~362쪽.
12) 김정미, 『석주 이상룡의 독립운동과 사상』, 26쪽. ☞「石洲 李相龍의 獨立運動과 思想」, 경북대학교 사학과 박사학위논문, 2002. ?

김도화에게 보낸 편지에서 의병의 실상을 다음과 같이 전하고 있다.13)

> 우리 진영을 보십시오. 무슨 의지할 방비가 있습니까? 갑옷과 투구가 있습니까? 벌거벗은 맨몸뚱이의 병졸들이 다만 짧은 총 하나를 가지고 탄환이 우박처럼 쏟아지는 속으로 달려간다면 비록 사람마다 사마양저司馬穰苴14)와 같은 병법의 대가라고 하더라도 지탱할 수 없을 겁니다. … 언젠가 진중에서 오는 사람을 본 적이 있는데 모두 세립細粒을 쓰고 짚신을 신고 있었습니다. 세립과 짚신이 어찌 전장에 가당이나 합니까?

위의 내용에서 이상룡은 이미 의병전쟁에서 이길 수 없다는 것을 잘 알고 있었다고 보인다. 그렇지만 그에게서 중요한 것은 유가의 정신인 '사생취의捨生取義'의 도리로 국혼은 지켜야 한다는 유가 본연의 자세를 지키는 것이었다.15)

이상룡은 이러한 인식 때문에 1905년 을사늑약의 체결로 국권이 강탈당하자 의병을 직접 조직하였다. 이상룡은 매부 박경종朴慶鍾과 함께 마련한 15,000금에다가 이규명의 10,000금과 남세혁南世赫의 20두락으로 군자금을 마련하고 거창의 차성충車晟忠을 의병장으로 삼아 군사를 모으고 무기를 장만하였다. 이상룡·이규명·차성충 등은 가야산을 근거지로 삼고 2년여의 준비 끝에 1908년 거창에서 거병하기로 하였다. 그러나 기밀이 누설되어 일본군의 습격을 받아 무기를 빼앗기고 군사가 흩어지게 되었다. 이에 차성충은 거창에서 안동으로 피신하여 왔다. 이후 이상룡은 신

---

13) 「척암 김공에게 올리다(上拓庵金公)」, 『국역 석주유고』 상, 289쪽.
14) 중국 춘추 시대 제나라의 명장으로 재상 안영(晏嬰)의 추천으로 등용되어, 연(燕)나라·진(晋)나라의 군대를 대파하고 실지를 회복하여 대사마(大司馬)로 임명되었다고 한다.
15) 강윤정, 「백하 김대락의 생애와 백하일기」 해제, 『국역 백하일기』, 안동독립운동기념관, 2011, 10쪽.

돌석·김상태 의병진과 협력을 모색하였으나 그들도 사망하거나 피체됨으로써 그의 의병거사는 실패로 돌아가게 되었다. 당시 이상룡은 의병전투의 실패 원인을 시국에 어두었기 때문이라고 생각하였다. 이러한 그의 생각은 다음의 우음偶吟이라는 시에 잘 나타난다.16)

오십년간 공맹서를 읽었건마는	五十年看孔孟書
누에실 같은 얽힌 의리 빠짐없이 분석해 놓았네	蠶絲義理析無餘
결국에는 빈말에 불과하니 어찌 도움이 되랴	畢竟空言何所補
돌아보니 사람 옷 입고 있는 것이 부끄럽네	反身還愧有襟裾

…… (중략)

둥둥 울리는 저 북소리 우뢰같이 들리고	鼓響闐闐動似雷
하늘을 찌를 듯한 의용은 참으로 대단하네	衝天義勇儘雄哉
추초는 결국 상대가 되지않음을 아는지라	也知鄒楚終難敵
보내는 장정 수는 날마다 줄어드는구나	只遣人丁終損來

이 시는, 사람이 살아가는 길에 대한 바른 지침이 담겨있다고 믿으며 50년 동안 읽어온 유가 경전들이 서구 세력의 침략 앞에 무용지물이 되어버린 것에 대한 자괴감을 드러낸다. 이상룡은 의병들이 서구 세력과는 대적할 수 없는 오합지졸에 불과하다고 생각하였다. 그렇지만 그에게는 지켜야만 하는 그 무엇이 있었다. 그것은 바로 사생취의하는 의리의 정신이었다. 이것은 자신이 살아있는 존재의 이유이기도 하였다. 그런 까닭에 그에게는 현실을 타개할 수 있는 또 다른 방법이 필요하였다. 이러한 절망적인 상황에서 그가 찾아낸 것은 바로 서양 학문이었고, 백성民이었다. 이제 이상룡의 공부는 유학에서 서학으로, 그리고 그것을 나눌 대상도 선

---

16) 「우음(偶吟)」, 『석주유고』, 20쪽.

비에서 백성民으로 옮겨 갔다.17) 이상룡은 정치학설에 있어서는 아리스토텔레스(亞里士多德 : Aristoteles), 플라톤(柏拉圖 : Platon), 루소(盧梭 : Rousseau), 블룬칠리(伯倫知理 : Biuntschli) 등의 학설이었다. 철학 사상에서는 베이컨(倍根 : Bacon), 데카르트(笛卡爾 : Descartes), 칸트 등 주로 근대 사상가들의 학설에 관심이 컸다. 이상룡은 루소의 사회계약론을 신뢰하였다. "대개 두 사람 이상이 하나의 일을 함께 하고자 한다면 피차간에 모두 같은 평등한 자유권이 있은즉 함께 하나의 약속을 세우지 않으면 할 수 없다. 인류의 모임에서 가장 오래되고 자연스러운 것으로 가족만한 것이 없다. … 대저 가족은 친하기 때문에 신뢰하여 오래도록 흩어지지 않는 것은 이 계약에 의지하는 것이니 하물며 국가이겠는가."라고 하였다. 그는 국가를 만인의 약속, 즉 계약에 의해 성립된다는 것으로 이해하였다. 여기에서 한 걸음 더 나아가서 블룬칠리의 다음과 같은 국가유기체설을 수용하였다. "그저 인민을 모으는 것만으로 국가라고 할 수는 없다. 국가라는 것은 유기체인 물건이다. 스스로 그 의지가 있고, 스스로 그 행동이 있다."18) 이상룡은 루소의 계약론적 국가기원설에 동조하고, 블룬칠리의 국가유기체설을 수용하지만 계약의 주체인 개인을 완전한 인격체로 보지도 않았다.19) '주권이라고 하는 것이 공민 전체에게 있다고 한다면 이른바 공민 전체의 의견은 끝내 가지런하지 못하고 끝내 볼 수 없을 것이다. 그러므로 주권은 의당 국가의 수장에게 맡겨서 헌법에 의거하여 실행하게 해야 할 따름이다.'라고 하였다. 이상룡은 이 단계에서 아직까지 생각이 공화정에는 미치지 못하였고 입헌군주국을 모범으로 보고 있었다.

---

17) 강윤정, 「난세의 지식인 석주 이상룡의 공부」, 82쪽.
18) 「합군집설(合群輯說)」, 『국역 석주유고』 상, 583쪽.
19) 박원재, 「석주 이상룡의 현실인식과 유교적 실천론 - 정재학파의 유교개혁론」, 398쪽.

이상룡의 이러한 생각은 많은 사람이 모여서 만든 단체가 중요한 역할을 할 수 있다고 믿었다. 그의 이러한 생각은 대한협회 활동으로 나타났다. 이상룡은 1909년 「대한협회안동지회취지서」에서 다음과 같이 말하였다.20)

> 나라를 다스리는 자는 반드시 무리를 모으는 것을 급선무로 삼으니 정사政事는 의회議會가 있고, 선비들은 교회敎會가 있고, 농민들은 농회農會가 있고 공인들은 공회工會가 있다. 그곳에서 시무時務를 강습하고 실업을 힘써 연구하여 백성들의 지혜가 날로 열리고 국력이 날로 증진되면 안으로는 부강한 권세를 확장하고 밖으로는 경쟁 세력에 저항할 수 있으니 이는 대게 현세에 통행되는 규범이고 양의良醫가 이미 효험을 보았던 처방문이다. 영국·미국·독일·프랑스가 이런 방법을 써서 발흥하였고, 인도·베트남·유태·파키스탄은 이런 방법을 쓰지 않아서 망한 것이다.

이상룡은 단체를 통하여 많은 사람들의 의사를 결집하고, 그 민의民意를 통하여 국가의 시책을 바로 잡을 수 있을 것으로 생각하였다. 이러한 그의 생각은 1910년 국권상실의 순간을 당하여 후일을 도모하는 방법으로 고려되었다 그는 1910년 국권이 상실될 무렵 대한협회 본회에 다음과 같은 글을 보내었다.21)

> 국가는 이미 끝났습니다. 우리들은 자기 일신을 어떻게 살아야 합니까? 아! 여러 각하閣下들의 뜻을 감히 추측하렵니다. 어찌 우리 회의 당초 목적이 거의 망해가는 판국을 유지하는 데 있지 않고 실은 망해 버린 뒤에 새로운 국가를 건립하는 데 있는 만큼 오늘의 사변은 진실로 예측한 것입니다. 무익한 말을 함부로 떠들어 갖

---

20) 「대한협회안동지회취지서」, 『국역 석주유고』 상, 623쪽.
21) 「대한협회 본회에 주다(與大韓協會本會)」, 『국역 석주유고』 상, 316쪽.

은 방해만 자초하는 것보다 차라리 분을 머금고 아픔을 참으며 후일을 도모하기로 기약하는 것이 좋다는 말이 아니겠습니까?

이상룡은 대한협회 안동지회를 설립하여 궁극적으로는 무장투쟁노선을 지향하면서 현실적으로 지역 사회의 정치·사회적 역량을 확보하려고 노력하였다. 그런데 대한협회 본회의 친일화와 국내 정세의 악화 등으로 목표한 바의 실현이 어려워졌다. 이와는 반대로 안동 유림의 저항은 격렬해져 갔다. 1910년 8월 일제가 국권을 강탈하고 나라가 망했다는 소식이 전해지자 안동의 유림들 가운데는 단식과 자결의 순국 사례가 잇달았다.22) 이러한 가운데 이상룡은 만주에 대한 관심을 가지게 되었는데 도곡의 선재先齋에 은거하면서 만주 지도를 펴놓고 고심하였다고 한다.23) 이상룡의 이러한 고심은 만주 망명 계획으로 이어졌다. 그는 1910년 주진수朱鎭洙를 통해 신민회의 계획을 듣고 나서 처남 김대락과 함께 망명 계획을 세웠다. 이상룡은 망명길에 나서면서 그 까닭을 이렇게 술회하였다.

'내가 무엇 때문에 양전옥답과 가택을 헌신짝처럼 버리고 궁벽하고 황폐한 간도 땅으로 가려고 하는가? 작년 가을에 나라의 일이 그릇되었다. 이 7척 단신을 돌아보니 다시 도모할 만한 일이 없는 데, 아직 결행하지 못한 것은 다만 한 번의 죽음일 뿐이다. "어떤 경우에든 바른 길을 택한다."는 것은 우리 유가에서 외다시피 해 온 말이다. 마음에 연연한 바가 있어서가 아니며, 두려운 바가 있어서 결행하지 못한 것도 아니다. 다만 대장부의 철석과 같은 의지로써 정녕 백번 꺾이더라도 굽히지 않는 태도가 필요할 뿐이다.24) 그는 조상 대대로 살아온 집과 많은 토지와 재산을 정리하고, 가족들을 데리고 1911년 1월 5일 망명길에 나섰다.25) 이 망명

---

22) 조동걸, 「白下 金大洛의 亡命日記(1911-1913)」, 『안동사학』 5, 안동사학회, 2000, 155쪽.
23) 「행장(行狀)」, 『석주유고』, 334~335쪽.
24) 「서사록(西徙錄)」, 『석주유고』, 269쪽.

길에서 그는 박은식의 『왕양명실기』, 양계초梁啓超의 『음빙실문집飮氷室文集』, 기독교 서적인 『성산명경聖山明經』, 단학丹學 서적인 『성명규지性命圭旨』 등을 읽었다.26) 그는 이 책들에서 많은 영향을 받았으며, 이러한 흔적은 그의 만주 생활에서 잘 드러난다.

3. 중국 망명 이후의 국권회복론

이상룡이 만주에 도착해서 맨 먼저 한 일은 처남인 백하白下 김대락金大洛과 조국이 패망한 원인에 대해 토론하고, 우리나라 역사책과 만주의 지리지를 읽은 것이었다. 그는 『숙신사肅愼史』, 『부여사夫餘史』, 『본국사』, 『고구려사』, 『신라사』, 『만주지지滿洲地誌』, 『발해사』 등을 읽었다. 이상룡의 만주 중심, 곧 단군 중심의 역사인식은 망국과 망명을 경험하면서 정립되었다. 그는 만주를 돌아다닐 때 시를 지어 단군조선과 백두산을 노래하였고, 길림성에 이르러 고구려와 발해의 옛 터전을 돌아볼 때에는 한성의 종소리를 듣는 듯한 착각에 빠지기도 했다고 한다.27) 이렇듯 이상룡이 우리 역사와 만주의 지리지를 탐독하였던 것은 망명지에서 동포들에게 자긍심을 심어 주고, 무장투쟁을 통한 국권회복을 위한 기초적인 준비였다고 보여진다.

『석주유고』에 나타나는 만주에서 이상룡의 활동은 크게 두 가지로 압축된다. 하나는 동포사회의 사회적 경제적 안정을 도모하는 자치조직의 운영이었다. 이러한 노력은 경학사耕學社의 경영으로 나타났고, 후일 부민단扶民團과 한족회韓族會로 계승되었다. 이들 단체는 남만주지역 독립운동

---

25) 위와 같음.
26) 김기승, 「해제」, 『국역 石洲遺稿』 상, 8쪽.
27) 강윤정, 「난세의 지식인 석주 이상룡의 공부」, 85~86쪽.

의 중심 역할을 담당하였다. 다른 하나는 독립전쟁을 수행할 군사력을 양성하는 상무교육을 실행하는 것이었다. 이를 위해 신흥강습소를 비롯한 많은 학교를 세우고 운영하였다. 신흥강습소는 후일 신흥무관학교로 이름이 바뀌었는데 이 학교를 졸업한 청년들은 보다 체계적인 군사훈련이 필요하였다. 이를 위하여 이상룡은 백서농장白西農庄, 마록구농장馬鹿溝農庄, 길남장吉南庄과 같은 병영을 운영하였다.28)

이상룡이 김대락·이회영·이동녕 등과 함께 설립한 경학사는 내무·농무·재무·교무 등 4개 부서를 갖추었다. 경학사는 농업·상업·공업 등의 실업활동을 통해 교민들의 생활 안정을 도모하고 교육을 통해 민지를 계발하기 위한 목적으로 조직되었다. 경학사 취지서를 살펴보면 이러한 목적이 잘 드러난다.29)

> 아! 사랑스럽구나, 한국이여! 애처럽도다, 한민이여! 피의 역사 4천년 동안 예의와 제도는 완비되었고, 기름진 땅 3천리는 동식물과 광물이 풍부하였다. 우리 아버지, 할아버지의 뇌혈腦血이 흐르는 곳이고, 우리 아들, 손자들의 명맥이 이어질 곳이니, 관계의 긴밀함을 생각하면 지키고, 방비함을 소홀히 할 수 있으랴! 뼈가 가루가 되고, 몸이 부서진다고 해도 사양하지 않을 것이다. 정수리에서 발꿈치까지 갈려 없어지는 것이라도 달게 받을 것이다. … 아! 슬프도다, 한민이여! 땅이 없는데 무엇을 먹을 것이며, 나라가 없는데 어떻게 살 것인가? 우리가 죽게 되면 어느 산에 묻힐 수 있으며, 우리 아이들이 자라면 어느 집에 살 수 있을 것인가? … 오시오, 오시오. 기러기 떼 날아가면 서풍은 드세질 것이고, 금계金鷄가 한 번 울면 동천이 밝아 올 것이다.

서간도에 독립군 기지를 건설하기 위해서는 이주 한인들의 생활이 안

---

28) 강윤정, 「난세의 지식인 석주 이상룡의 공부」, 87쪽.
29) 「경학사 취지서」, 『국역 석주유고』 상, 624~627쪽.

정되어야 했다. 당시 이주한 한인들은 여러 가지 문제를 직면하고 있었다. 첫째, 중국 당국으로부터 이주 한인들의 지위를 보장받는 문제로 이것의 해결을 위해서는 중국 민적에 입적 문제와 자치권, 교육권의 확보가 필요하였다. 둘째, 안정적인 농업 환경을 확보하여 경제적 안정을 유지하는 것이었다. 셋째, 독립운동을 주도할 청년들을 교육하고 민족의식을 고취시키는 것이었다.30) 이와 같은 교민들의 당면 문제를 해결하기 위해서 이상룡은 다방면으로 여러 가지 노력을 하였다.

먼저 중국 당국에 교민들을 민적에 편입시켜달라는 정문呈文을 유하현柳下縣 지사知事에게 보냈다. 이 정문에서 그는 한인들이 유하현 내의 가옥을 임차하고, 중국식으로 머리를 깎고 복장을 바꾸면서 고향을 그리워하는 마음을 끊었으니, 민적에 편입시켜 주기를 청하였다.31) 이상룡은 개인 차원에서 솔선하여 중국식 복장을 하고, 귀화 수속을 밟았으며 한인들이 중국 국적을 취득해야하는 이유를 설명하였다.32) 이어서 그는 또다시 유하현 지사에게 올리는 정문을 통하여 한인 이주민에게 교육이 필요함을 역설하고 신흥학교의 인가해 줄 것을 요청하였다.33) 서간도에서 이상룡은 동포들의 고충을 해결하기 위해 동분서주하였고 생활 형편 또한 어려웠다. 서간도에서 만난 어려움은 김대락에게 보낸 시에서 그 단면을 엿볼 수 있다.34)

방이 너무 추워 잠을 이루지 못하고	氷牀雪窖着眠難
늙은 나이에 추위 잘 견딘다 말하지 마소	休道頹齡善耐寒

---

30) 김정미, 『석주 이상룡의 독립운동과 사상』, 94쪽. ☞「石洲 李相龍의 獨立運動과 思想」
31) 「呈柳下縣知事請入籍文(代韓僑作)」, 『석주유고』, 172~173쪽.
32) 위와 같음.
33) 「呈柳下縣知事文」, 『석주유고』, 173~175쪽.
34) 「曉起口占示賁西丈」, 『국역 석주유고』 상, 139쪽.

긴긴 밤 온몸이 강철같이 뻣뻣하게 되었으니　　　夜久通身僵似鐵
마음인들 어찌 저만 평안하였으리오　　　　　　　天君那得獨平安

　당시 이상룡에게 만주는 낯선 민족, 생소한 풍속, 인자함이나 따뜻함을 불허不許하는 허허벌판의 매서운 추위가 맹위를 떨치는 그런 척박한 곳이었다. 이러한 곳에서 그는 이주한 망명객의 입장에서는 그것이 지니는 의미와 명분이 더욱 중요했다. 그는 만주를 단군과 고구려로 이어지는 우리의 옛 땅으로 인식하고 그곳에 엄청난 의리적 명분을 부여해야만 하였다. 그에게 만주는 한 동안 일상적인 생활의 구체성을 지닌 삶의 현장 혹은 세계로서의 현실은 배제된 채, 조국의 광복을 위해 역사적, 정치적 공간으로서의 의미를 부여하고, 동포들과 함께 미래를 준비하고자 하였다.35)

　이상룡이 서간도에서 추진한 또 한 가지 사업은 무장투쟁으로 조국의 독립을 쟁취하기 위해 젊은 청년들에게 군사교육을 시키는 것이었다. 이 상무교육尙武敎育은 1911년 6월 무렵 서간도 유하현 삼원보三源浦 추가가鄒家街에 신흥강습소를 설립하는 것으로 나타났다. 1911년 11월 18일 신흥강습소 총회가 개최되자 이 자리에 이상룡도 참석하였다. 그는 교회校會에서 직책을 연임하게 되자 학교 곁으로 거처를 옮겼다.36) 신흥강습소는 뒤에 이름을 신흥무관학교로 바꾸었는데 이 학교는 신민회 계열의 인사들이 국권상실 직후 서간도로 이주하여, 독립군을 양성하기 위해 설립되었다. 이상룡은 신흥강습소에 큰 기대를 걸고 있었는데 3·1운동 후 당시 상해에 머물고 있던 안창호에게 편지를 보냈다. 이 편지에서 이상룡은 "신흥학교에서 양성한 뛰어난 인재가 500~600명이요, 이에 버금가는 자

---

35) 정병석, 「일제강점기 경북 유림의 만주 망명일기 -『백하일기(白下日記)』와 『서사록(西徙錄)』을 중심으로」, 111~112쪽.
36) 김정미, 『석주 이상룡의 독립운동과 사상』, 131쪽. ☞「石洲 李相龍의 獨立運動과 思想」

격을 지닌 인재도 700~800명에 이른다. 새로 선발하였으나 아직 제대로 교육과 훈련을 받지 못한 학생도 부지기수이다"라고 신흥학교의 발전상을 소개하였다. 이 편지의 내용을 통해 이 무렵 이미 수많은 학생들이 신흥학교를 졸업하였음을 알 수 있다.37) 이후 신흥무관학교는 합니하哈泥河·고산자孤山子 등지로 이전하면서, 1920년 문을 닫을 때까지 10여 년 동안 독립군을 양성하였고, 배출한 졸업생만도 3,500여 명에 달한다.38)

이상룡이 서간도로 망명을 한 것은 잃어버린 나라를 되찾기 위한 것이었고, 그 방법은 무장투쟁이었다. 무장투쟁으로 나라를 되찾기 위해서는 만주 지방에 살고 있는 교민들의 생활 안정이 필요하였다. 그는 이를 위해서 경학사·부민단·한족회와 같은 자치단체 운영에 참여하였다. 무장투쟁으로 국권회복을 위한 인재양성기관으로 신흥무관학교를 설립하여 많은 인재를 길러 내기도 하였다. 이국 땅 서간도에서 그의 삶은 지금까지 경험해 보지 못한 혹독한 것이었지만 삶을 버리더라도 바른 길을 가겠다는 신념하나로 살아간 그는 유학자의 범주를 벗어날 수는 없었다.

4. 1920년 이후 좌우합작 추진과 대동사회론

이상룡은 국권회복의 방법에 있어서 의병전쟁 참여에서부터 서간도 망명 이후 신흥무관 학교 설립에 참여하기까지 무장투쟁 노선을 택하였다. 그렇지만 그도 비무장 투쟁이었던 1919년 3·1운동에 무척 고무되었다. 그는 3·1운동 실패의 원인으로 두 가지를 들었다. 첫째는 내적 역량이 충

---

37) 조문기, 「新興學校의 창설과 역사적 의의에 대한 試論」, 『충청문화연구』 7, 2011, 81쪽.
38) 한시준, 「신흥무관학교와 한국독립운동」, 『한국독립운동사연구』 제40집, 2011, 5~6쪽.

분하지 못하였고, 둘째는 시기를 잘못 판단하였다고 보았다. 내적 역량에도 두 가지로 나누어 볼 수 있으니 하나는 인재 교육과 훈련이요, 둘은 금전의 저축입니다. 시기에도 두 가지를 짚어볼 수 있으니, 우리가 돕는 시기와 저들의 형세를 틈타는 시기입니다. 오늘날 우리 내적 역량에 과연 쓸만한 인재가 있습니까, 아니면 쓸만한 재정이 있습니까? 시기라는 것도 과연 그것이 우리가 돕는 때였습니까, 아니면 저들의 형세를 틈탄 시기였습니까?39) 이상룡은 무장투쟁 노선을 취하면서 필요한 것이 인재와 재정 그리고 시기를 중요한 요소로 들었다. 이 세 가지는 전쟁을 하기 전에 반드시 점검해야하는 항목들이다.

일제강점기 거족적인 규모로 폭발한 3·1운동의 결과로 성립된 임시정부는 아직 좌우익 독립운동 세력이 확정되기 전의 일이었지만 우익계의 이승만을 대통령으로 좌익계의 이동휘를 국무총리로 한 좌우합작 정부였다고 할 수 있다. 이 좌우합작 정부가 그대로 안정되지 못하고 1920년대로 들어서면서 창조파와 개조파로 갈등을 일으킴으로써 좌우합작 정부로서 기능을 다하지는 못하였다.40) 이상룡은 독립운동에서 중요한 것을 결집된 힘이라고 보았다. 많은 사람들이 힘을 모아야 하고 지휘와 명령체계는 단일해야 한다. 이상룡은 당시 독립운동 노선이 분열된 것을 걱정하였고, 그것을 위해서 통일전선을 형성고자 하였다. 중국 북경에서 통일전선 형성을 주도하였던 박용만과 이회영은 1920년 12월 성준용成俊用을 서간도에 있는 이상룡에게 보내어 북경 군사통일촉성회의 소식을 알리고 북경으로 올 것을 촉구하였다. 이러한 요청에 따라 이상룡은 1920년 1월 11일 북경에 도착하였다.41) 이상룡은 북경 군사통일회의가 진행되고 있던

---

39) 「손영직에게 답하다(答孫永稷)」, 『국역 석주유고』 상, 446쪽.
40) 강만길, 「독립운동 과정의 좌우합작 경위」, 『21세기 인문가치포럼』 발표자료집, 안동: 한국정신문화재단, 2017. 10. 21
41) 조규태, 「北京 軍事統一會議의 組織과 活動」, 『한국독립운동사연구』 제15집,

4월 하순경 임시정부 불승인과 이승만 성토 문제가 부각되자 군사통일회의 주도세력이 임정을 불승인하고 독자적인 군사기관을 조직하는데 비판적인 태도를 보였다. 그것은 그의 개인적인 견해라기보다는 서로군정서 독판이라는 공식적인 입장에서 나온 것이었다.42) 서로군정서는 임정과 독립운동 방략의 차이를 확인하면서 무장투쟁론을 부각시키면서 임정과 노선의 차이를 분명히 하였다.43) 그러나 군사통일회의 주도 세력은 임정 전면 불승인과 독자적인 군정부 수립을 목표로 하였다. 이후 국민대표회의가 소집되었을 때 서로군정서의 공식 입장은 임정 자체를 부인하기보다는 임정 개조를 주장하였다.44) 1921년 음력 6월 북경에서 만주로 돌아온 이상룡은 서로군정서의 부독판 여준呂準, 참모장 이탁李沰, 한족회 간부 김동삼金東三, 곽문郭文 등과 함께 토론한 결과 상해 임정에서 이탈한다고 결정하였다.45)

이러한 상황에서 이상룡은 1923년 1월 상해에서 개최된 국민대표회의에 서로군정서 대표로 배천택裵天澤, 이진산李震山, 김동삼金東三 등을 파견하였다. 국민대표회의가 개최된 후 3월 5일 시국문제가 본격적으로 토론되기 시작하였다. 개조안이 제출되면서 찬·반 양론이 비등하면서 회의가 20여 일간 중단되기도 하였다. 이후 5월 11일 다시 시국 문제에 대한 토론이 제기되자 또 다시 창조파와 개조파의 격돌이 일어났다.46) 이러한 가운데 의장 김동삼, 서기 배천택, 헌법기초위원 이진산, 그리고 김형식 등은 자신들이 속해있던 서로군정서 및 한족회에서 "국민대표회의가 이미 5, 6개월 동안 분쟁이 극에 달해 소기의 목적인 통일을 도외시하는 이

2000, 11쪽.
42) 김정미,『석주 이상룡의 독립운동과 사상』, 162~163쪽.
43) 위와 같음.
44) 위와 같음.
45)「박용만에게 드리다(與朴容萬」,『국역 석주유고』상, 413~415쪽.
46) 김희곤,『中國關內韓國獨立運動團體硏究』, 知識産業社, 1995, 159~160쪽.

상 상해에 체재滯在할 필요를 인정하지 않는다"는 이유로 보내온 소환통고서를 제출하고 사임하였다.47) 이상룡은 일제의 침공으로 서간도 독립운동이 제약을 받는 가운데서 국외 무장독립운동가들의 단결과 통합의 필요성을 절감하였다. 그는 자신이 처한 서간도 지역 상황에서라기 보다는 무장투쟁을 통하여 국권을 회복하는 데 있어 굳이 좌우가 필요치 않았고, 민족해방이 우선이라는 생각이었기 때문이다.

좌우의 대립이 이렇게 심한 가운데 1925년 이상룡은 임시정부 국무령에 취임하게 된다. 그가 임시정부 국무령이 되기 전에 이승만을 탄핵하고 제2대 대통령이 된 박은식은 그 자리에 오래 있을 생각이 없었다. 적임자를 선택하여 자리를 넘겨주고 본래 모습으로 돌아갈 생각이었다.48) 박은식이 공의를 수렴하여 선택한 사람은 이상룡이었다. 박은식은 이상룡에게 두 차례 편지를 보내어 임시정부 국무령이 되어줄 것을 간곡히 부탁하였다. 현재 이 편지는 남아 있지 않지만 이상룡이 두 번째 받은 편지의 답장이 남아 있다. 이 편지에 의하면 박은식이 대중의 추대로 원수의 직책을 맡아 정국의 분규를 수습하는데 탁월한 솜씨를 발휘하였다고 칭찬하였다. 이어서 박은식에게는 신통한 포정庖丁의 신통한 칼솜씨가 있으니 서린 뿌리와 얼크러진 마디에 칼을 대 주신다면 대동통합의 효과를 거둘 것인데 겨우 1년만에 사임을 하느냐고 힐책하였다. 그리고 자신은 학문이 일천하고 정계에 대해서는 견문이 부족하여 직책을 감당하기에 부족하다고 사양하였다. 이 과정에서 임정 서북파는 만주 독립운동 세력과 이상룡에 대해 관심을 가지기 시작했다. 안창호安昌浩도 1925년 1월 이유필李裕弼과 조상섭趙尙燮에게 보낸 편지에서 "임시정부 명의를 존속하기 위해서는 백암 선생이나 기타 누구든지 백암 선생과 같지 않더라도 인애仁

---

47) 국회도서관 편, 『韓國民族運動史料(중국편)』, 1976, 316~317쪽.
48) 백암박은식선생전집편찬위원회, 「與雩南(李承晚)仁兄台鑑」, 『백암박은식전집』 제5권, 167~168쪽.

愛하는 덕이 있는 이면 만족하고 … 박은식 선생이나 이상룡 선생 같은 이를 두령頭領으로 추대하는 것이 좋을까 합니다"라고 하여 박은식과 이상룡을 추천한 바가 있었다.49) 이상룡은 독립운동에서 통합이 최우선 과제임을 명심하고 늘 그것을 이루려고 노력하였다. 그는 1925년 상해 임시정부 의정원에서 국무령으로 추대되었다.50)

이상룡이 국무령이 되어서 한 일은 독립운동 노선의 통합이었다. 그는 국무위원 임명에 남북 만주의 주요 인사들을 3부 요인에 거의 망라하였을 뿐만 아니라 독립운동 노선에서 고질병이었던 지방색을 감안하여 평안·함경도의 서북은 물론 기호와 영남 출신의 인물도 기용하여 진용을 갖추었다.51)

그러나 국무위원으로 선임된 독립운동가들이 취임을 거부함으로써 내각은 구성되지 못하였다. 이상룡이 정부 구성에 실패한 것은 상해의 복잡한 정국 구조와 함께 상해 개조파와 정의부 사이에 정국 쇄신책에 대한 이견이 있었기 때문이다. 이로써 이상룡은 임정 국무령직을 사임하게 되었고, 서간도 독립군 단체와 연합하여 임정을 강화하려던 상해 개조파의 계획은 실패로 돌아갔다.52) 이상룡은 화전현으로 돌아왔고, 이후 그는 독립운동의 일선에서 한 발짝 물러났다. 이것은 그의 나이 69세의 고령이기도 하였지만 독립운동 노선 내부의 갈등을 수습하지 못했고, 국무령으로 취임하여 성과를 거두지 못했다는 자책감에서 기인한다는 것을 알 수 있다. 그러나 이상룡은 "광복의 대사를 우리가 어찌 감히 잊으리오. 민중이 자각하고 운이 도래하는 시기가 오면 수치스러운 뜻을 씻고 나쁜 생각을 호미질할 것이다"라고 하였다.53) 이러한 점에서 볼 때 그가 독립운동에

---

49) 독립기념관 한국독립운동사연구소, 『島山安昌浩資料集』 3, 1992, 206~208쪽
50) 국회도서관 편, 『韓國民族運動史料(중국편)』, 571~572쪽.
51) 박영석, 「石洲 李相龍 硏究 -臨政 國務領 選任 背景을 中心으로」, 141~150쪽.
52) 윤대원, 「국민대표회의 이후 개조파의 정국 쇄신운동과 국무령제의 성립」, 『역사연구』 7, 2000, 321~322쪽.

서 자신의 역할을 포기한 것은 아니었다는 것을 볼 수 있다.

이상룡은 1920년대 사회주의 이론에 대한 관심을 보였다. 그는 만년에 「광의廣義」라는 인류 역사 발전과정을 서술한 저술을 남겼다.54) 이 「광의」에서 그는 식민지 조선이 나아가야 하고, 인류 전체가 궁극적으로 도달해야 할 이상적인 대동사회를 제시하고 있다. 그런데 이상룡은 사회주의 사상을 이 대동사상과 접맥시켜 이해하였다. 「광의」는 '대도지행야大道之行也'와 '천하위공天下爲公'으로 구성되어있다. 먼저 '대도지행야'에서는 대도를 설명하고 마르크스의 이론을 소개하였다. 그는 '대도大道를 대동大同의 도'라고 하였다. "하늘이 사람을 낼 때 본래 평등하였으나 불평등이 생긴 것은 사람이 그렇게 한 것이다. 대개 세계에 인류가 생긴 후부터 경쟁이 없을 수 없다. 경쟁이 있으면 강자와 약자가 있고, 경쟁이 있으면 승패가 없을 수 없다. 강하여 승리한 자는 행복을 얻고, 약하여 패한 자는 그 행복을 잃으니 이것은 대개 자연의 이치라 피할 수 없는 것이다."라고 하여 사회진화론을 설명하였다.55) 프랑스의 학자 루소의 정치학설은 '국민 최대 다수의 최대 행복'일 따름이니 이것은 곧 공자의 '대동지도大同之道'이다.56) 그는 인류 역사를 통치자의 성격에 따라 다군지세多君之世·일군지세一君之世, 민주지세民主之世로 나누었다. 다군지세는 추장시대酋長時代와 봉건·세경시대世卿時代로 구분하였다. 두 번째 단계 일군시대는 군주전제시대와 입헌군주시대로 나누어 보았다. 이 시기는 『춘추春秋』에 이른바 승평昇平과 「예운禮運」의 소강小康의 시기를 일컫는 것이다. 입헌군주시대는 군권君權이 유한하고, 민기民氣가 점차 강해지니 태평대동지복太平大同之福은 아직 이르지 못한 시기이다.57) 세 번째 계는 민주지세를 들었

---

53) 「도연명의 귀거래사에 화운하다(화도연명귀거래사)」, 『국역 석주유고』 상, 259~261쪽.
54) 「광의(廣義)」, 『석주유고』 후집, 472~480쪽.
55) 「광의(廣義)」, 『석주유고』 후집, 472쪽.
56) 위와 같음.

는데 이 시기도 총통시대總統時代와 무총통시대로 나누어 보았다. 총통시대는 미국이 모범적으로 대통령제를 실시하고 있으며, 중국도 수 천년 전제 시대에서 민정으로 바뀌었다고 하였다. 두 번째 시기인 무총통시대로 러시아의 노농정부勞農政府를 들었다. 이상룡은 러시아의 노농정부를『춘추』의 태평세에 가까운 것으로 보았다.58) 이상룡은 대동지도가 이루어지기 위해서는 토지와 자본의 공유가 선행되어야 한다고 보았다.59) 이상룡은 해방된 조선을 비롯하여 모든 국가와 민족이 궁극적으로는 대동세의 단계로 나아가야 하는데 러시아 혁명을 통하여 그 가능성을 확인하였다.60)

이상룡은 이러한 이론을 제시한 중국의 캉유웨이康有爲를 높게 평가하였다. 그는 캉유웨이를 만나지 못한 것을 이렇게 아쉬워했다. "과거에 나는 상해에 갈 일이 있었는데, 상해와 남해의 거리는 기차로 하루 정도의 거리이다. 그 문하에 나아가 질정하고자 생각했으나 끝내 공무에 얽매여 갈 겨를이 없었다. 그 뒤에 갑자기 고인이 되었다는 소식을 들었으니, 같은 세상에 태어나 교류하고 싶었으나 기회를 잃어버려 특별히 한스럽다."61)라고 하였다.

이것은 1925년 9월 이상룡이 임시정부 국무령에 취임하기 위하여 상해에 가면서 광동성 남해에 살고 있는 강유위를 만나 학문을 논하고자 했으나 여의치 못했고, 1927년 캉유웨이가 세상을 떠나 만나지 못한 아쉬움을 토로하는 글이다.62)

이상룡의 학문적 출발점은 정통 성리학을 근간으로 하는 유교였다. 그

---

57)「광의(廣義)」,『석주유고』후집, 473~477쪽.
58) 위와 같음.
59)「광의(廣義)」,『석주유고』후집, 479~480쪽.
60) 김정미,『석주 이상룡의 독립운동과 사상』, 199쪽.
61)「공교미지(孔敎微旨)」,『석주유고』후집, 580쪽.
62) 임종진,「석주 이상룡의 공교미지(孔敎微旨)에 대한 분석」, 385쪽.

러나 그는 성리학적 유교의 한계점을 그가 몸담고 있는 현실 속에서 절감하면서 50에 가까운 중년에 이르러 사유의 일대 혁신을 추구하게 되었다. 그 결과, 그는 성리학적 세계관에서 벗어나서 서양사상과 과학에 대한 연구, 나아가서 사회주의 사상까지도 수용하는, 우리의 근현대사 속에서 보기 드문 폭넓은 사상적·학문적 소양을 갖춘 인물이 되었다. 무엇보다도 높게 평가할만한 점은 그의 이러한 사상적 변화가 구한말에서 일제강점기에 이르는 시기 동안 민족사의 일선에서 항상 실천을 수반하면서 일생 동안 진행되었다는 데 있다.63)

5. 맺음말

이상룡은 경상도 안동군 법흥동에서 고성이씨 집안의 종손으로 태어났다. 그는 영남 지방 명문가의 종손으로 지역의 유력한 가문과 통혼을 형성하였고, 퇴계 학맥을 계승함으로써 성리학적 소양을 쌓으면서 자라났다. 성리학적 가치 체계 속에서 자라난 그는 서구 세력의 등장으로 사회가 혼란에 빠지자 그 원인을 예교禮敎 질서가 무너졌기 때문이라고 생각하였다. 예교를 바로 세우기 위해서 그는 의병전쟁에 가담하였다. 그는 의병들이 근대 무기로 무장한 서구 세력을 이길 수 없다는 것을 느꼈다. 그리고는 서구 세력의 실체를 알기 위해 서양 학문과 철학 서적들을 탐독하였다. 그 결과 나라를 움직이는 데 있어 중요한 것이 단체 활동이라는 것을 깨닫고 계몽운동에 투신하여 대한협회 안동지회장으로서 민지民智 계발에 헌신하였다. 그의 이러한 노력에도 불구하고 1910년 일본에게 국권을 상실하는 참변을 당하자 그는 더 이상 국내에서는 국권회복운동

---

63) 임종진, 「석주 이상룡의 공교미지(孔敎微旨)에 대한 분석」, 377쪽.

을 전개할 수 없다는 판단으로 가족들을 이끌고 만주 서간도로 망명을 단행하였다.

　서간도에서 이상룡은 독립을 쟁취하기 위해서 두 가지 방면에 힘을 기울였다. 그 하나는 교민사회 자치조직의 안정을 도모하는 것이었다. 교민의 안정된 생활을 위하여 경학사, 부민단, 한족회와 같은 자치단체를 운영하였다. 그는 교민을 대표하여 유하현 지사에게 정문을 올려 중국 민적에 편입시켜 줄 것을 청하였고, 교민 자녀들 교육을 위하여 학교를 인가해 줄 것을 요청하였다. 또 다른 하나는 독립을 쟁취하기 위해서 청년들에게 상무교육을 시키는 것이었다. 교민 자녀의 교육과 군사훈련을 시키기 위하여 이상룡은 신민회 동지들과 신흥무관학교를 설립하였다. 졸업생들의 훈련을 심화시키기 위하여 백서농장, 마록구농장, 길남장과 같은 병영을 운영하였다.

　이상룡은 당시 중국 지역 독립운동 노선이 분열되어있는 것을 보고, 통합을 위하여 노력하였다. 왜냐하면 식민지로부터 독립하는데 단합된 힘이 무엇보다고 중요하였기 때문이다. 그런 까닭에 좌익과 우익을 묻지 않고 통일전선을 형성하는데 심혈을 기우렸다. 이를 위하여 그는 1921년 북경 군사촉성회에 참석하기도 하였고, 1923년 상해 임시정부에서 주관한 국민대표회의에 사람을 보내기도 하였다. 이러한 그의 노력으로 인하여 그는 1925년 임시정부 국무령으로 추대되었다. 국무령이 취임한 그는 좌우를 막론하고, 지역색을 고려하지 않고 폭넓은 내각을 구성하였다. 그러나 국무위원들 가운데는 그와 생각과 노선이 다른 사람들이 있어 취임을 하지 않는 사람들이 있었다. 이상룡은 1920년대 사회주의 사상을 접하게 되자 긍정적으로 해석하고, 그것을 유교의 이상사회인 대동사회와 연결시켰다. 사회주의의 무계급과 사상과 토지와 주요 시설의 국유화는 유교의 대동사상과 합치하는 것이었다. 만년에 그는 이 대동사상과 공산주의 사상이 인류의 미래를 밝혀줄 대안으로 생각하였다.

김대락의 현실인식과 대응

1. 머리말

 한말까지 지식인들에게 유교적 가치관은 절대적인 영향력을 미치고 있었다. 특히 주자에 의해서 집대성된 성리학은 국가와 사회를 지도하는 이념으로 자리매김되었다. 유교로 자신을 성찰하고 세계를 통찰하였던 지식인들에게 성리학은 절대 불변의 법칙으로 변하지 않을 것 같았다. 이러한 성리학적인 가치체계는 19세기 후반 서구 세력의 등장으로 큰 혼선을 맞게 되었다. 서구 세력은 지금까지 조선의 유학자들이 전혀 접해 본 적이 없는 새로운 문명과 가치체계를 가지고 있었다. 놀랍고도 충격적인 서구 문명의 위력 앞에 조선사회는 맥없이 무너져 내렸다.
 서구 문명의 등장으로 혼란에 빠진 조선 유림의 대응은 크게 세 가지 갈래로 나타났다. 이들 가운데 서구 문명을 거부하는 부류를 위정척사파라 하고, 제한적으로 받아들여야 한다는 입장을 온건개화파 또는 동도기론자라고 하며, 적극적으로 수용해야한다고 주장하는 사람들을 개화파라고 한다. 그 과정에서 유교계는 서구에 비해 뒤진 현실을 인정하지 않을 수 없었고, 위기에 처한 국권을 수호하기 위하여 여러 가지 노력을 하였다. 그 노력은 왕권을 회복하려는 복고적인 움직임도 있었으며, 근대를 지향하는 모습으로 나타나기도 하였다. 이와는 반대로 식민지 지배권력과 타협하여 친일파로 전락하여 일신의 영달을 추구하는 부류도 있었다.[1] 유교계는 근대 사회에 적응하고, 현실을 극복하기 위해 여러 가지 방면에서 자기혁신을 위한 노력을 하였다.
 서구 세력을 거부한 이른바 위정척사 계열과 그것을 수용하여 근대화

---

[1] 琴章泰, 『한국근대의 유학사상』 증보판, 서울대학교출판부, 1999, 5쪽.

를 지향해야 한다는 계몽주의자들 가운데는 서로 반목하는 현상도 있었다.2) 의병전쟁에 참여하였던 유림과 계몽주의자가 통합되는 모습은 3·1운동 이후에 나타나지만 그 이전 이른바 혁신유림에게서 그 단초를 찾을 수 있다. 혁신유림이란 시대의 흐름에 개방적이고 개혁적인 성향을 가진 새로운 유학자의 모습이라고 할 수 있다. 유학자라는 점에서 보면 보수적이지만, 시대의 흐름에 적극적으로 변화하였다는 점에서 보면 혁신적이고 진보적이었다. 혁신유림은 결코 척사적斥邪的인 보수 유림들을 비판하고, 새롭게 출현한 유림 세력이 아니다. 그들은 바로 구시대의 보수 논리에서 시작하였던 보수 유림이 스스로의 자각을 통하여 계몽운동이라는 또 다른 방식의 구국救國전선에 뛰어든 경우를 말한다.3)

서울과 연계를 가지고 활동하였던 안동 사회 혁신유림의 대표적인 사람으로는 석주石州 이상룡李相龍, 백하白下 김대락金大洛, 동산東山 류인식柳寅植, 일송一松 김동삼金東三 등을 들 수 있다.

이들 중에서 김대락金大洛(1845~1914)은 다른 사람들에 비해서 지금까지 주목받지 못하였다. 왜냐하면 그는 1910년 국권을 상실할 당시 이미 나이 66세의 고령이었기 때문에 실질적으로 독립운동 일선에서 활약할 수가 없었기 때문이다. 그럼에도 불구하고 그는 1910년 12월 노구를 이끌고 가족, 친지들과 함께 만주 망명의 길을 택하였다. 그는 만주 망명 이후 자신의 집안과 교민 사회의 정황을 알 수 있는 『백하일기白下日記』라는 기록을 남겨 오늘날 당시 상황을 이해하는 데 많은 도움을 주고 있다. 지금까지 김대락과 『백하일기白下日記』에 관한 연구성과를 점검해 보면 이

---

2) 조동걸, 「안동역사의 유교성향」, 『우사 조동걸 저술전집』 제12권, 역사공간, 2012, 107쪽.
3) 정병석, 「일제강점기 경북 유림의 만주 망명일기에 보이는 현실인식과 대응 -『白下日記』와 『西征錄』을 중심으로 -」, 『민족문화논총』 58, 영남대학교 민족문화연구소, 2014, 92쪽.

렇다.4)

　김대락에 대한 연구는 1979년 김용직의 「분통가憤痛歌」의 「해제」에서 시작되었다.5) 김용직은 김대락이 만주에 정착한 이후 망국의 한과 독립에 대한 염원을 담아 지었던 「분통가」에 나타난 항일의식과 그 의미를 조명하였다. 그는 「분통가」의 의미를 이렇게 평가하였다. "「분통가」는 한 개인의 정서로 창작된 작품은 아니다. 그것은 식민지 체제에서 신음하는 우리 민족의 생각을 읊어낸 작품이다."라고 그 의미를 부여하였다.6) 조동

---

4) 김용직, 「해제 : 「憤痛歌」의 의미와 의식」, 『한국학보』 5-2, 일지사, 1979.
　　조동걸, 「백하 김대락의 망명일기(1911-1913)」, 『안동사학』 5, 안동사학회, 2000.
　　＿＿＿, 「대한제국의 종말과 서간도 망명」, 『안동역사의 유교적 성향』, 우사 조동걸 저술전집 제12권, 역사공간, 2010.
　　＿＿＿, 「백하 김대락의 망명일기(1911~1913)와 분통가」, 『우사 조동걸 저술전집』 제12권, 역사공간, 2010.
　　강윤정, 「백하 김대락의 민족운동과 그 성격」, 『백범과 민족운동 연구』, 백범학술원, 2009.
　　＿＿＿, 「해제」, 『국역 백하일기』, 안동독립운동기념관 편, 2011.
　　김명균, 「白下 詩 연구」, 『경북인의 만주지역 항일투쟁사 연구』, 경북유림 만주망명 100주년 및 개관 4주년 기념학술회의 자료집, 안동독립운동기념관, 2011.
　　김윤규, 「20세기 초 만주 망명지식인 漢詩의 문학사적 성격 - 『백하일기』 소재 시의 경우」, 『국어교육연구』, 국어교육학회, 2012.
　　고순희, 「일제강점기 만주 망명지 가사문학」, 『한국고전시가연구』 27, 한국고전시가문학회, 2011.
　　＿＿＿, 「만주 망명가사와 디아스포라」, 『한국시가연구』 30, 한국시가학회, 2011.
　　＿＿＿, 「만주 망명가사의 작품세계와 미학적 특질」, 『한국고전여성문학연구』 25, 한국고전여성문학회, 2012.
　　한경희, 「백하 김대락의 일상기록『백하일기』 고찰」, 『한국지역문학연구』 3, 한국지역문학회, 2013.
　　정병석, 앞의 논문, 「일제강점기 경북 유림의 만주 망명일기에 보이는 현실인식과 대응 - 『白下日記』와 『西征錄』을 중심으로 -」.
　　전설련, 「『白下日記』의 서술방식과 그 문학적 성격」, 경북대학교 대학원 국어국문학과 석사학위논문, 2015.
5) 김용직, 앞의 해제, 221쪽.

걸은 『백하일기』를 분석한 논문에서 김대락의 가계와 친인척의 관계를 설명하고, 사상적 변화 과정을 추적하였다. 그리고 기존에 학계에서 밝혀지지 않았던 경학사에서 부민단으로 전환되는 과정에 공리회가 있었다는 사실 등을 새롭게 밝혔다.[7] 정병석 또한 『백하일기』를 통하여 김대락을 혁신유림으로 평가하면서 그의 개방적이고, 개혁적인 성향을 조명하였다. 강윤정은 김대락 민족운동의 성격을 밝히는 논문과 『백하일기』 국역본 해제에서 그의 구국활동상과 현실인식을 고찰하면서 연구의 필요성을 제기하였다.[8]

한편 문학계의 연구를 살펴보면 다음과 같다. 김명균은 『백하일기』에 수록된 한시 분석에서 그 특징을 망국의 신민으로서 감내해야만 했던 향수와 회한이 많은 부분을 차지한다고 하였다. 뿐만 아니라 김대락의 한시에는 유학자의 입장에서 국권을 회복할 주체로서 후학들을 격려하고, 독립을 염원하는 희망 또한 담겨 있었다고 한다.[9] 김윤규 또한 김대락의 한시 연구를 통하여 그의 한시를 이렇게 설명한다. 김대락의 한시는 광복에 대한 굳은 의지와 가족에 대한 애정과 낯선 환경 변화에 적응하는 모습 등과 노쇠로 인한 무력감 등이 잘 나타난 것이 특징이라고 한다. 고순희는 만주 망명가사를 분석한 일련의 연구에서 「분통가」를 독립투쟁과 탈식민을 위한 망명객의 회한이 잘 드러난 작품으로 평가하였다.[10] 한경희는 『백하일기』를 내용면에서는 망명문학으로, 형식면에서는 일기문학으로 분류하고, 여행일기로서의 문학성을 고찰하였다. 그는 낯선 이국에서 일상을 기록한 『백하일기』를 통하여 망명일기의 문학적 특징을 엿볼 수

---

6) 위와 같음.
7) 조동걸, 앞의 논문, 「대한제국의 종말과 서간도 망명」, 『안동역사의 유교적 성향』, 우사 조동걸 저술전집 제12권.
8) 강윤정, 앞의 해제.
9) 김명균, 앞의 논문.
10) 고순희, 앞의 논문.

있다고 하였다.11)

    이러한 연구성과에도 불구하고 김대락 연구는 이제 시작 단계에 있다. 필자는 이러한 연구성과를 바탕으로 한 노년의 유학자가 망국의 현실을 어떻게 수용하였으며, 왜 망명을 선택할 수 밖에 없었는가를 살펴보고자 한다. 나아가서 70살을 바라보는 김대락이 독립운동 방략을 전환하게 되는 계기가 무엇인가를 점검하고, 그가 궁극적으로 추구하였던 것은 어떤 세상이었는지를 살펴보고자 한다.

2. 만주 망명과 독립투쟁의 기록

    김대락은 1845년 안동시 임하면 천전리에서 부친 우파愚坡 김진린金鎭麟과 모친 함양 박씨 사이에서 장남으로 태어났다. 그는 자를 중언中彦, 호를 비서賁西라 하였는데 후일 백두산 아래 산다는 뜻으로 백하白下라는 별호를 사용하였다. 그의 부친은 1825년 김헌수金憲壽의 아들로 태어났으나 백부인 김억수金億壽에게 양자로 입후되었다.12) 김진린은 1886년 금부도사로 임명되었기 때문에 마을에서는 이 집을 도사댁이라 불렀다고 하며, 당시 이 집안의 가세를 살펴볼 수 있는 자료로 호구단자 4점이 남아 있다. 김진린의 나이 43세 되던 해 호구단자를 살펴보면 솔거와 외거노비를 합쳐서 30여 명이 있었으며, 이 노비들은 일직·선산·풍기·순흥 등에 거주하였다고 하며 가세가 비교적 넉넉한 집안이었다고 한다.13) 김대락의 형제는 모두 4남 3녀로 김효락金孝洛(1849~1904), 김소락金紹洛(1851~1929), 김우락金于洛(1854~1933), 김정락金呈洛(1857~1881), 김순락金順洛 :

---

11) 한경희, 앞의 논문.
12) 강윤정, 앞의 해제, 1쪽.
13) 위와 같음.

1860~1937), 김락金洛 등 남동생 3명과 여동생 3명을 두었다.14) 이들 가운데 김우락은 임시정부 국무령을 역임하였던 이상룡李相龍에게 시집을 갔고, 김락은 파리장서운동의 선봉에 섰던 이중업李中業에게 시집을 갔다. 김락은 예안지역 3·1운동을 주도하고 일제의 고문으로 두 눈을 실명하고, 남편인 이중업과 두 자식들의 옥바라지를 한 여성독립운동가였다.15)

　김대락은 두 명의 부인을 두었는데 첫 번째 부인은 여강이씨로 이들 사이에 맏아들 김명식金明植을 두었다. 여강이씨는 1864년 명식이 태어나던 해 세상을 떠났고, 둘째 부인은 안동권씨였는데 그 사이에서 형식衡植과 딸 하나를 두었다. 명식은 1902년 세상을 떠났고, 형식은 김대락을 따라 만주로 망명하였다. 그의 손자인 창로와 정로, 종손자인 문로와 성로 또한 김대락을 따라 망명하였다. 김대락의 사승관계師承關係에 대해서는 정확하게 알려진 것이 없다. 다만 서산 김흥락 문하에서 수학하였다는 것이 『서산집』에 전하고,16) 『백하일기』 가운데 꿈에 스승인 서산을 만났다17)는 내용이 있어 김흥락에게 학문을 수학하였음을 알 수 있다. 김대락은 왜 70살을 바라보는 나이에 조상 대대로 살아오던 고향의 정든 친척들과 문전옥답을 버리고, 매서운 바람이 몰아치는 허허벌판 만주로 망명을 떠나야했을까? 김대락은 전통 유가의 후예로서 유교의 정신인 의를 지키기 위해서는 삶을 버리고 의를 택한다는 사생취의捨生取義 정신을 지키고자 하였다. 비록 나라는 망했어도 국혼을 지켜야한다는 의리를 지키고, 반드시 국권을 회복해야한다18)는 사명감에서 단군의 영토인 고구려

---

14) 위와 같음.
15) 김윤희, 「안동의 여성독립운동가 김락의 가사 「유산일록」에 대한 고찰」, 『한국문학과 예술』 Vol 22, 숭실대학교 한국문학과예술연구소, 2017.
16) 『西山全集』, 西山全集刊行會, 1982, 625쪽.
17) 앞의 책, 『白下日記』, 1911년 3월, 10일.
18) 앞의 책, 「백하에서 타관살이 하면서 읊다(白下僑居吟)」, 『백하일기(白下日記)』, 308~312쪽.

땅으로 망명의 길을 떠났다. 김대락 일가의 망명은 사전에 치밀하게 준비된 것이었고, 그의 매부인 석주 이상룡의 영향이 컸었다. 김대락은 같은 위정척사의 노선을 걷던 매부인 이상룡이 의병전쟁의 실패를 경험한 이후 애국계몽운동가로 변신하여 협동학교를 지원하고 나서자 이 영향을 받았다.19)

이 협동학교에 서울 신민회 회원이었던 이관직 등이 교원으로 참여하고 있었다. 신민회는 1905년 을사늑약이 체결된 이후 서북간도 지역에 무관학교를 설립하고 독립군 기지를 창건할 계획을 가지고 있었다. 신민회는 기회가 되어 독립전쟁을 일으켜 독립군이 국내에 진공하려면 내외에서 호응하여 일거에 일본 제국주의를 물리치고 실력으로 국권을 회복할 준비를 하려 하였다. 당시 이미 서북간도와 노령 연해주에는 1860년대부터 한인들의 이주가 시작되어 1910년경에는 약 50만에서 100만 정도의 한인이 이주하여 있었다.20) 이 지방의 한인 거주 지역은 국내외 국권회복운동의 기지가 되어있었으며 신민회는 이 지역을 매우 중요시하고 있었다. 김대락과 이상룡은 1910년 국권이 상실되기 이전에 벌써 신민회 회원들이 추진하고 있었던 망명계획을 듣고 있었다. 이 무렵 주진수·황만영 등이 이상룡에게 와서 신민회의 망명계획을 알리며 망명자 모집을 이야기하였다. 이상룡을 비롯한 안동 유림들도 서간도 행을 결심하게 되었고 김대락이 살고 있던 내앞 마을도 여기에 호응하여 망명이 이루어지게 되었다.21) 김대락은 이 기막힌 망명생활을 기록으로 남겨야했다. 왜냐하면 그 기록은 후세 역사가들이 고난에 찬 자신의 세대들이 겪어야 했던

---

19) 김순석, 2018, 「석주 이상룡의 현실인식과 대응방략의 변화」, 『한국민족운동사연구』 94, 43~51쪽.
20) 신용하, 1977, 「신민회 창건과 그 국권회복운동(하)」, 『한국학보』 3권 4호, 일지사, 155쪽.
21) 조동걸, 앞의 책, 「대한제국의 종말과 서간도 망명」, 『안동역사의 유교적 성향』, 117쪽.

삶을 후손들이 알아야하고, 다시는 그런 아픈 역사가 되풀이 되어서는 안된다고 생각했기 때문이다.22) 김대락은 고향을 떠난 직후인 1911년 1월 6일부터 1913년 12월 30일까지 매일 일기를 기록하였는데 그것이 『백하일기』이다. 이 일기는 1911년 부분을 『서정록西征錄』이라 하고, 1912년 기록을 『임자록壬子錄』, 1913년 일기를 『계축록癸丑錄』이라 하여 각기 제목이 있으나 통상 그의 호를 따서 『백하일기』로 부른다. 이 일기에는 날씨, 제사, 꿈, 식사관계, 가족의 안녕, 방문 내왕자, 특기사항 등을 기재하였다. 김대락은 일기를 쓴 목적을 1912년「보망록자서補忘錄自序」에 이렇게 표현하였다.

> 한 번 서쪽으로 건너온 다음에는 이륜彛倫이 끊기어 골육이 흩어지며, 먹고사는 일에 눈이 어두워 천지의 자리가 바뀌었다. 당여黨與가 끊어지고 이웃이 달라 해괴하고 놀랍지 않은 것이 없고, 이목이 닿는 것마다 생전 처음 보는 것들이었다. 만일 소홀하게 여겨 지나쳐 버리고 또 이미 지나간 전철을 밟는다면 때가 바뀌고 일이 지난 뒤에는 마치 모래바람에 기러기 발자국처럼 흔적도 없이 사라질 것이다. … 이에 출발하던 날부터 날마다 기록하여 크건 작건 빠뜨리지 않고, 이미 잊은 것은 더듬어 의심해 볼 여지를 두고 잊어버릴 수 있는 것은 잊어버리지 않도록 발자취를 남겼다. … 아! 슬프다. 훗날 나를 제대로 아는 자는 또한 잊어버리는 것이 대비한 기록 바깥에서 잊어버리는 데 대비한 뜻을 알 수 있을 것이다.23)

김대락 일행은 만삭의 몸이었던 손자 며느리와 손녀 딸과 함께 1910년 12월 24일 추운 겨울날 고향 안동 내앞 마을을 떠나서 서울에 들렀다. 이 과정에서 만주행을 주선하던 주진수朱鎭壽가 경무청에 체포되는 까닭에

---

22) 앞의 책,「보망록자서(補忘錄自序)」,『백하일기』.
23) 위와 같음.

잠시 지체되었다.24) 다음 해 1월 6일 의주행 기차를 타고 떠났다25) 이들의 최종 목적지는 유하현柳河縣 삼원포三源浦였지만 중간 기착지는 회인현懷仁縣(지금은 桓因縣으로 지명이 바뀜) 항도촌恒道村(지금은 橫道川)이었다.26) 이 지역은 고구려 발상지로 이들의 망명 이전에도 조선족이 살고 있었다. 김대락 가족이 서간도 유하현 횡도천에 정착한 것은 1911년 1월 말경이었으나 뒤에 출발한 매부 이상룡 일행이 도착하여 합류한 것은 3월 말경으로 보인다.27) 이들이 유하현에 정착하기까지 여러 곳을 전전하였으며, 청인의 핍박을 받아 이사를 하는 모습이 보인다.

고향을 떠나면서 어쩌면 살아서는 돌아올 수 없을지도 모른다는 결연한 생각으로 떠나는 그 길은 가까운 일가친척들이 동행하였다. 왜 하필 추운 겨울에 그것도 만삭의 임산부를 둘씩이나 데리고 그 멀고 험난한 망명길에 나섰을까? 이 점에 대해서 조동걸은 이렇게 추정하였다. "경술국치로 조국이 일본 식민지가 되었으므로 분만할 신생아가 일본 신민으로 태어나는 것에 대하여 강한 거부감을 가지고 있었던 것 같다"라고 하였다. 김대락은 증손자가 태어나는 정황을 『백하일기』에 이렇게 기록하였다.

> 부기가 도리어 심해져 앓는 소리가 창밖까지 들린다. 잔약하고 가여운 정상을 말로 다할 수 없다. 그 시어머니는 머리를 감고 삼신에게 비는데 손이 얼어 터졌다. 가엾고 안타깝기 그지없다. 비로소 집을 떠난 데 대한 후회가 드나, 다시 돌이킬 수 없는 일이다. 한스럽고, 한스럽다.28)

---

24) 『국역 石洲遺稿』, 2008, 안동독립기념관, 17쪽.
25) 앞의 책, 『백하일기』, 1911년 1월 6일.
26) 조동걸, 앞의 책, 「대한제국의 종말과 서간도 망명」, 『안동역사의 유교적 성향』, 119쪽. 懷仁縣 恒道村은 지금 환인현(桓因縣) 횡도천(橫道川)으로 혼강(渾江) 변에 위치하며, 고구려 건국 설화에 나오는 비류수(沸流水)라고 한다.
27) 앞의 책, 「西徙錄」, 『국역 石洲遺稿』 하, 1911년 3월 25일, 47쪽.

김대락은 『백하일기』 2월 4일자에 새로 태어난 증손자의 살펴보고 아명을 쾌당快唐(본명 김시홍)이라고 지었다.29) 그 까닭을 "대당大唐에서 태어나 기대하던 바에 쾌히 부응하였다"라고 하였다. 뿐만 아니라 외증손의 이름을 처음에는 일몽馹蒙(본명 황재호)이라 하였는데 그 이유를 "지난번에 천리마 꿈을 꾼 적이 있고, 이곳이 고구려 고주몽高朱蒙이 창업한 곳이었기 때문"이라고 하였다.30) 그 다음 날 기몽麒蒙으로 바꾸었는데 그 사연인즉 주몽이 하늘에 조회하던 날 항상 기린마麒麟馬를 타고 다녔기 때문이라고 한다.31)

김대락 일행은 망명 초기에 서간도 유하현에 정착하기까지 많은 시련을 겪었다. 먼저 추운 날씨와 낯선 환경에서 오는 생소함 때문에 곤혹스러움을 감내해야 하였다, 추운 지역으로 이사를 오면서 침구를 제대로 챙겨오지 못해 추위에 떨어야 했다.32) 손자 며느리의 출산 직전에 몸을 보양할 방법이 없어 남의 닭 한 마리를 염치 불구하고 훔쳐서 삶아 먹였다고 한다.33) 그 후에 술과 음식을 장만하여 서낭당에 가서 백배고사百拜告辭를 한 후에 기진하여 집으로 돌아온 순간 막 태어난 증손자의 울음소리를 듣고 안도하는 모습에서 삶의 여러 고비에서 희비가 교차함을 알 수 있다. 이 기쁜 소식을 고향에 알릴 수 없어 안타까워하는 모습에서 망명객의 비애를 느끼고 있음이 나타난다.34)

김대락은 이국 땅에서 현지인에게 사기를 당하는가 하면 기후 변화에 익숙치 않아 폐농廢農을 당하는가 하면 풍토병의 만연으로 온 가족이 고

---

28) 앞의 책, 『백하일기』, 1911년 1월 30일.
29) 앞의 책, 『백하일기』, 1911년 2월 27일.
30) 위와 같음.
31) 앞의 책, 『백하일기』, 1911년 2월 27일.
32) 앞의 책, 『백하일기』, 1911년 1월 27일.
33) 앞의 책, 『백하일기』, 1911년 2월 2일.
34) 위와 같음.

생하는 안타까움을 겪어야 했다. 게다가 손자와 친척들이 청국 풍속에 적응하기 위하여 호복胡服과 변발을 하지 않을 수 없었으며, 비적의 횡행으로 공포에 떨어야 했다. 지금부터 이들이 서간도 현지에서 어떤 어려움을 겪었는지 살펴보자.

> 둘째 아이가 분가하려고 유劉씨 성을 가진 사람에게 집을 세내어 선급금 3원을 주었다. 다만 아궁이를 아직 완성하지 못하였다고 석 달을 끌며 이런저런 탈을 잡더니 마침내 입주를 허락하지 않는다. 요컨대 속여서 재물만 취하고 자신만 이득을 보자는 계략일 뿐이다.35)

위에서 말하는 둘째 아이는 김형식金衡植을 가리킨다. 김형식은 유劉씨 성을 가진 사람의 집에 세를 들려고 선급금 3원을 지불하였으나, 집주인이 변심하여 입주를 못하고, 결국 돈을 떼이게 되었다. 이러한 상황에서 김대락은 손자가 학교에서 머리를 땋고 청인 복색으로 돌아오자 "이런 모양을 하고 무슨 낯으로 고향으로 돌아갈꼬? 한탄스럽기 그지없다.36)"라고 탄식하였다. 더구나 그토록 믿고 의지해왔던 매부인 이상룡이 청나라 순경국巡警局에 가려고 마지못해 청나라 복색과 변발을 하고 나타나자 백수白首의 신선 같던 풍채에 옛 모습이 전혀 없다고 탄식한다.37) 김대락은 언젠가는 국권을 회복하여 고향으로 돌아가리라는 막연한 희망을 가지고 있었다. 그 희망은 실현되리라고 확신하기보다는 그렇게 되어야만 된다는 당위에 가까운 것이었다. 그에게는 아직도 위정척사 계열의 보수적인 경향이 강하게 남아 있음을 엿볼 수 있는 대목이다. 김대락은 자신을 소중화 문명국 후손으로서 청국 오랑캐의 풍속을 따를 수 없다는 생각이

---

35) 앞의 책, 『백하일기』, 1911년 8월 9일.
36) 앞의 책, 『백하일기』, 1911년 5월 13일.
37) 앞의 책, 『백하일기』, 1911년 6월 5일.

강하였다. 지금 어쩔 수 없이 만주 땅으로 망명을 와서 살지만 이곳은 먼 옛날 우리 선조들이 건국의 터를 잡은 곳이다. 지금은 청나라의 영토가 되어있지만 풍속마저 청나라를 따라서는 안된다는 생각이었지만 현실은 냉엄하였다. 청나라는 조선인들은 물론이고 모든 소수 민족들에게 그 민족의 풍속과 관습을 인정하지만 복식과 변발만은 청나라식으로 할 것을 강요하였다.38) 상황이 이렇게 되자 만주로 망명하였던 한인들은 변발을 하고 호복을 착용하면서 현지에 적응하려고 노력하였다. 이러한 모습은 만주 지역 한인사회 교민 지도자 가운데 한 사람이었던 이상룡이 유하현 지사에게 제출한 정문呈文에 이렇게 나타난다.

> 그리하여 본 현縣의 경내에 가옥을 임차하고, 머리를 깎고 복장을 바꾸면서 먼저 고향을 그리워하는 마음을 끊고, 이어서 민적民籍에 들기를 청하였는데 현조縣照(현에서 발급하는 공문서)를 받기에 이른 자는 몇 명이었습니다. 그때 미처 현조를 받지 못한 자들이 다시 지난 봄에 일제히 명단을 제출하고 겸하여 상부에 보고하기를 청하면서 영원히 거두어 주는 은혜를 입기를 바랐습니다.39)

김대락이 낯선 땅 서간도에서 당한 설움과 고통은 이뿐만이 아니었다. 망명 초기에 거듭되는 폐농으로 평생 겪어보지 못한 식량난에 허덕여야만 하였다. 그 참상은 1911년 봄과 1912년 가을 『백하일기』 속에 이렇게 나타난다.

> 집 아이가 품을 사서 논을 마련하더니 오늘 처음 낙종落種(파종)을 하였다. … 음산한 바람이 불고 소나기가 내려 여름 추위가 가을

---

38) 백광준, 「변발(辮髮)에 얽힌 역사 그리고 노신(魯迅) - 시선·표상·의식의 형성에 초점을 맞추어」, 『中國文學』 vol.57, 한국중국어문학회, 2008.
39) 「呈柳河縣知事請入籍文」, 1973, 『石洲遺稿』, 고려대학교출판부, 172~173쪽.

같다.40)

양식이 떨어져서 여러 식구들이 모두 빈 입으로 낮까지 지내면서
도 따로 아침상을 차려주어, 밥상을 앞에 놓고 혼자 먹었다.41)

처음으로 마주하는 이국땅 만주는 망국의 방문객에게 쉽지 않은 곳이
었다. 5월의 날씨가 음산하기까지 하였고, 오랜 시간 비가 내려 개천과
도랑이 차고 넘쳐 쌓은 보洑와 제방이 네 번 무너지고 세 번 터지는 일을
겪어 근심스럽고, 근심스러운 시간을 보내기도 하였다.42) 지금까지 세상
을 살아오면서 이처럼 어려웠던 일이 없었다. 고향인 안동 법흥동에 살던
강남호姜南鎬와 이정언이 생질 이 아무개가 쓴 양식을 꾸어달라는 서신을
가지고 왔다. 쌀이 옥보다 귀하다는 탄식을 하며 쌀독을 다 비워 쌀 닷
되와 벼 한 말을 보냈다43)고 한다. 고향 마을에서 함께 살았던 이웃 사람
이 만주에 와서 식량이 떨어진 어려운 상황을 당하여 곡식을 빌리러 왔
다. 이 소식을 들은 김대락 집안 안사람들은 자신들의 처지를 생각하지
않고 남아있는 곡식을 보냈다는 사실이 일기에 나타난다. 이처럼 만주 한
인 동포사회에서는 서로 간의 어려운 사정을 잘 알기에 남의 일을 내 일
처럼 서로가 챙겨주는 아름다움이 있었다.

만주 땅에서 느끼는 고통은 이뿐만이 아니었다. 풍토병의 만연으로 가
족들이 많은 고통을 당하였고,44) 비적들의 횡행으로 공포에 떨어야 했
다.45) 종수從嫂씨는 이전부터 앓던 병으로 아프고, 며느리는 감기로 괴로

---

40) 앞의 책, 『백하일기』, 1911년 5월 10일~5월 11일.
41) 앞의 책, 『백하일기』, 1912년 9월 2일.
42) 앞의 책, 『백하일기』, 1911년 6월 19일.
43) 앞의 책, 『백하일기』, 1912년 1월 3일.
44) 앞의 책, 『백하일기』, 1912년 1월 3일.
45) 조동걸, 앞의 책, 「대한제국의 종말과 서간도 망명」, 『안동역사의 유교적 성향』,
126쪽.

워하고 있다. 온 집안을 통털어 아프지 않은 사람이 없다. 아들 형식이 잠 잘 때 땀 흘리는 증세와 손자 창로가 음식을 바짝 마른 것도 비록 누워 앓는 것은 아니지만 또한 마음이 쓰인다.46) 집안에서 가장 나이가 많았던 김대락은 아들과 며느리 그리고 손자들이 병마와 싸우는 모습을 지켜보아야 했다. 의술과 장비를 갖춘 병원이 드물던 때이고, 마땅한 처방과 약을 구하기 힘들었던 때였다. 혈육들이 병으로 고통을 당하는 모습을 대안도 없이 지켜보아야 했던 김대락의 마음이 어떠하였을까? 당시 만주에는 많은 비적 떼가 횡행하였는데 그 피해와 고통은 말할 수 없을 정도였는데 다음 자료들에서 그 정황을 엿볼 수 있다.

> 이형국이 대우구大牛溝에서 와 손자 창로의 소식을 전해 주었다. 족종族從 우식宇植이 청구靑溝의 개간하지 않은 땅을 가보고 와서 점심을 먹고 돌아갔다. 들자하니 "굴라령屈羅領에서 대낮에 사람을 죽이고 물건을 빼앗는 변고가 생겼는데, 해를 입은 사람은 청인淸人이고 도적은 붙잡히지 않았다 한다." 가슴이 떨리고 두렵다.47)

> 아침에 학교 생도인 전일田一과 평안도 사람 이겸호李謙鎬가 와서 상점 물건들이 모두 도적들 손에 들어갔고, 또 집에 불을 질러, 집이 다 타는 화는 면했지만 사람들 중에는 두들겨 맞은 자도 있다고 하였다.48)

비적들이 대낮에 강도짓을 하고, 인가에 불을 지르고 물건을 약탈하는 상황이었음을 알 수 있다. 비적들 가운데는 붙잡히는 경우도 있었지만 체포를 면하는 경우도 많았고, 인명을 담보로 하는 경우도 있었다. 치안부

---

46) 앞의 책, 『백하일기』, 1911년 11월 14일.
47) 앞의 책, 『백하일기』, 1912년 9월 11일.
48) 앞의 책, 『백하일기』, 1912년 9월 13일.

재의 상황에서 감옥을 부수고 죄수가 집단으로 탈옥을 하여 도망친 사람도 있었다.49) 김대락은 낯선 땅 만주에서 두고 온 고향 생각에 회한을 느꼈고 도적들이 들끓는 현실을 보고 불안에 떨었다. 그러면서도 조국은 반드시 독립되어야 한다는 생각을 가지고 후진 양성사업에 기대를 가지고 참여하고 있었다. 지금부터 그의 독립운동에 대한 인식은 어떻게 변화하였으며, 그 계기는 무엇이었는지를 살펴보기로 하자.

3. 현실인식을 통한 독립운동 방략의 변화와 지향점

서구 세력의 무력 앞에 문호를 개방 당한 시기에 조선의 지식인들 가운데 많은 사람들이 극단적인 보수주의자들이었다. 위정척사파로 불리는 이들은 일제의 강요로 단발령이 발표되고 황제와 세자가 단발을 하게 되자 극도의 분노와 수치심에 사로잡혀 전국에서 의병 봉기를 단행하였다. 김대락 또한 초기에는 위정척사 계열의 보수 유림이었다. 그의 이러한 면모는 평생을 그의 곁에서 지켜보았던 매부인 이상룡이 그가 세상을 떠난 후에 지은 제문에 이렇게 나타난다.

> 욕을 당하면서 살아갈 바에는 차라리 의리를 지키며 죽는 것이 낫다. 이것을 첫 번째 목적으로 삼는다는 것은 70세를 바라보는 사람이 감히 쉽게 이야기할 바는 아니지만 만약 창의倡義하는 자가 있다면 내가 그 길을 안내하는 지로승指路僧이 될 것이로다.50)

안동 지역은 많은 유림들이 의병전쟁에 참여하였으며 단발령에 저항하

---

49) 앞의 책, 『백하일기』, 1912년 11월 1일.
50) 앞의 책, 「祭白下處士金公文」, 『국역 石洲遺稿』 상, 658~659쪽.

였다. 이를 제1차 안동의진이라고하는데, 1만 명에 달하는 유림이 무장하여 안동부사를 축출한 의거였다. 이 의거 당시에 51세이던 김대락은 아버지 상을 당하여 의거에 직접적으로 참여하지는 못했다.51) 김대락은 매부인 이상룡이 거창의 차성충과 가야산 의병봉기를 추진하면서 15,000금을 마련할 때 협력하였을 것으로 추측된다.52) 이상룡은 을사늑약이 체결된 이후 매부 박경종朴慶鍾과 함께 거금을 마련하여 거창의 차성충車晟忠을 의병장으로 삼아 군사를 모으고 무기를 장만하고 1908년 거창에서 거병하기로 하였다.53)

안동 유림들 가운데는 거듭되는 의병전쟁의 실패를 보고 새로운 길을 모색하는 혁신유림이 등장하였다. 류인식·김동삼·이상룡 등이 그들이다. 류인식은 1907년 안동에 근대 중등학교인 협동학교를 설립하였다. 김대락은 협동학교 설립 당시 신교육을 반대한 대표적인 인물이었다. 이러한 그에게 인식의 변화가 일어난 것은 매부인 이상룡 때문이었다. 이상룡 또한 초기에는 위정척사론자였으나 서구 사상을 담은 『음빙실문집』 등의 근대 서적을 읽고 계몽운동가로 변신하였다.54) 김대락은 이상룡이 1909년 초에 계몽운동 단체인 대한협회 안동지회장직을 수락하면서 『대한협회보』를 배부하고 홍보에 나섬에 따라 사상적인 변화를 겪게 되었다. 이 무렵 김대락은 『대한협회보』를 읽고 「독대한협회서유감讀大韓協會書有感」이라는 글을 남겼는데 이 글 속에 다음과 같은 구절에서 사상적 변화를 알 수 있다.

  늙어감에 주검처럼 광명 없이 살다가   老去無明尸似居

---

51) 김윤규, 앞의 논문, 433~434쪽.
52) 조동걸, 앞의 책, 「백하 김대락의 망명일기(1911~1913)와 분통가」, 『안동역사의 유교적 성향』, 223쪽.
53) 김순석, 앞의 논문, 45~46쪽.
54) 김순석, 앞의 논문, 43~51쪽.

창가에 앉아서 대한협회서를 읽었더니	伴窓起讀大韓書
심폐를 찌르듯 말마다 절실하여	衝心裂肺言言切
눈물이 흘러 옷깃을 적시누나	可使吾人淚滴裾
거울도 때가 끼면 장님과 같네	有鏡煤塵鏡似盲55)

 김대락은 지금까지의 생각이 잘못되었음을 깨닫고 신학문을 통하여 새로운 시대를 열어갈 인재양성 사업에 적극 참여하였다. 그는 자신이 살고 있던 50여 칸의 집을 협동학교 교사校舍로 제공하고 스스로 작은 집으로 물러나서 살만큼 적극적으로 새로운 문물을 수용하였다.56)

 김대락은 서간도에서 4년 가까이 생활하였다. 그의 나이 이미 고령이었으므로 항일 투쟁에 직접 참여하지는 못하였다. 그렇지만 한인 사회 지식인 사이에서 좌장으로서 중요한 결정과 추진에 큰 힘을 보탤 수 있었다. 실제로 삼원포에서 신흥학교를 설립하고 그 교장에 수차 추대되었으나 취임하지 않았다고 한다.57) 신흥학교가 후일 신흥무관학교로 전환되기까지 한인사회 안정과 발전에 존장으로서 노력하였다. 김대락의 노력과 지도로 만주에서 결성된 최초의 독립운동 조직인 경학사耕學社는 1911년 4월에 이상룡을 사장으로 하여 발족하였다.58) 후에 신흥무관학교가 되는 신흥강습소는 1912년 6월 이상룡을 교장으로 하여 개교하였다.59)

 김대락은 1911년 5월 25일 추가가鄒家街에 신흥학교를 개교하고 학교 농장에서 농사짓고, 건축 일을 하던 학생들의 면학을 독려하기 위해서 「권유문勸諭文」을 지었다. 그 내용은 공부를 게을리하지 말 것을 권하는 것인데 그 내용이 자못 놀랍다. 그 가운데 일부를 옮겨 보면 이렇다.

---

55) 金衡植, 『先考遺稿』, 필사본. 이 『先考遺稿』는 김대락의 아들 김형식이 부친 사후에 남은 글들을 모아 편집한 필사본으로 경북독립운동기념관에 소장되어있다.
56) 『皇城新聞』, 1909년 5월 8일, 「嶠南敎育界에 新赤幟」.
57) 김윤규, 앞의 논문, 434쪽.
58) 서중석, 2001, 『신흥무관학교와 망명자들』, 역사비평사, 93쪽.
59) 김희곤, 2010, 『안동 사람들의 항일투쟁』, 지식산업사, 515~520쪽.

지금 천하의 대세는 서양이 으뜸이다. 서양이 천하에 으뜸이 된 까닭은 세상에서 어려워하는 바를 실천하여 앞 시대 사람이 알지 못하는 것을 밝혔기 때문이다. 서양은 알았으나 다른 나라는 알지 못하고 서양이 행한 것을 다른 나라는 미치지 못하였다. 온 세상이 어리숙할 때 서양은 먼저 깨었고 온 세상이 혼몽할 때 서양은 개명하였다. … 이가 난 아이를 천부天府에 올리면 모두 민족 중의 단체이다. 이 땅 이곳저곳에서 일어나 숨 쉬며 밭 갈고 샘 파서 사는 것이 모두 먹고 사는 질박한 일이 아님이 없지만 선비는 그의 조정에서 벼슬하기를 원하며 공장工匠은 그의 시장에서 일하기를 바란다. 이것은 모두 학교 안에서 길러지는 것으로 모두 사회조직 안에 있는 것이다. 한 숨만 붙어 있어도 이 군은 의지를 게을리해서는 안된다. 만백성의 원성소리 가득하니 이 원수를 갚지 않을 수가 없음을 누워서나 일어서서나 잊지 말아야 한다.60)

위의 글에서 김대락의 인식이 확연하게 바뀌었음을 볼 수 있다. 위정척사계열의 보수 유학자에서 만주 망명에 나설 무렵 그는 계몽운동가로 변해 있었다. 그런데 망명 이후 만주 땅에서 청소년들에게 독립을 되찾아야 한다는 것을 일깨울 때 그는 하루속히 서양을 배워야 한다는 것을 강조하였다. 그는 서구의 가륜포哥倫布(컬럼버스)·극림위克林威(크롬웰)·화성돈華盛頓(워싱턴)·나파륜拿破崙(나폴레옹)·대피득大彼得(피터대제)와 같이 난관을 극복하고 영웅이 된 사람들을 예로 들었다. '다 타버린 잿더미 속에서도 대장부의 의기가 솟아나니 어찌 우리가 나라를 일으키지 않을 것인가61)'라고 하면서 용기를 가질 것을 당부하였다.

김대락은 청소년들에게 큰 희망을 걸고 있었다. 청년들이 단결하여 힘을 모은다면 반드시 독립을 이룰 수 있을 것으로 전망하였다. 이러한 그의 전망은「권유문」의 첫 귀절에 나타난다. "금석은 쉽게 부숴질 수 있어

---

60) 앞의 책,「勸諭文」,『백하일기』, 1911년 7월 4일.
61) 위와 같음.

도 자유를 향한 뜨거운 마음은 갈아낼 수가 없네. 큰 장애가 앞에 있다고 하더라도 진보하는 단체는 막을 수가 없다.62)"라고 하였다. 청년들에게 불굴의 용기와 의지를 가지고 열심히 노력한다면 반드시 독립을 쟁취할 수 있으니 쉼 없이 노력하라고 당부하였다.

김대락은 왜 이와 같은 사상적인 변화를 겪었을까? 무엇이 그로 하여금 70을 바라보는 나이에 서양을 배우지 않으면 안 된다고 생각하게 하였을까? 그것은 망명지에서 같은 동포인 한인들이 당하는 현실적인의 문제에서 비롯되었다. 오랜 역사와 전통을 가진 문화민족이었던 한민족이 청나라 사람들에게 무시당하는 거지같은 삶을 살아서는 안 된다는 자존의식 때문이었다. 김대락은 이러한 자존의식을 이국땅 만주에서 한인들의 자치조직을 통하여 실천하고자 하였다. 낯선 이국땅으로 망명을 온 동포들은 한마음으로 뭉쳐야 산다는 생각이었으며, 문화민족으로서 자긍심을 잃지 않아야 한다는 것이 그의 지론이었다. 그는 한인들의 자치회 조직인 공리회를 조직하는데 발벗고 나섰다.

공리회가 조직될 수 있었던 배경은 그때 마침 유하현과 통화현·홍경현·환인현에 망명촌이 증가하고 있었는데 흉년이 들어 새로운 농토를 개척해야 할 형편이었다. 그래서 중국인이 적게 사는 통화현 깊숙한 곳 합니하哈泥河 일대를 개간하였다. 그리고 그곳에 중등과정의 신흥중학교를 새로 설립하였다.63) 그때 김대락을 중심으로 한 내앞 문중에서도 김형식·이시영의 주선으로 합니하로 이사하였다.64) 몇몇 글에서 신흥학교를 합니하로 옮겼다고 서술하였는데 이는 추가가 학교와는 별도로 합니하에 새로 학교를 신설하였다는 뜻이다.65) 『백하일기』를 살펴보면 합니하에서

---

62) 위와 같음. 원문 내용은 이렇다. 金石易渤 而自由之熱心 不可磨也. 鼎鑊在前 而 進步之團體 不可防也.
63) 조동걸, 앞의 책, 「대한제국의 종말과 서간도 망명」, 139~140쪽.
64) 앞의 책, 『백하일기』, 1912년 2월 8일.
65) 앞의 책, 『백하일기』, 1912년 6월 7일.

신학교 개교식이 있었는가 하면 손자 정로는 종전대로 추가가 학교에서 기숙사 생활을 한 것을 알 수 있다.66) 유하현 삼원포 추가가의 신흥학교는 1911년 5월 25일 개교67)하였고, 통화현 합니하의 신흥학교는 1912년 6월 7일에 문을 열었다.68)

공리회를 결성하여 교민들의 인간다운 삶을 추구하려고 노력하였다. 공리란 자유롭고 평등한 사회를 유지하자면 모든 것을 공동共同·공리共理·공화共和로 협의 운영하는 방식이어야 한다는 것이었다. 김대락은 우선 한 가정의 공동을 생각하고 다음으로 한 마을의 공동, 이어 한 지방의 공동, 천하의 공동으로 넓혀갈 것을 제안한다. 그는 '경의'·'신의'에 바탕을 둔 공동체가 이루어지기만 하면 우연히 횡역橫逆을 만났을 때도 서로 구제할 것이라고 보고, 이것이 이른바 공화이고, 공리라고 하였다. 경과 신을 함께 유지하면 신이 그 가운데 있을 것이니 이 또한 이른바 공화의 근본이요, 공리의 효험이라고 보았다.69) 이러한 가치의 실현을 위해서 공리회가 필요하였던 것이다. 그런 까닭에 공리회는 십가장 → 백가장 → 천가장으로 단위를 넓히는 형식으로 조직되었다. 공리회를 조직하는 실무는 왕심덕·김동삼 등이 담당하였으나 취지서는 연장자였던 김대락이 작성하였다.70)

「권유문」과「공리회취지서」에는 서양의 과학기술을 배워야한다는 것을 강조하고 있지만 아직도 위정척사 계열의 보수적인 면모가 드러나는 곳도 눈에 띈다. 손자가 학교에서 청나라 복장과 변발을 하고 온 것을 보고 한탄하는 모습에서 그런 면을 볼 수 있다.『백하일기』1912년 1월 2일

---

66) 앞의 책,『백하일기』, 1912년 6월 7일.
67) 앞의 책,『백하일기』, 1911년 5월 25일.
68) 앞의 책,『백하일기』, 1912년 6월 7일.
69) 조동걸, 앞의 책,「백하 김대락의 망명일기(1911~1913)와 분통가」,『안동역사의 유교적 성향』, 250~251쪽.
70) 강윤정, 앞의 해제, 11쪽.

자에 이런 내용이 보인다. "우연히 북경에서 온 신문을 보았는데 혁명공화정이 이미 막기 어려운 대세가 되었나 보다. 옹손병경饔飧幷耕71)의 정치는 상고시대의 순박한 풍속이었다고는 하지만 4천년 군주제의 비풍하천匪風下泉72)의 느낌을 지울 수 없다."라고 하였다. 이러한 표현은 그가 서구의 신문물을 수용하여 공화정을 지향하고, 서구의 과학기술을 배워야 한다고 하면서도 옛 시절을 그리워하는 면모가 나타난다. 이처럼 신구사상의 조화는 그에게 숙제로 남아있었다.73)

그러나 보다 중요한 것은 김대락이 만주 망명 이후에 나이 70세를 바라보는 노인답지 않게 민족주의적이고, 진보적인 성향으로 자신을 변화시켰다는 점이다.74) 뿐만 아니라 동포사회에서 자신의 위상과 입지를 스스로 지켜나갈 수 있는 지성과 실천력을 가졌다는 것이다. 실천력이란 것은 현장에서 몸으로 독립운동이나 노동에 참가하였다는 것이 아니라 교민들 모임에 참석하여 어른으로서 후진들에게 용기를 북돋우고, 글로서 격려함을 말한다. 김대락은 만주 교민 사회의 좌장으로서 자라나는 청소년들에게 국권을 회복할 수 있는 용기를 북돋우기도 하였지만 늘 고향을 그리워하며 조국의 강산을 회복할 것을 염원하고 있었다. 그의 이러한 모습은 삼원포에 정착한 지 얼마 되지 않았을 무렵에 지은 시에 이렇게 나타난다.

| 사립문에 들길을 마주하고 있으니 | 衡門當野路 |
| 낯선 풍속 절로 마음 쓰이네 | 殊俗自關情 |

---

71) 饔飧幷耕 : 『孟子』,「藤文公(上)」에 賢者與民幷耕而食饔飧而治 : 현자는 백성과 함께 농사짓고 손수 밥을 지어 먹는다라는 뜻이다.
72) 匪風下泉 : 匪風과 下泉은 『詩經』,「檜風」의 편명으로 주나라가 쇠하여지자 약소국이 주나라가 성할 때의 어진 도를 그리워하는 내용이다.
73) 조동걸, 앞의 책, 244쪽.
74) 위의 책, 259쪽.

언제나 복수할 것을 다짐하며	臥立皆薪膽
만나는 사람 모두 형제 같으니	逢迎盡弟兄
황하가 맑아지길 왜 기다리겠는가	河淸如何俟
나이가 들었다고 어찌 이루기 어렵겠는가.	年老奈難成
해질 무렵 고향이 그립구나	日暮懷鄕國
물새는 다만 저 배운 대로 울 뿐	溪禽但慣聲[75]

위의 시는 만주라는 풍속마저 다른 이국땅에서 항상 조국의 광복을 다짐하는 모습을 볼 수 있다. 하지만 그것은 오랜 세월 습관적으로 반복해 온 것일 뿐 이제 나이가 들어 돌아갈 기약조차 없는 고향을 그리워하는 신세가 되어있음을 읽을 수 있다. 고향으로 돌아가야 한다는 김대락의 생각은 곧 조국을 되찾아야 한다는 의식과 맞닿아 있었다. 그의 이러한 생각은 나라를 잃었던 국치일에 유하현 삼원포 추가가의 학교에서 모임에서 있었던 일을 기록한 데서 드러난다. 김대락은 이 모임 소식을 참석하였던 아들과 손자를 통해서 들었다.[76] 평안도 정주에 사는 김준식金俊植의 부인 박씨는 남편을 고향에 두고 세 아들을 데리고 와서 남편의 조카인 김창무金昌懋의 집에서 살고 있었다고 한다. 이날 행사장에 참석한 박씨 부인은 연단에 올라서 말하기를 다음과 같은 연설을 하였다.

비분통한悲憤痛恨의 뜻은 여러 선생들께서 이미 연설하셨으니 안방에서 들은 것이 없는 사람이 다시 더할 필요는 없겠습니다. 다만 이곳에 모이신 여러 선생들께서는 각자 힘을 다해 앞으로 다가올 세월에는 오늘 같은 날이 오지 않도록 해야 할 것입니다. 부질없이 말만 일삼는다면 이 어찌 회중의 여러분들이 믿으실 수 있겠습니까?"라고 하고 가슴에서 작은 칼을 꺼내어 오른손 둘째 손가락食指을 끊었다. 한 번 찍고, 두 번 찍고, 서너번을 찍고서야 뼈마디가

---

75) 앞의 책, 『백하일기』, 1911년 5월 17일.
76) 앞의 책, 『백하일기』, 1912년 7월 28일.

끊어지니 두 조각 손가락이 연단 아래서 뛰었다. 선혈이 낭자하여 저고리와 치마를 다 적셔 참석했던 모든 사람들이 실색하고 두려워하여 말을 할 수 없었다. 그런데 부인은 표정을 태연히 하고 말에 힘을 실어 조용히 웃으며 말하기를 "이것이 저의 뜻입니다. 원컨대 여러 선생님들께서는 각자 죽을힘을 다해 우리 사천리 제국 땅을 다시 보게 하여 주십시오.77)

김대락은 그날 신흥학교에 있었던 행사에 직접 참석하지 않았지만 아들과 손자를 통해 전해들은 이 장엄한 광경을 일기에 기록하여 후세에 전하였다. 김대락이 박씨 부인의 단지 사실을 기록한 것은 독립운동에 남녀노소의 구별이 없으며, 모두가 한마음으로 뭉쳐야 한다는 것을 알리고자 한 것이다. 그는 보수 유림들이 여성들을 우습게 보는 것과는 달리 여성들의 비중과 역할을 중요하게 생각하였다. 김대락이 독립의식을 고취시키기 위해 쓴 글 가운데 가장 항일의식이 잘 드러나는 글은 「분통가」이다. 「분통가」는 김대락이 자신의 비통한 심사를 풀고 부녀자들에게도 자신이 겪은 곤란했던 전후 사정을 알도록 하기 위해 지었다고 한다. 김대락은 여성들도 독립운동에 참여해야 한다는 것을 일깨우기 위해 여성들이 쉽게 읽을 수 있도록 국한문 가사형식으로 지었다. 김대락은 그 당시 여성인권을 존중할 줄 아는 사람이었던 것이다. 그는 역사가의 필법을 본떠 「분통가」를 저술하여 후세 사람들이 이것을 보고 경계하는 마음을 갖도록 하기 위해서 이 가사를 지었다고 한다.78) 「분통가 후지憤痛歌後識」에 따르면 이 가사가 『백하일기』에 수록될 수 있었던 내력은 아래와 같다.

내가 사변(1910년 경술국치를 말함) 이후부터 사방에서 호구糊口하며 혹 시詩로 분노하고 한탄하는 마음을 서술하고 혹은 노래로

---

77) 앞의 책, 『백하일기』, 1912년 7월 28일.
78) 앞의 책, 『백하일기』, 1912년 9월 27일.

우울하고 답답한 기운을 풀었는데 이것이 소위 장가長歌가 통곡보다 심하다는 것이다. 그러나 가지도 없고 마디도 없어 속절없이 읊조리는 속된 노래에 지나지 않아 휴지나 되거나 장단지 덮개로 쓸 수밖에 없었다. 우연히 진주에 사는 친구인 윤상우尹相佑의 눈에 띄어 두고 볼 수 있도록 종이에 써 달라는 부탁을 받았는데 그 또한 생각이 있는 사람이었다. 심한 농담이라고 스스로 변명하기는 어렵게 되어 마침내 글로 쓰게 되니 소리와 기운은 같은 처지이기 때문이다.79)

김대락은 「분통가」를 1912년 9월에 국한문 혼용체의 가사 형식으로 지었으나 아직까지 한문이 주로 통용되던 시절이라 세상에 내놓기가 쑥스러워 묵히고 있었다. 그러다가 우연히 진주珍珠에 살고 있는 윤상우라는 친구의 강권에 못이겨 그에게 써주고 일기에 수록하였다. 망국민으로서 김대락은 「분통가」에서 일제의 횡포함을 규탄하고, 역사 속 위인들의 행적을 본받아 독립을 쟁취할 것을 제시하여 모든 사람들에게 희망과 용기를 주고 있다.

김대락은 「분통가」에서 일제의 강점으로 식민지가 되어버린 조국 땅에서 더 이상 삶을 영위한다는 것은 침략자에게 굴복하는 것으로 치욕스럽게 느꼈다. 식민치하에서 생산되는 산물로 세금을 내고 남의 땅이 되어버린 현실을 이렇게 표현하였다.

  세상이 어지럽게 되면 나라 일로 죽자고 하였는데
  경술년庚戌年 칠월변고七月變故(일제의 강제병합을 말함) 꿈이던가 참이던가.
  칼도 창도 못 써보고 이 지경이 되었단 말인가.
  이십팔 세世 종묘능침宗廟陵寢 향화제향香火祭享 누가할까80)

---

79) 앞의 책, 「慎痛歌後識」 『백하일기』, 1913년 6월 5일.
80) 위와 같음.

나라가 위태로운 상황이 되면 구국운동에 나서서 죽기를 맹세하였는데 일제에게 나라가 일제에 병합되었는데도 끝까지 저항하지 못한 자신을 질책하였다. 나라가 망했는데도 관직에 있지 않았던 평범한 백성이었던 자신은 자정自靖 순국할 입장도 못되었다. 그렇지만 이제는 남의 땅이 되어버린 그 땅에서 나는 곡식으로 만든 술로 조상 제사를 모실 수 없다고 단언하였다. 집세 주고 텃세 주고 그 터전에 살자는 말인가. 비상砒礵(극약) 같은 은사금恩賜金을 재물이라고 받는단 말이냐!'81) 이러한 상황에서 김대락은 만주로 망명할 수 밖에 없는 현실이 너무도 분통한 까닭에 「분통가」를 지어 부녀자들까지 이 글을 읽고 분발할 수 있도록 하였다.

그렇지만 김대락은 이런 암담한 현실에서도 절망하기보다는 차라리 국외로 망명하여 독립운동을 통하여 국권을 회복해야 한다고 생각하였다. 그는 망명의 발길을 재촉하여 만주 땅 서간도에 정착하였다. 이후부터 그의 삶은 자신은 나이가 들어 직접 투쟁에 참여할 수 없었지만 주변의 동포들에게 희망과 용기를 주고 독립운동에 매진할 것을 격려하는 삶을 살았다. 특히 그는 자라나는 청소년들에게 기대를 걸고 있었다. 「분통가」의 후반부는 그가 꿈꾸는 미래 사회가 잘 드러난다. 조국을 되찾은 뒤에는 육대주와 오대양을 호령하고, 선진국과 어깨를 나란히 하여 입헌정치, 공화정치가 행해지는 자유로운 근대국가를 꿈꾸었다.82)

---

81) 위와 같음. 원문은 이렇다. 七十年 布衣寒士 죽난 것도 分外事라. 貰金 쥬고 그 술가제 祖上祭享 하단말가. 屋貰 쥬고 基貰쥬고 그 터전에 샤잔말가. 砒礵같은 恩賜金을 財物이라 밧단말가.
82) 위와 같음.

4. 맺음말

　이상에서 김대락의 현실인식과 독립운동 방략의 변화에 대하여 살펴보았다. 그는 초기에는 위정척사계열에서 계몽주의자로 전환, 공화주의자로 안착하였다. 그의 나이 60을 넘은 나이에 사상적 전환을 보이고 있다. 이런 점은 유학의 허물이 있으면 고치기를 주저하지 않는다[過則勿憚改] 정신을 실천한 것이다. 그의 사상적 기반은 끝까지 유학적인 입장을 견지하였다. 유학적 바탕 위에서 서구사상을 수용하였다.

　김대락은 초기에는 완강한 위정척사계열의 보수주의자로 의병전쟁을 지원하였다. 1907년 무렵에는 매부인 이상룡의 설득으로 「대한협회보」와 같은 잡지를 읽고 협동학교 교사로 자신의 집을 내놓을 정도로 계몽운동가로 변화하였다. 나라가 일제에 의해 강제로 병합되자 그는 울분을 참지 못하고 가족과 친척들을 데리고 만주 서간도를 망명길에 나선다. 이 때 그의 나이 66세에 만삭의 손녀와 손부를 데리고 엄동설한에 망명길에 나섰던 그에게 빼앗긴 조국에서 나의 혈육이 태어나게 할 수 없다는 유자儒者의 고집스러운 면모가 드러난다. 이러한 그의 면모는 풍속과 생활문화가 다른 만주 땅에서도 여실히 드러난다. 풍토가 달라 농사에 실패하고, 비적들의 횡행으로 삶에 위협을 느끼면서도 우리 동포들이 한마음으로 뭉쳐야 국권을 회복할 수 있다는 신념으로 교민들의 화합에 진력하였다. 특히 자라나는 청소년들이 독립운동의 주역이라는 생각에서 그는 노구를 이끌로 신흥학교의 행사 때마다 참석하여 후진들이 성장해가는 모습을 지켜보면서 격려를 아끼지 않았다.

　김대락은 신흥학교의 청소년들에게 미래의 희망을 걸고 그들을 격려하는 「권유문」을 지어 학문에 정진해 줄 것을 당부하였다. 뿐만 아니라 문화적 수준이 높은 우리 민족이 야만족인 청나라 사람들에게 무시당하는 현실을 묵과할 수 없어 공리회라는 자치 조직을 만들어 이국 땅에서 같은 동포들이 단결해야함을 역설하였다. 무엇보다도 중요한 것은 그가 만주에서의 힘든 생활을 고스란히 일기에 담아 후세에 전하였다는 사실이다. 이것은 그가 나이가 들어 직접 독립운동 일선에서 활동할 수 없었기에 택한 최선의 방법이었다. 그는 독립운동의 현장에서 보고, 들은 것들을 기록하여 전하였다.

김대락의 글들 가운데 가장 항일의식이 잘 드러나는 것은 「분통가」이다. 「분통가」는 국한문 혼용체의 가사로 그는 이 가사를 통하여 탈식민과 독립투쟁의식을 고취시키고자 하였다. 「분통가」는 독립운동에는 남녀노소를 가리지 않고 모든 국민들이 함께 참여해야 한다는 의식에서 여성들도 쉽게 읽을 수 있도록 쓰였다. 그는 「분통가」에 독립이 이루어진 후에 입헌정치와 공화정이 시행되는 영광스럽고 찬란한 조국의 모습을 제시함으로서 후진들에게 독립운동의 목표를 분명하게 제시하였다.

일송 김동삼의 현실인식과 독립운동

1. 머리말

　일송一松 김동삼金東三(1878~1937)은 1878년 경북 안동군 임하면 천전리 278번지에서 아버지 김계락金繼洛과 어머니 영해 신씨申氏 사이에서 장남으로 태어났다. 초명은 긍식肯植 또는 종식宗植이라 하였고, 자는 한경漢卿이었다. 뒷날 만주 망명 이후 이름을 동삼東三이라 개명하였고, 자를 '성지省之', '일송'으로 자호하였다. 그는 19세기 후반 격동의 시대에 태어난 인물로, 그의 생애와 활동은 일제강점기 한국 독립운동사에서 중요한 위치를 차지한다. 그의 가문은 유교적 전통을 중시하는 집안으로, 대대로 학문과 덕행을 중시해왔다. 그의 부친 계락은 종조부 진염鎭炎의 둘째 아들로 태어났으나 조부인 진희鎭羲에게로 입후立後되었다.1) 그의 가계는 퇴계의 고제高弟였던 학봉鶴峯 김성일金誠一과 그의 형제들을 비롯한 걸출한 유학자들을 배출한 지역 사회에서 학문적·경제적 터전을 구축한 집안이었다. 이와 같은 가정 환경 속에서 김동삼은 당시 영남 유림의 종장으로 불리던 서산 김흥락金興洛의 문인으로 퇴계학맥을 계승하였다.2)

　한국독립운동사에서 김동삼의 활동은 위대함에도 불구하고 지금까지 그의 위업을 평가하는 연구성과는 미약하였다. 그 까닭은 그의 뛰어난 업적에 비하여 그것을 입증할 자료가 부족하였기 때문이었다. 자료가 부족한 것에 대하여 이회영의 처인 이은숙이 쓴 글을 보면 이렇게 표현하고 있다. "원래 혁명가는 메모나 일기를 남기지 않는다. 모든 주소나 연락처

---
1) 의성김씨 천상문화보존회, 『增補 景泗流芳』, 뿌리정보미디어, 2019, 219~226쪽.
2) 강윤정, 「김동삼의 국내 독립운동 재검토」, 제3회 일송 김동삼 선생 추모학술대회 발표자료집, 『이 시대의 통합을 추구하기 위한 질문과 성찰 - 일송 선생 독립투쟁의 시기별 재조명』, 서대문역사공원 국립대한민국임시정부기념관, 2023, 12, 2, 3쪽.

도 머리에 기억한다. 그리고 약간의 기록물도 그 자리를 떠나면 반드시 불태워 버린다. 이런 주의사항이 철칙처럼 되어있었습니다. 이런 철저함이 없이 어떻게 악독한 일제 경찰 고등계나 헌병들을 따돌릴 수 있었겠습니까"라고 하였다.3) 이렇듯 독립운동 현장에서 활동하였던 독립운동가들은 생존을 위하여 자료를 남기지 않았다. 오늘 그들의 행적을 연구하는 연구자들은 역사의 실마리를 풀 수 있는 한 줄 기사가 아쉬운 것 또한 현실이다.

지금까지 일송 김동삼의 독립운동에 관한 연구성과4)를 살펴보면 다음과 같다. 1990년대 김동삼의 국내에서의 협동학교 설립과 운영 그리고 대

---

3) 이은숙, 『西間島始終記』, 일조각, 2023, 15쪽.
4) 지금까지 일송 김동삼에 대한 연구성과와 참고자료를 살펴보면 다음과 같다. 이동언, 「一松 金東三 硏究 -국내와 망명 초기의 활동을 중심으로」, 『한국독립운동사연구』 7, 한국독립운동사연구소, 1993, 김희곤, 『만주벌 호랑이 김동삼』, 지식산업사, 2009, 김병기, 「만주지역 독립운동의 주역 김동삼」, 역사공간, 2012, 변창구, 「일송 김동삼의 선비정신과 독립운동」, 『민족사상』 8, 한국민족사상학회, 2014, 이시종, 「일송 김동삼의 역사인식과 독립투쟁」, 『역사와 융합』 14, 바른역사학술원, 2023, 이덕일, 「일송 김동삼과 국민대표회의」, 『역사와 융합』 14, 바른역사학술원, 2023, 김동현, 「一松 金東三 관련 자료 일고찰 - 저술류 검토와 서간을 중심으로 - 」, 경상북도독립운동기념관, 『대한통군부·대한통의부 결성100주년 기념학술회의 발표자료집』, 2022. 9. 16, 강윤정, 「김동삼의 국내 독립운동 재검토」, 제3회 일송 김동삼 선생 추모학술대회 발표자료집, 『이 시대의 통합을 추구하기 위한 질문과 성찰 – 일송 선생 독립투쟁의 시기별 재조명』, 서대문역사공원 국립대한민국임시정부기념관, 2023, 12, 2, 박환, 「1910년대 김동삼의 독립운동 - 일송 선생 독립투쟁의 시기별 재조명」, 제3회 일송 김동삼 선생 추모학술대회 발표자료집, 장세윤, 「1920년대 이후 김동삼의 독립운동」, 제3회 일송 김동삼 선생 추모 학술대회 발표자료집, 『이 시대의 통합을 추구하기 위한 질문과 성찰 – 일송 선생 독립투쟁의 시기별 재조명』, 서대문역사공원 국립대한민국임시정부기념관, 2023, 12, 2. 장세윤, 「1910년대 남만주 독립군 기지 건설과 신흥무관학교 - 안동유림의 남만주 이주와 이상룡·김동삼의 활동을 중심으로」, 『만주연구』 제24집, 만주학회, 2017. 이은숙, 『西間島始終記』, 일조각, 2023. 이해동, 『滿洲生活七十七年』, 명지출판사, 1990. 허은 구술, 변창애 기록, 『아직도 내귀엔 서간도 바람소리가』, 민족문제연구소, 2021.

한협회 안동지회에서의 활동과 대동청년단 결성에 연구성과5)가 나온 이후로 연구가 거의 진행되지 못하였다. 2000년대 들어서 김동삼에 대한 보다 진전된 연구 성과가 나타나기 시작한다. 김희곤은 안동독립운동기념관에서 독립운동가 인물총서시리즈로 『만주벌 호랑이 김동삼』을 발간6)하였다. 김희곤은 이 책에서 김동삼의 활동을 시기별로 소개하면서 협동학교에서의 애국계몽운동 활동을 비롯한 국내에서의 행적과 1911년 만주 망명 이후 서간도 지역에서 신흥무관학교 설립과 운영 그리고 부민단과 백서농장 장주로서의 역할 등을 소개하였다. 그리고 3·1운동 이후 상해 임시정부에서의 활동과 이후 통의부와 정의부 설립과 운영 등에서 문제들과 독립운동 단체 통합운동에서의 김동삼의 역할을 높이 평가하였다. 이후 김병기의 단행본7) 또한 비슷한 논조로 김희곤의 책을 보완하였다. 2022년 9월 경북독립운동기념관은 김동삼이 총장을 지냈던 대한통군부·대한통의부 결성 100주년을 기념하는 학술대회를 개최하였다. 이 대회에서 발표된 논문은 총 6편8)이었으며, 대체적인 논지는 다음과 같다. 대한통군부는 1922년 2월에 중국 만주에서 만주 지역 단일의 독립운동 단체를 결성할 목적으로 조직한 독립운동 단체로 같은 해 8월에 열린 회의에서 대한 통의부로 개편하였으며 총장은 김동삼이었다. 대한통의부의 성

---

5) 이동언, 위의 논문.
6) 김희곤, 앞의 책.
7) 김병기, 앞의 논문.
8) 경상북도독립운동기념관, 『대한통군부·대한통의부 결성 100주년 기념 학술회의』, 경상북도독립운동기념관 왕산관(대강당), 2022. 9. 16. 이 학술대회에서 발표된 논문은 다음과 같다. 장세윤, 「대한통의부의 결성과 의용군의 활동 - 경북출신 인물들의 활동을 중심으로」, 김호진, 「대한통의부 지도부의 대립과 '서간도사변'」, 김경준, 「김장식의 생애와 독립운동」, 김동현, 「一松 金東三 관련 자료 일고찰 - 저술류 검토와 '書簡'을 중심으로」, 조우제, 「'대한통군부·통의부'에 관한 디지털 콘텐츠 방안 연구 - 온톨로지를 활용한 시각화를 중심으로」, 김주용, 「대한통의부의 국내 군자금 모금 활동 - '전북통의부(全北統義府) 사건'의 실상과 성격」

립 배경은 1920년 경신참변 이후 독립운동 기지를 재건하고, 일제의 탄압으로 인해 분산된 독립운동 단체들을 통합하려는 필요성에서 비롯되었다. 이 과정에서 여러 독립군 단체들이 협력하여 대한통의부를 설립하게 되었다. 김동삼은 대한통의부에서 중추적인 역할을 담당하며, 남만주 지역의 독립운동을 이끌었다. 그는 군사적 활동뿐만 아니라 의용군 조직을 통해 군자금 모금 및 국내외 독립운동 세력과의 연계를 강화했다. 또한, 통의부의 활동을 통해 독립운동의 단합을 도모하고, 다양한 민족운동 단체 간의 조율을 시도하였다.9)

한편 김동삼의 독립운동 정신을 전통적인 선비정신에서 찾은 연구10)가 있다. 변창구는 김동삼이 독립운동에 헌신할 수 있었던 정신적 배경을 선공후사先公後私와 박기후인薄己厚人의 정신에서 찾았다.11) 이후에는 김동삼의 독립운동에 대종교가 큰 역할을 하였다는 연구12)가 나왔다. 이시종은 김동삼이 교류한 인물들이 대종교와 깊은 관계를 맺은 인물이었다는 점과 대종교 제3대 교주였던 윤세복의 기록에 김동삼을 주요 인물로 기록하고 있다는 점 등을 들고 있다.13) 이밖에 김동삼에 관한 기존의 자료들을 검토하고 그간에 주목하지 않았던 서간문들을 검토한 연구14)가 있다. 기존의 김동삼 연구 자료 및 새로운 자료를 체계적으로 정리하면서 이와 관련된 이슈들을 되짚어보면서 보다 정치하고 정확한 김동삼 연구가 필요함을 역설했다.

이상과 같이 조금씩 진전을 보이던 김동삼 연구는 2022년 4월 13일 백범기념관에서 일송 김동삼기념사업회가 발족하면서 전환점을 맞는다. 일

---

9) 위와 같음.
10) 변창구, 앞의 논문.
11) 위와 같음.
12) 이시종, 앞의 논문.
13) 위와 같음.
14) 김동현, 앞의 발표자료집.

송 김동삼기념사업회는 2023년 12월 2일 '이 시대의 통합을 추구하기 위한 질문과 성찰'이라는 학술대회15)를 개최하였다. 이 학술대회에서 유의미한 연구가 이루어졌다. 강윤정은 국내에서 김동삼의 항일투쟁은 만주 망명 이후 독립운동의 전사前史로 평가하고 특히 신구유림이 극렬하게 대립하던 시기에 신학문을 수용하여 구국계몽운동을 지속적으로 전개한 행적을 고평하였다.16) 박환은 1910년대 김동삼의 서간도에서의 활동과 그 동안 주목되지 못했던 부민단, 생기회사, 동성한족생계회 등을 살펴보고 아울러 1937년 김동삼의 사망 이후 상해와 미국 교민사회의 언론에 보도된 김동삼 사망 보도기사를 다루었다.17) 장세윤은 1923년 상해에서 개최된 국민대표회의, 1924년 남만주 통합 조직인 정의부에서 맡은 역할을 밝히고, 1931년 만주사변 직후 하얼빈으로 잠입하였다가 일경에 체포되어 1937년 순국하게 되기까지의 과정과 순국 이후 미주사회에서 발행하였던 『신한민보』에 실린 미주 지역의 반응 등을 조명하였다.18) 뿐만 아니라 일송 김동삼기념사업회는 김동삼의 독립운동 행적 조명을 활성화시키기 위하여 2024년 논문 공모사업19)을 진행하였다.

  기존의 연구들이 대체로 일송의 독립투쟁 자체를 히는데 치우친 나머지 그러한 행동의 기반이 되고 있는 정신이나 그 배경에 대한 규명이 빈약하였다. 전통적인 유학자의 집안에서 태어난 일송이 누구로부터 어떠한 교육을 받고, 무엇의 영향으로 혁신유림으로 거듭나게 되었으며, 그것

---

15) 『동아일보』, 2023. 11. 29. 일송김동삼선생기념사업회(회장 김경한 전 법무부 장관)는 다음 달 2일 오후 2시 서울 서대문구 국립대한민국임시정부기념관에서 일송 김동삼 선생(1878~1937)의 독립운동을 시기별로 조명하는 학술대회를 연다.
16) 강윤정, 앞의 논문.
17) 박환, 앞의 논문.
18) 장세윤, 앞의 논문.
19) 국사편찬위원회 홈페이지 : https://www.history.go.kr. '한국사관련학회 소식 2024년도 일송 김동삼 선생 관련 연구 지원사업 공모' 2024. 5. 8.

이 항일무장투쟁과는 어떠한 관계에 있는가를 규명하는 것은 일송의 독립운동을 제대로 이해하기 위하여 중요한 과제라고 한 변창구의 지적은 의미가 있다.[20] 따라서 본고는 이러한 선행연구를 바탕으로 하여 김동삼이 추구하였던 독립운동이 단일노선으로 역량을 결집시키고, 통일된 지도노선으로 결집되어야 한다는 통합운동이 그가 유년시절부터 배우고 익혔던 유교의 이상사회인 대동사회를 추구하기 위한 것이었다는 것을 살펴보고자 한다. 이러한 노력은 정재학파의 구성원들에게 보이는 공통점이다. 위정척사파로서 자정 순국했던 이만도[21]와 의병장으로 활약했던 인물[22]들과 애국계몽운동 참여했던 독립운동가[23]들 사이에서 나타나는 하나의 현상이라고 하겠다. 김동삼 또한 정재학파[24]의 일원으로서 그가 어린시절 배웠던 유학의 이념들이 현실 문제를 타개하는 데 하나의 지침으로 작용하였다는 것을 고찰해보고자 한다. 다만 자료가 부족하기 때문에 기존 연구를 참고하고, 언론의 보도기사 같은 자료를 활용하였다는 점을 한계로 자인할 수밖에 없다. 후일 보다 진전된 연구성과가 배출되기를 기대한다.

---

20) 변창구, 앞의 논문, 141쪽.
21) 김순석, 「향산 이만도의 현실인식과 대응」, 『한국민족운동사연구』 제113집, 한국민족운동사연구회, 2022.
22) 김순석, 「서산 김흥락의 이상과 현실 대응」, 『국학연구』 제32집, 한국국학진흥원, 2017.
　　김순석, 「척암 김도화의 현실인식과 의병항쟁」, 『안동학』 제21집, 한국국학진흥원, 2022.
23) 김순석, 「해창 송기식의 현실인식과 대응방략의 변화」, 『국학연구』 제42집, 한국국학진흥원, 2020.
24) 정재학파의 구국운동에 관해서는 다음 논문을 참고할 수 있다. 강윤정, 「定齋學派의 現實認識과 救國運動」, 단국대학교대학원 박사학위논문, 2006.

2. 국내에서 김동삼의 현실 인식과 협동학교 설립

1) 국내의 현실인식과 협동학교 설립

김동삼은 대한민국 독립운동사에서 중요한 위치를 차지하는 인물이다. 그는 전통 유림 가문에서 태어나 전통적인 유교 교육을 받았지만, 시대적 변화에 따라 계몽사상과 민족주의를 수용하고 독립운동에 나선 인물이다. 그는 성장하면서 유교에 대한 깊은 이해를 갖추게 되었고, 이는 그가 전통적 가치와 윤리를 중시하는 인물로 자리 잡는 데 중요한 영향을 미쳤다. 어린 시절 그는 안동 지역의 유림의 종장이자 저명한 유학자인 서산 김흥락의 제자로, 한문을 배우며 유교적 소양을 쌓았다. 김흥락의 문집인 『서산집』 부록 「보인계첩」에는 제자들의 출생 연도와 자, 본관, 그리고 거주지가 기록되어 있다. 김동삼의 이름은 종식宗植이고, 1878년생으로 자는 한경漢卿이며 내앞[川前]에 살고 있다고 하였다.[25] 김동삼이 속한 가문은 전통적인 위정척사衛正斥邪 사상을 지지하는 보수적인 유교 가문이었다. 이러한 배경은 그가 초기에 전통적 유교 질서를 중시하며 서구 문명에 대한 배타적인 입장을 취하게 만든 요소였다. 특히, 서양의 침략과 개화에 반대하는 위정척사 운동은 그가 한때 지지했던 운동이기도 했다. 하지만 김동삼은 이후 사상적 전환을 경험하게 되면서, 이러한 전통적 가치관을 넘어 새로운 현실 인식을 하게 된다.

김동삼이 사상적 전환을 이룬 계기는 20세기 초, 동향 선배로서 서울을 출입하면서 새로운 사상을 수용하였던 동산東山 류인식柳寅植을 만나면서 시작된다. 류인식은 당시 성균관 유생이었지만 서구 사상을 수용하여 계

---

[25] 『西山先生文集』 卷八 부록 「輔仁稧帖」에 따르면 김동삼은 이렇게 기록되어있다. "金宗植 戊寅 漢卿 義城人 居 川前"

몽사상가로 활동하던 신채호申采浩를 만나 사상적 전환을 하게 되었다. 이처럼 김동삼은 동향 선배인 류인식柳寅植을 통해 서구 사상과 서적을 접하게 된다.26)

이 시기는 조선이 일본의 경제적, 정치적 침탈로 인해 국가적 위기에 처해 있던 때로 김동삼은 기존의 유교적 가치만으로는 이러한 위기를 극복할 수 없다는 현실을 자각하게 된다. 그는 국가의 위기를 극복하기 위해서는 '모든 국민이 평등하게 교육받고 계몽되어야 한다'는 생각을 하게 되었고, 결국 계몽 운동에 헌신하게 된다. 김동삼의 독립운동은 안동 지역 최초의 근대 학교인 협동학교 활동부터 시작된다. 그는 류인식과 함께 이 학교에서 교사로 근무하며 학생들과 함께 머리를 깎았다.27) 이는 전통적 유교 사상과의 결별을 상징하는 행동으로, 당시 많은 보수 세력으로부터 비판을 받았다. 협동학교는 조선의 근대 교육을 선도하는 기관이었으나, 이러한 변화는 지역 사회에 큰 충격을 주었다.

협동학교 임원과 생도들이 일제히 머리를 깎은 사건은 예천 지역에서 봉기한 의병들과의 갈등을 촉발시켰다. 의병장 최성천이 이끄는 의병들이 협동학교를 기습하여, 김기수(교감), 안상덕(교사), 이종화(서기) 등을 살해하는 참극이 벌어졌다.28) 김동삼은 이 사건으로 큰 충격을 받았지만 이후에도 근대 교육과 계몽 사상을 전파하기 위한 노력을 멈추지 않았다. 그는 계몽운동 단체인 대한협회 안동지회, 대동청년단 등에 가입하여 활동하며, 계몽운동을 전국적으로 확산시키기 위해 노력했다.29) 당시 대한협회 안동지회장은 석주 이상룡이었는데 그는 김흥락의 문하에서 함께 수학한 동문 선배로서 김동삼의 일생에 지대한 영향을 미쳤다. 김동삼은

---

26) 강윤정, 앞의 논문, 「김동삼의 국내 독립운동 재검토」, 7쪽.
27) 경북독립운동기념관, 『국역 동산문고』, 경북독립운동기념관 자료총서 6, 탑디자인, 2021, 393쪽.
28) 김희곤, 앞의 책, 41쪽.
29) 김병기, 앞의 책, 27쪽.

당시 협동학교에서 청년들에게 모든 국민이 평등하게 교육을 받아야 한다는 신념을 확산시켰다. 그는 민중이 계몽되고 민족이 단결할 때 비로소 국난을 극복할 수 있다고 믿었다.30) 1910년 국권이 상실되자, 김동삼은 더 이상 국내에서의 계몽운동만으로는 민족 해방을 이룰 수 없다고 판단하게 된다. 이에 따라 그는 독립군 기지 건설을 목표로 만주를 답사하고 독립운동의 새로운 기반을 찾기 위해 노력하였다. 1911년에는 김대락, 이상룡 등과 함께 서간도로 망명31)하여 독립운동을 본격적으로 전개하게 된다.

2) 만주 망명과 교민의 현실

안동지역 유림들은 만주로 망명하기 전에 서울의 이동녕·이회영·이관직·주진수 등 신민회 주요 인사들과 밀접한 관계를 형성하고 사전에 교감을 가졌다. 김동삼은 가족들을 비롯하여 일가 친척들과 함께 살 수 있는 망명지를 확인하기 위해 같은 마을 출신 김만식과 함께 1910년 가을, 만주를 사전 답사하고 돌아왔다. 김만식은 김효락의 맏아들로 김대락의 조카였으니 김동삼과는 가까운 친척이었다.32) 안동 지역 유림들은 갖은 고초를 겪으면서 서간도로 망명을 단행33)하였다. 이때 망명의 길을 함께 하였던 내앞마을의 의성김씨 망명객은 모두 150여 명이나 되었다고 한다.

---

30) 김동현, 앞의 발표문, 122~123쪽.
31) 김순석, 「백하 김대락의 현실인식과 대응」, 『태동고전연구』 제41집, 한림대학교 태동고전연구소, 2018. 12.
_____, 「석주 이상룡의 현실인식과 대응방략의 변화」, 『한국민족운동사연구』 94, 한국민족운동사연구회, 2018. 3
32) 김희곤, 앞의 책, 51~53쪽.
33) 서간도 망명길은 이상룡의 『국역 石州遺稿』의 「西徙錄」과 김대락의 『白下日記』의 「西征錄」 등에 자세히 서술되어있다.

조선총독부 경북경찰부가 1934년에 펴낸 『고등경찰요사』에 따르면 1911년에 2,500여 명이 이주했다고 파악했다.34)

만주로 망명한 이주민들은 국적이 없었던 사람이었던 까닭에 중국 정부로부터 그 어떤 혜택도 받을 수 없었다. 혜택만 받을 수 없는 것이 아니라 불법 체류자로 간주되어 추방당할 위기에 처하기도 하였다. 김동삼과 함께 망명하였던 석주 이상룡의 문집인 『석주유고』에 따르면 당시 상황을 이렇게 전한다.

> 조카 문형이 밖에서 들어와 전하기를 "청나라 순검 2명이 경내에 거주하는 한인이 몇 명이나 되는지를 향약소에 캐묻고 만약 머리를 땋고 호복胡服으로 바꾸어 입지 않고서 입적入籍한다면 모두 한꺼번에 쫓아내어 여기에 붙어사는 것을 허락하지 않으리라 하였다"고 한다.35)

이상룡은 현지 교민을 대표해서 유하현 지사에게 다음과 같은 내용의 탄원서를 제출하였다. '우리는 고향을 떠나 이곳에 정착하여 청나라의 국민이 되기 위해 현지의 풍속을 존중하고 따를 것이니 영주권을 내어달라'36)는 내용이었다. 왜 한인이 청나라 국민이 되어야 했는가? 청나라 국민이 되지 않으면 모든 법적인 보호를 받을 수가 없었기 때문이다. 말하자면 불법 체류자의 신세가 되는 것이다. 불법체류자는 주택을 구입할 수가 없으니 항상 떠돌이 생활을 해야 하고, 억울한 일을 당해도 법적인 보호에서 제외된 사람이기 때문에 어디에 호소할 곳도 없다. 그런 까닭에 세금을 정상적으로 납부하고 소수 민족 국민으로서 법적인 보호를 받는

---

34) 김병기, 앞의 책, 48~50쪽.
35) 이상룡, 『국역 석주유고』 하, 「잡저」 권6 '서사록:1911년 2월 11일', 안동독립운동기념관, 2008, 28쪽
36) 김순석, 앞의 논문, 「백하 김대락의 현실인식과 대응」, 48쪽.

것이 무엇보다도 중요한 일이었다. 김대락은 교민들의 이러한 정책에 따라 손자가 학교에서 머리를 땋고 온 모습을 보고 "훗날 무슨 낯으로 고향에 돌아갈 수 있을까"를 생각하고 한탄하였다.[37]

이러한 상황 속에서 만주 땅으로 망명간 교민들은 밭을 일구고 만주 사람들이 지금까지 밭농사만 알고 논농사를 모르는 것을 알고서는 논농사를 가르쳐 주기도 하였다. 『석주유고』에 전하는 내용을 살펴보면 이렇다.

지금 이곳의 만주인들 또한 밭농사에만 힘써 관개가 이롭다는 것을 모른다. 필경 정치가 (우리나라와) 똑같이 노둔하고 어리석을 것이다. 우리들이 이곳에 이주해 온 뒤로는 밭곡식만을 먹을 뿐인데 거기다가 풍토까지 달라 병이 나기 쉽다. 부득불 버려져 황폐해진 토지를 사들이고 벼를 심는 데 힘쓰지 않을 수 없다. 마땅히 농사에 익숙한 자로 하여금 널리 수리를 살펴서 그 이익의 대소와 공역의 다과를 헤아리게 한 뒤에 품을 사서 보를 쌓아야 한다. 또 근래 서양인의 굴착기와 수차 등의 제도가 극히 정교하니 반드시 총명하고 슬기로운 자가 그 제조법을 강구하여 공사 간 모든 일에 쓰이도록 해야할 것이다. 그렇게 한다면 지난 세월 황폐했던 들판에 앞으로는 석수石水와 두니斗尼[38]의 노랫소리가 들려올 것이다.[39]

낯선 땅 서간도는 김동삼에게 가혹한 땅이었다. 김동삼의 며느리 이해동이 쓴 수기에 따르면 조국을 잃고 찾아온 낯선 땅 망명지에서 그들이 마주한 것은 극한의 추위였다. 그리고 극심한 식량난과 이름 모를 전염병으로 사랑하는 가족들이 세상을 떠나는 아픔을 겪어야 했다. 뿐만 아니라

---

37) 김대락, 「서정록」, 『국역 백하일기』, 안동독립운동기념관, 2011, 1911년 5월 13일, 85쪽.
38) 石水와 斗泥 : 계곡을 흐르는 石間水와 도랑의 흙탕물
39) 이상룡, 앞의 책, 『국역 석주유고』 하, 「잡저」 권6, 48쪽.

가을에 추수를 해놓으면 마적들이 들이닥쳐 인명을 살상하고 농작물을 모조리 약탈해 가는 참극을 당해야만 했다.40) 김동삼이 만주로 망명한 후 가장 먼저 착수한 것은 동포사회의 안정된 기반을 구축하는 것이었다. 독립군기지를 건설하자면 무엇보다 농토를 확보하고 안정된 사회를 꾸려서 동포들이 모일 수 있게 만들어야 했으며, 이를 위하여 그는 이상룡과 함께 경학사耕學社를 조직하였다. 그리고 농사를 지으면서 국권을 탈환할 수 있는 군사훈련을 시킬 수 있는 조직을 만드는 것이 급선무였다.

3. 국외에서의 독립운동 방략의 변화

1) 서간도에서의 무장투쟁 노선

유하현柳河縣·통화현通化縣 등을 중심으로 한 서간도 지역에 1910년 12월부터 대체로 다음과 같은 사람들이 모여들었다. 서울에서 이건영·석영·철영·회영·시영·호영 등 6형제와 그의 가족 대소가, 이동녕·이장녕 일가, 장유순·김창환·이관직·윤기섭·여준 등이었다. 경북과 안동 지역에서 이상룡·이준형 부자와 이상룡의 동생 이봉희·이문형(광민) 부자와 대소가, 김대락·김형식 부자와 대소가, 김동삼 일가와 그들이 이끈 문중 청장년들, 황호·황만영·황도영 일가, 이원일李源一, 이희영李羲榮 일가 등이다. 그리고 경북 선산 임은林隱에서 허위許蔿의 중형인 허혁許赫과 허위許蔿의 부인과 그 자제 등 대소가, 권팔도權八道 일가 등과 다른 지방 사람들도 이주하였다.41)

김동삼은 국권이 상실되자 1911년 협동학교 제1회 졸업식에 참석한 후

---

40) 이해동, 앞의 책, 34~41쪽.
41) 서중석, 「청산리전쟁 독립군의 배경」, 『한국사연구』 111, 한국사연구회, 2000, 4쪽.

만주로 망명하였다. 그는 안동 지역의 독립운동가들과 함께 서간도로 유하현柳河縣으로 건너가서 교민들의 단합과 젊은 학생들이 공부할 수 있는 학교를 만드는 일을 추진하였다. 서간도 지역은 독립운동가들이 망명하여 독립군 기지를 세우고 독립운동을 전개하는 중심지로 발전하였다. 이들은 무력의 양성 못지않게 중요한 것은 경제력을 포함한 총체적인 실력의 양성이고, 그와 함께 반드시 의식혁명 또는 정신의 혁신이 뒤따라야 한다고 판단하였다.42) 김동삼은 이러한 기반을 토대로 독립군을 양성하고 무장투쟁을 전개하는 데 헌신하였다. 그가 구축한 군사훈련 체계는 독립운동의 실질적인 기반을 마련하는 데 중요한 역할을 했다. 그는 동지들과 함께 경학사를 창설하였는데 이 조직은 서간도 지역의 독립운동 기지로서 독립운동을 위한 조직적 기반을 마련하기 위한 자치 단체였다.43) 이들은 1911년 5월(양력 6월) 서간도 유하현柳河縣 추가가趣家街에 '신흥강습소'를 설립하였다. 이듬해 6월 통화현 합니하哈泥河로 이전하고 명칭을 '신흥중학'으로 개칭하였다. 1919년 5월 다시 유하현 고산자孤山子로 이전하고 다시 '신흥무관학교'로 개칭하였다. '신흥무관학교'는 일본과 중국 당국의 감시와 견제를 받으면서 비밀리에 설립되고 운영되었다.44)

경학사의 주요 역할 중 하나는 교민들의 생계와 자립을 돕는 것이었다. 이를 통해 김동삼은 독립운동의 기반을 마련하는 데 중요한 기여를 하였다. 경학사는 자치 단체로서 교육과 군사 훈련을 통해 교민 사회의 자립을 도모하였고, 이러한 노력을 통해 독립운동의 기반이 되는 인적 자원을 확충하였다. 경학사는 후에 부민단과 같은 조직으로 발전하여 서간도 지역에서 독립운동의 중심지가 되었다. 1912년 김동삼은 경학사를 기반으로 하여 부민단을 창설하였다. 부민단은 경학사가 발전적으로 해체되고

---

42) 서중석, 위의 논문, 2쪽.
43) 서중석, 위의 논문, 14~18쪽.
44) 장세윤, 앞의 논문, 「1910년대 남만주 독립군 기지 건설과 신흥무관학교」, 96~97쪽.

나서 옛 부여扶餘 땅에 부흥 결사를 이룬다는 뜻과 이주민들을 부양한다는 뜻도 있었다고 한다.45) 부민단의 창설에 대해서는 보다 정밀한 고증이 필요하다. 왜냐하면 남아있는 기록마다 조금씩 차이를 보이고 있기 때문이다. 부민단의 중앙조직은 단장제였는데 초대 단장은 허혁許赫으로 되어있으며, 2대 단장은 이상룡이었다고 한다.46) 부민단의 중앙조직은 단장 밑에 서무·법무·검무檢務·학무·재무 등을 두었다. 지방조직은 큰 마을에는 천가장千家長을 두었고, 백 가구쯤 되는 마을에는 구단區團을 설치하였고 십가호에는 패장牌長 혹은 십가장을 두었다.47)

부민단은 신흥무관학교 운영을 돕는 단체로 김동삼은 부민단 내 6천 명 이상의 이주민을 관장하면서 주민을 보호하고 행정사무를 진행하며 지역 내 발생한 사건들에 대한 사법처리를 관장하는 역할을 담당하였다. 이와 함께 조선인과 중국인 간 분쟁에 대한 중재와 이주동포들의 정착과 생활안정을 이루도록 하는 역할도 맡았다.48) 김동삼은 신흥무관학교 합니하 분교 설립을 전후하여 문무를 겸비한 인재를 양성하는 일과 함께 한인 동포들이 산재하는 곳곳에 학교를 세워 민족교육을 실시하는 일을 추진하는 등 조직 내에서 매우 중요한 역할을 수행하고 있었다.

이렇게 경학사와 부민단에서 활동하던 김동삼은 한족회와 백서농장에서 군권 활동을 시작하게 되었다. 한족회는 서간도 지역에 자체적으로 운영되고 있던 자치조직 단체들을 통합하여 결성된 단체로 일종의 '자치정부' 성격을 지녔다. 백서농장은 서간도 지역 교민 자치와 독립운동의 경제적 기반을 마련하기 위해 설립된 농장이었다. 김동삼은 백서농장의 장주로서 이 농장을 운영하며 교민들의 생계를 지원하고 독립운동의 자금

---

45) 허은, 앞의 책, 84~85쪽.
46) 위와 같음.
47) 서중석, 앞의 논문, 22쪽.
48) 이시종, 앞의 논문, 34~38쪽.

을 마련하는 데 중요한 역할을 하였다. 백서농장은 교민들이 자립할 수 있는 경제적 기반을 마련하였고 이를 통해 독립운동의 경제적 지원을 제공하였다. 그러나 백서농장은 워낙 험준한 산속에 위치하고 있어 식량 조달이 제대로 되지 않았고 게다가 구성원들이 풍토병에 걸리는 등의 이유로 결국 5년 만에 문을 닫게 되었다.[49]

2) 임시정부에서의 활동

김동삼은 1918년 말부터 이듬해 초에 이시영·이상룡·허혁 등과 함께 '대한독립선언서'(일명 무오독립선언서)를 발표하였다. 이를 계기로 1919년 3월 12일 남만주 유하현柳河縣 삼원포三源浦와 통화현通化縣 금두화락金豆伙洛 한인거주 지역에서 만주 최초의 3·1운동이 전개될 수 있었다.[50] 이 선언서에 참여한 인물은 가나다 순으로 39명의 이름이 적혀있는데 김동삼은 김교헌, 김규식에 이어 세 번째로 이름이 실려있다.[51] 중국 연변 지역 용정에서 3·1운동이 일어난 것은 하루 뒤인 3월 13일이었다. 일제강점기 식민지 조선 서울과 평양에서 3월 1일 3·1운동의 첫 봉화가 일어났지만, 3·1운동이 전국 각지로 전파·확산된 것이 대부분 3월 하순부터 4월에 이르는 시기였던 사실을 감안하면 남만주 서간도 지역의 3·1운동 확산은 실로 놀라운 일이 아닐 수 없다.[52]

---

49) 위와 같음.
50) 장세윤, 앞의 논문, 「1910년대 남만주 독립군 기지 건설과 신흥무관학교」, 108~109쪽.
51) 「대한독립선언서」, 檀君紀元 四千二百五十二年 二月 서명자 39명의 이름은 다음과 같다. 金敎獻, 金奎植, 金東三, 金躍淵, 金佐鎭, 金學萬, 鄭在寬, 趙鏞殷, 呂準, 柳東說, 李光, 李大爲, 李東寧, 李東輝, 李範允, 李鳳雨, 李祥龍, 李世永, 李承晩, 李始榮, 李鍾倬, 李沰, 文昌範, 朴容萬, 朴殷植, 朴贊翊, 孫逸民, 申檉, 申采浩, 安定根, 安昌浩, 任彳+邦, 尹世復, 曹煜, 崔炳學, 韓興, 許爀, 黃尙奎
41) 각주 39와 같음.

이 선언서는 서울에서 발표된 것과 다르게 제목부터가 '대한독립선언서'였으며 작성 주체를 대한독립의군부大韓獨立義軍府라고 명시하였다. 대한독립의군부는 제1차 세계대전이 종결된 것과 파리에 대표가 파견된다는 소식을 전해 듣고 만들어졌으며 총재는 여준이었다. 대한독립의군부가 결성된 것이 3월 1일이니 국내에서 3·1만세운동이 발발한 것을 모르고 조직되었던 것이다. 대한독립선언서가 인쇄되고 배포된 것이 3월 11일이니, 이날은 삼원보에서 만세 시위가 전개되기 하루 전이다. 따라서 다음 날 이상룡과 김동삼에게 전달되어 만세 시위운동에 자극을 주기에 충분했다.

이 선언서의 내용은 대체로 다음과 같다. 한국이 완전한 자주독립국이고 민주의 자립국이었다는 것을 선언하였다. 한일강제병합은 일본이 한국을 사기와 강박 그리고 무력을 동원하여 강제로 병합한 것이므로 무효라고 하였다. 경술국치가 일본에게 대한제국을 넘겨준 것이 아니라 융희황제가 주권을 포기하면서 그것을 국민에게 넘겨준 것이라고 해석하였다. 이 선언은 일본을 응징할 적으로 규정하고 섬은 섬으로 돌아가고, 반도는 반도로 돌아올 것을 요구하였다. 3·1운동 이후 김동삼은 긴급히 상해로 가서 임시정부 수립에 앞장섰다. 4월 10일 상해에 모인 대표자들은 임시정부와 의정원을 조직하고 헌법을 통과시켜 국가 조직의 근간을 만들었다. 임시정부의 골격이 갖추어지자 김동삼은 남만주로 돌아갔다.[53] 이보다 조금 앞선 시기인 1919년 1월 서간도 지역 민족운동계는 부민단을 확대한 한족회韓族會를 설립하였다. 그해 3월 1일 만세 운동이 일어나자, 4월에는 한족회 내에 독립운동 전담 기구인 군정부軍政府인 서로군정서를 설치하였다. 한족회와 서로군정서는 협의 끝에 임시정부 산하 단체로 편입되어 본격적인 독립전쟁을 실시하게 되었다.

---

53) 김희곤, 앞의 책, 87~96쪽.

남만주에서 김동삼은 자치 단체인 한족회에 서무사장이라는 직책으로 참여하였다. 한족회는 본부를 삼원보에 두고 남만주 지역에 지부를 두었다. 이후 그는 서로군정서 참모장을 맡게 되면서 군정부의 실질적으로 군대를 장악한 핵심 요직을 맡게 되었다. 남만주는 지리적으로 한반도와 국경을 접하고 있어 국내 진입이 가장 유리한 곳으로 군사조직을 운영하기에 적합하였다. 이 무렵 중국 동북 만주 지역에는 많은 무장독립단체가 결성되어 항일무장투쟁을 전개하였다. 이들 독립군은 한·중 국경지대를 넘나들면서 조선총독부의 경찰서와 행정관서 등을 파괴하고 친일파를 처단하는 등 무장투쟁을 전개하였다. 3·1운동 직후 남만주 지역에는 대규모 독립운동 조직인 대한독립단이 결성되었다. 대한독립단은 남만주 각 지역에 흩어져 있던 보약사保約社·농무계農務契·향약계·포수단 등의 의병 계열의 인사들이 조직한 복벽주의 계열의 독립운동 단체였다. 이 가운데 통의부는 전덕원 등 일부 의병 및 복벽계열 인사들이 참가한 '대한통군부大韓統軍府를 기초로 발전한 단체였다. 대한통군부는 1922년 8월 준정부적인 성격을 지닌 독립운동단체로 조직되었으며 한인사회의 자치행정과 항일무장투쟁에 주력하였고 총장은 김동삼이었다.54)

  1923년 1월부터 6월까지 국내외 각지의 독립운동가들이 상해에 모여 임시정부의 개편과 독립운동단체들의 대동단결을 논의하는 국민대표회의가 개최되었다. 김동삼은 국민대표회의 의장으로 선출되어 임시정부 개조파와 창조파 간의 갈등을 조정하려는 시도를 하였다. 당시 임시정부 내에서는 개조파와 창조파 간의 갈등이 심각했으며 이를 해소하기 위해 국민대표회의가 소집되었던 것이다. 개조파는 임시정부를 개혁하여 민족의 대통합을 이루려는 입장이었고 창조파는 새로운 임시정부를 설립해야 한다는 입장이었다. 김동삼은 국민대표회의에서 의장으로서 중재자의 역

---

54) 장세윤, 앞의 발표문, 「1920년대 이후 김동삼의 독립운동」, 57~59쪽.

할을 맡았으나 결국 양측의 이견을 좁히지 못하고 서간도로 돌아가게 되었다.55)

3) 독립운동 노선의 통합

국민대표회의 이후 김동삼은 서간도로 돌아가 독립운동 단체들의 노선 통합을 위해 노력하였다. 당시 독립운동계는 다양한 노선으로 분열되어 있었다. 3·1운동으로 고조된 독립운동 세력들은 1920년 경신참변庚申慘變이 자행되는 동안 재만한인사회와 독립군들은 큰 타격을 받았다. 만주로 망명하였던 한인들은 그들이 10년 넘게 가꾸어 온 터전을 떠나 남북만주의 여러 곳으로 분산하여 옮겨갔다.

청산리 대첩 후 독립군의 한 주류는 1910년을 전후하여 이동휘李東輝·이승희李承熙 등이 국외 독립군 기지의 하나로 운영해 왔던 북만의 밀산密山으로 이동하였다. 밀산에 집결한 독립군은 김좌진金佐鎭이 이끄는 북로군정서北路軍政署, 홍범도가 이끄는 대한독립군大韓獨立軍, 지청천이 이끄는 서로군정서西路軍政署의 일부 등 3,000명이 넘는 규모였다.56) 1920년 11월 안도현安圖縣 홍도자興道子에는 이동 중 분산된 독립군 병사와 그 지역 청장년을 중심으로 대진단大震團이 조직되었다. 단장은 원종元宗의 창시자로 종교를 통해 민족운동을 전개하였던 소래笑來 김중건金中建이었다. 대진단 본부가 있는 홍도자에는 러시아식 보병총으로 무장한 약 200명의 단원을 두었으며 장백현 16도구 대덕수서곡大德水西谷에는 200여 명으로 구성된 지단支團을 설치하였다.57) 한편 본래부터 무송현撫松縣에 근거지를 구축하고 있던 흥업단興業團에서는 경신참변으로 악화된 소속 독립군

---

55) 위와 같음.
56) 「大韓軍政署報告」, 『獨立新聞』, 1921. 2. 5.
57) 채영국, 『韓民族의 독립운동과 正義府』, 국학자료원, 2000, 41쪽.

들의 정신자세를 북돋우고 새로운 항전태세를 고취시키고 있었다. 홍업단은 효과적인 항일투쟁을 위해 장백현에 설치된 지단을 그 지역 여러 군단들과 협의하여 군사작전상 결속기구인 독립군연합회를 결성하였다.58)

이처럼 만주지역에는 많은 무장단체들이 있었고 이들 단체들은 각기 다른 지도자들이 이끌고 있었다. 1920년대 독립군 단체들은 일종의 좌우익 노선을 통합한 통일전선을 형성하였다. 임시정부의 성립과 만주지방에서의 우익 중심 무장항쟁의 발달 그리고 고려공산당의 활동 등이 여기에 해당한다. 그렇지만 이처럼 많은 단체들이 모두 제각기 결성되어 활동한 것은 아니다. 이들 단체들은 하나의 연결고리로 연결되고 있었으며, 특히 임시정부 성립의 소장관계消長關係를 중심으로 같은 맥락 속에서 이루어지고 있었다.59)

1921년 자유시참변 이후 대한통의부는 1922년 만주 지역에서 결성된 독립운동 단체이다. 무장 독립운동의 효율적인 추진을 위해 당시 만주에서 활동하던 의군부, 광복단, 홍업단 등 독립운동 세력들이 주축이 되어 만들어졌다. 김동삼, 이상룡 등의 지도자들은 여러 소규모 독립운동 단체 간 의견 차이와 이념적 분열로 인해 통일된 지도력이 부족하고 이로 인해 독립운동의 효율성이 떨어진다는 판단하에 대한통의부를 결성하였던 것이다.

대한통의부는 군사조직과 행정조직을 겸한 독립운동 정부 형태를 취했다. 군사적으로는 독립군을 양성하고 일제에 대한 무장 항쟁을 조직적으로 추진하는 데 중점을 두었으며, 행정적으로는 한인 사회의 자치 행정을 담당하여 주민들을 보호하고 조직적인 지원을 제공했다.60)

---

58) 채영국, 위의 책, 42쪽.
59) 강만길,『조선민족혁명당과 통일전선』, 화평사, 1991, 17쪽.
60) 박걸순,「대한통의부 군사위원장 申八均 戰死의 재조명」,『역사와 담론』101, 호서사학회, 2022, 244쪽.

대한통의부 이후 참의부, 정의부, 신민부 등과 같은 새로운 독립운동 단체들이 출현하였다. 1924년에 남만주 지역에서 결성된 정의부는 김동삼의 통합운동의 대표적인 성과 중 하나이다. 정의부는 주로 신민회 출신 인사들이 주도한 독립운동 단체로, 군사와 행정을 동시에 수행하는 조직이었다. 김동삼은 정의부의 결성을 통해 독립운동의 구심점 역할을 수행했으며, 만주 지역에서 독립운동 세력 간의 협력을 촉진하였다.61) 정의부는 참의부와 신민부와 함께 독립운동의 중요한 세력으로 자리 잡았으며, 김동삼은 이러한 단체 간의 협력을 통해 좌우익 통합을 더욱 강력하게 추진하였다. 김동삼은 이념적 차이를 넘어서 민족의 독립을 위한 단일한 목표를 강조하였고, 이를 통해 통합된 독립운동 세력을 이끌어 나갔다.

하지만 정의부를 비롯하여 참의부, 신민부 독립운동 단체는 1927년 이후 세력을 잃고 있었다. 이에 독립전선의 통합 문제가 대두되었고 그것은 유일당 운동에서 3부의 통합운동으로 발전하였다.62) 유일당 운동은 당시 국제 조류의 영향을 받아 어떠한 사상과 파벌도 초월하여 민족적 차원에서 하나로 통합된 정당을 결성하여 보다 강력한 항일전선을 형성한다는 것이었다. 이 시기 김동삼은 참의부·정의부·신민부의 통합운동을 위해서 중요한 역할을 했다. 자유시참변은 독립군이 러시아 지역에서 소련 적군赤軍과 충돌하여 다수의 희생자를 낸 사건으로, 이로 인해 만주 지역의 독립운동 세력은 크게 약화되었다. 김동삼은 이러한 위기 상황 속에서 독립운동 단체들의 재정비와 통합이 필요하다고 판단했다. 그는 민족의 독립을 위해서는 단결과 협력이 필요하다는 신념을 가지고 있었으며 이를 실현하기 위해 다양한 독립운동 단체들 간의 협력을 도모하였다. 1920년대 후반 김동삼은 만주에서 활동하던 참의부, 정의부, 신민부 등 다양한 독립운동 단체의 통합을 시도하였다. 그는 특히 만주 지역의 다양한 독립운

---

61) 위와 같음.
62) 조동걸, 『독립군전투사』 7권, 『우사 조동걸전집』, 역사공간, 2011, 214쪽.

동 조직에 참여하며 이들 조직 간의 협력을 촉진하려고 했다. 김동삼의 노선 통합운동은 국내외 정세에 기민하게 대응한 결과물로, 독립운동의 지속성과 역량 강화에 크게 이바지하였다.63)

김동삼의 이러한 노력은 결국 1929년 국민부와 혁신의회의 결성으로 이어지게 된다. 김동삼은 국민부의 결성에 기여하며 민족주의 세력과 좌파 세력 간의 협력을 통해 독립운동의 통합을 이루고자 하였다. 그는 이 시기에 독립운동의 방향성을 통합과 무장투쟁으로 정리하였으며 민족의 독립을 위해서는 독립군의 무장력을 결집하는 것이 가장 중요한 과제라고 보았다. 그는 이러한 신념을 바탕으로 만주 지역에서 독립군의 재정비와 훈련을 추진하며 군사적 대응력을 강화하기 위해 힘썼다. 이러한 김동삼의 다양한 독립운동 노선의 통합운동의 밑바닥에는 유교에서 제시하는 이상 사회를 이루고자 하는 노력이 있었다.

4) 대동사회 지향

많은 유학자들이 유교에서 이상향으로 그려지는 대동사회를 건설하기 위하여 노력하였다. 대동사회는 유교에서 이상향으로 제시하는 세계로 『예기禮記』의 「예운禮運」에 이렇게 묘사 되어있다.

> 큰 도가 행해진 세상에는 천하가 모두 만인의 것으로 되어있다. 사람들은 현자賢者와 능자能者를 선출하여 관직에 임하게 하고 온갖 수단을 다하여 상호 간의 신뢰와 친목을 두텁게 한다. 그러므로 사람들은 각자의 부모를 부모로 여기지 않았고, 자기 자식만을 자식으로 생각지 아니하였다. 노인은 생애를 편안히 마칠 수 있도록 하였으며, 장정은 충분히 일할 수 있도록 하였고, 과부·고아·불구자

---

63) 김희곤, 앞의 책, 150~162쪽.

등에게는 고생스럽지 않은 일을 시켰고, 성년 남자에게는 직분을 주었으며, 여자에게는 그에 합당한 남편을 갖게 하였다. 재화는 헛되이 낭비되지 않게 하였고, 반드시 자신만 독점하지 않았으며, 힘이라는 것은 반드시 사람의 몸에서 나오지 않으면 안 되는 것이지만 그 노력을 반드시 자기 자신의 사욕을 위해서만 쓰지 않았다. 이러한 마음가짐이었기 때문에 모략이 있을 수 없었고, 절도나 폭력도 없었으며, 아무도 문을 잠그는 일어 없었다. 이것을 대동세상이라고 말하는 것이다.64)

위의 글을 보면 대동사회는 능력 있는 사람을 등용하여 공평무사한 정치를 하는 까닭에 부정과 부패가 없고, 재화의 분배가 공정한 사회를 이룰 수 있다는 것이다. 이렇게 공정한 사회는 일할 수 있는 모든 사람에게 일자리를 주고, 결혼 적령기에 달한 남녀에게 결혼할 수 있는 조건을 만들어 주는 아름다운 곳인 것이다.

김동삼은 이러한 사회를 만들기 위해 그의 독립운동 과정에서 이상사회를 지속적으로 추구하였다. 동해슈뷰라는 필명을 가진 인물은 김동삼이 서간도로 향해 독립운동을 전개한 이후 그의 활동을 회고하며 다음과 같이 평가하였다. "선생은 당대 명사들과 분투를 같이하여 저만 한국 혁명기관의 호칭이든 경학사의 일원이 되었고, 신흥학교 창립자 중 1인이 되었고, 군정서 조직자 중의 일원이 되었고, 또 통의부 총재를 역임하였으되, 동지 중에 간언이 없는 것은 선생이 지공무사至公無私한 공의公義를 가졌기 때문이다.65)"

---

64) 譯著者 李相玉, 「禮運」, 『禮記』上, 探究堂, 1987, 456~457쪽. "大道之行也 天下爲公 選賢與能 講信修睦 故人不獨親其親 不獨子其子 使老有所終 壯有所用 幼有所長 矜寡孤獨廢疾者 皆有所養 男有分 女有歸 貨惡其棄於地也 不必藏於己 力惡己不出於身也 不必於己 是故 某閉而不興 盜竊亂敵而不作 故外戶而不閉"
65) 동해슈뷰, 「한국혁명당의 영수 김동삼선생의 서세, 광영사략을 사모함」, 『신한민보』, 1937.6.17.

이 기록은 김동삼이 경학사와 신흥학교 등 여러 독립운동 단체에서 활동하면서도, 항상 공의를 중심으로 자신의 활동을 전개했음을 보여준다. 그는 독립운동의 목표가 단순히 민족의 독립에 그치는 것이 아니라, 궁극적으로는 대동사회를 실현하는 데 있다고 보았다. 이러한 대동사회 이념은 민족의 독립을 넘어, 정의롭고 평등한 사회 질서를 구축하는 데 큰 의미가 있었다. 김동삼의 대동사회 지향은 그의 생애 전반에 걸쳐 나타났으며, 그의 지도력은 공평하고 정의로운 사회를 추구하는 데 기반을 두었다. 그는 공의를 중시하며 자신의 이익을 추구하지 않고, 민족과 사회 전체의 이익을 위해 헌신하였다. 이러한 그의 태도는 그가 동지들로부터 깊은 신뢰를 받게 했으며, 그가 대동사회를 실현하려는 노력의 일환으로 볼 수 있다.

김원봉이 대표인 조선민족혁명당도 1937년 5월 31일 기관지 『앞길』에서 「고 김동삼 선생 장엄한 추도식」이라는 제목으로 다음과 같이 김동삼을 추모하였다.

> 선생의 성격이 개결무후하시고 민중과 동지를 자기 몸과 같이 사랑하심으로 전 조선의 민중은 애도치 않을 리 없을 것이다. 그리하야 각지에서 추도식을 장히 거행 한 바 지난 23일 상오 8시 모지에서도 다수 교포들이 모여 추도식을 거행한 바, 전체는 숙립 한 후 추도가로 개시하고 주석의 식사가 끝나고 선생의 역사의 보고에 의하면 가장 위대한 분으로 현하 조선혁명운동에 막대한 손실인 동시에 30년간 꾸준히 쉬지 않고 향하야 분전분투 함은 우리 민족에게 지대한 교훈이고, 우리들이 계승하야 장엄한 선생의 생생한 투쟁의 교훈을 계속하자는 약속의 추도사와 혁명가로서 식을 무사히 마치었다.[66]

---

66) 국사편찬위원회, 『대한민국임시정부자료집』 제37권, 국사편찬위원회, 2009, 100쪽.

독립투쟁을 대표하는 김구의 한국국민당과 김원봉의 조선민족혁명당이 김동삼의 서거와 관련하여 긴급하게 소식을 전하고 추모사 등을 게재한 것은 그만큼 김동삼의 위상이 독립전쟁의 역사에 길이 남기 때문이다. 그동안 우리 독립전쟁사는 많은 연구가 있었음에도 불구하고, 만주지역 독립전쟁사는 여전히 연구과제가 산적해 있다. 광활한 만주벌판에서 벌어진 독립투쟁의 역사를 복원, 역사의 진실을 밝히는 작업은 앞으로도 많이 연구되어야 한다.67)

4. 맺음말

김동삼은 경상북도 안동 출신으로 일제강점기 독립운동에서 중요한 인물이다. 그의 사상적 기반은 유교 전통에 뿌리를 두었으나, 그는 시대적 변화에 따라 계몽사상과 민족주의를 수용하며 독립운동가로 활동했다. 특히 그는 만주에서 무장투쟁 노선을 중심으로 독립운동을 전개하며, 대동사회 실현을 목표로 한 활동을 전개하였다. 그는 학문과 덕행을 중시하는 전통적인 유교적 사상이 강한 집안에서 태어났다. 그는 어려서부터 서산 김흥락의 문하에서 유학을 공부하며 공의公義와 무사無私를 실천하는 유교적 가치관을 습득했다. 이는 그가 독립운동에 뛰어들면서도 항상 공의를 우선시하는 태도를 유지하게 한 중요한 요인이 되었다.

김동삼은 유교적 전통을 바탕으로 성장했으나, 청년기에는 서양의 문물과 사상을 접하게 되면서 사상적 전환을 경험하게 된다. 그는 서양의 발전된 기술과 사상을 받아들여 나라를 구해야 한다고 생각하게 되었다.

---

67) 이시종, 「일송 김동삼의 역사인식과 독립투쟁」, 『역사와 융합』 14집, 바른역사학술원, 2023, 43쪽.

특히 고향 선배인 류인식과의 교류를 통해 그는 민족주의 사상을 더욱 강화하게 되었고, 이로 인해 민족 계몽운동을 주도하게 되었다. 그는 이러한 사상적 전환을 바탕으로 안동 지역에서 협동학교를 설립하여 근대 교육과 민족의식을 고취하는 데 앞장섰다. 이 과정에서 많은 저항에 부딪혔으나, 그는 교육이 민족의 독립을 위한 필수 요소라고 확신하며 계몽운동을 지속했다.

1911년 김동삼은 협동학교 졸업식을 마치고 만주로 망명하였다. 그는 만주에서 독립운동의 필요성을 절감하며 계몽운동에서 무장투쟁으로 전환하게 되었다. 만주에 도착한 김동삼은 경학사와 부민단을 조직하여 교민사회의 결속을 다지고, 독립군을 양성하기 위한 기반을 마련했다. 특히 신흥무관학교를 설립하여 독립군을 양성하는 데 중요한 역할을 했다. 그는 백서농장을 운영하며 독립군의 자급자족 시스템을 구축하였고, 이를 통해 군사적 기반을 다지는 데 기여했다. 이렇게 김동삼은 만주에서 독립운동을 전개하면서 무장투쟁 노선을 강화해 나갔다.

이후 김동삼은 석주 이상룡의 국무령 취임과 함께 대한민국 임시정부 활동에 본격적으로 참여하게 된다. 그는 임시정부 내에서 독립운동을 위한 무장투쟁과 교육 활동을 병행하며 민족의식을 고취하고 독립군을 양성하는 데 힘썼다. 또한 1923년 국민대표회의 의장으로서 임시정부 내의 갈등을 조정하려 하였으나 큰 성과를 이루지 못하고 서간도로 돌아가 노선 통합운동에 집중하였다. 그는 만주에서 독립운동 세력 간의 분열을 극복하고 좌우익의 통합을 이루기 위해 노선 통합운동에 헌신하였다. 그는 1924년 정의부를 결성하여 군사적 기반을 다졌고, 이후 좌우익 세력의 통합을 도모하였다. 그의 통합운동은 독립운동의 조직적 역량을 강화하는 데 중요한 기여를 하였다.

김동삼은 유교적 가치관을 바탕으로 계몽운동을 시작하여 만주에서 무장투쟁으로 전환하며 독립운동을 전개하였다. 김동삼의 독립운동은 단순한 항일투쟁에 그치지 않고, 유교적 가치와 이상을 바탕으로 민족의 독립과 대동사회의 실현을 목표로 하였다. 그의 통합운동은 다양한 독립운동 세력을 하나로 묶어내며, 민족의 단결과 독립을 위한 중요한 기틀을 마련하였다. 이는 오늘날에도 정의롭고 평등한 사회를 지향하는 데 중요한 가르침을 제공하며, 그의 유산은 한국 독립운동사에서 영원히 기억될 것이다.

해창海窓 송기식宋基植의
교육활동과 독립운동

1. 서론

해창海窓 송기식宋基植(1878~1949)은 경상북도 안동 출신으로 1919년 만세운동이 한창이던 3월 18일, 안동 장터에서 유동봉柳東鵬과 함께 만세운동을 주도하였다가 2년형을 선고받고 복역한 일로 1990년 애족장에 추서된 독립유공자이다.

구한말 서세동점의 시대에 접어들면서 서양 문물뿐 아니라, 다양한 학문과 종교가 유입되었다. 그로 인해 학문의 나아갈 방향을 잡지 못하던 유학자들은 크게 유학에만 전념하자는 위정척사파, 유학과 서양 학문을 융합하자는 동도서기론파, 서양 학문에만 집중하자는 서양학문추종파로 나뉘었다. 이 가운데 해창은 동도서기론파 입장을 취했지만, 단순히 동도서기론에만 머물지 않았다. 그는 조선 최고의 학문으로 숭상받던 유학의 본질이 본래 내용과 다르게 변질된 사실에 주목하고 유교 개혁을 주창하였다. 해창이 유학의 본질이 달라졌다고 한 것은 학문 자체의 유학이 아니라, 유학을 공부하는 사람들의 왜곡된 해석으로 유교의 폐단이 야기되었으므로, 유림의 반성이 필요하다는 데에서 출발했다.

당시 유교 개혁을 주창한 인물이 해창 한 사람은 아니다. 그러나 해창은 달도 차면 기울고, 기울면 반드시 다시 차오르는 것처럼 더이상 퇴락할 수 없는 지경에 다다른 유학을 개혁하기에는 지금이 최적기라고 생각했다.

이를 위해 해창은 교육을 통한 인재 양성이야말로 유학을 바로 세우고, 주권을 회복하는 지름길이라고 여기고 평생을 교육활동에 힘썼다. 그사이 독립운동에 나설 기회를 엿보고 있던 해창은 안동의 3.18 만세운동을 주도하기도 하였다. 이러한 해창과 관련된 기존 연구들을 살펴보면 유교개혁론과 관련된 부분에 있어서는 일부 성과를 거두었다.1) 그밖에 해창의 저서인 『속수한문훈몽速修漢文訓蒙』과 『시학운총詩學韻叢』에 대한 연구 성과도 있었다.2) 그러나 그의 교육활동과 독립운동에 대한 연구가 직접적으로 다뤄진 적은 없다. 이 점에 주목하여 본고에서는 기존의 연구 성과를 바탕으로 해창의 교육활동과 독립운동에 대해 살펴보고자 한다.

2. 교육활동

송기식宋基植(1878~1949)의 자는 공필輩弼, 호는 해창海窓, 본관은 진천鎭川이다. 고조는 가선대부嘉善大夫 창덕궁위장昌德宮衛將 송덕영宋德榮, 증조는 관수헌觀水軒 송재기宋在璣, 조부는 송운재松雲齋 송구현宋九鉉이다. 부친 괴당槐堂 송순호宋淳昊와 모친 김성규金聲圭의 딸 김해김씨金海金氏 사이에서 1878년 9월 25일 안동의 임하臨河 송천松川에서 태어났다.3)

---

1) 금장태, 「宋基植」의 유교개혁사상」, 『퇴계학보』 112(퇴계학연구원, 2002); 김순석, 「일제강점기 유교의 종교화운동-眞庵 李炳憲과 海窓 宋基植을 중심으로-」, 『한국민족운동사연구』 77(한국민족운동사학회, 2013); 박원재, 「후기 정재학파의 유교개혁론 연구 - 海窓 宋基植의 『유교유신론』을 중심으로」, 『국학연구』 10(한국국학진흥원, 2007); 이연승, 「해창 송기식의 유교개혁론에 대한 소고」, 『종교와 문화』 34(서울대학교 종교문제연구소, 2018); 한관일, 「송기식의 『유교유신론』에 관한 연구」, 『한국사상과 문화』 41(한국사상문화학회, 2008); 황영례, 「韓溪 李承熙와 海窓 宋基植의 孔敎 運動의 相異性」, 『유교사상문화연구』 39(한국유교학회, 2010).
2) 안순태, 「『詩學韻叢』 研究」, 『韓國漢詩研究』 24(한국한시학회, 2016); 장은영, 「宋基植의 [速修漢文訓蒙] 研究」, 안동대학교(석사학위논문, 2010).
3) 宋基植·柳己, 『海窓先生文集2·菁川先生文集1』, 한국역대문집총서 2975(한국문집편찬위원회, 경인문화사, 1999), 326쪽. 「行狀[金正模]」, "公諱基植, 字輩弼, 號海窓, 蓋以海爲窓之意也. 宋氏系出鎭川. ⋯ 高祖諱德榮以敵愾后, 陰昌德宮衛

1895년 전국 의병 봉기 때는 조부의 막하에서 군관軍官으로서 도왔고,[4] 1896년에는 안동 의병장 척암拓菴 김도화金道和(1825~1912)의 막하에서 종사하였다. 그리고 1897년에는 서산西山 김흥락金興洛(1827~1899), 1902년에는 김도화, 1905년에는 향산響山 이만도李晚燾(1842~1910)의 문하에서 수학하였다. 1906년 모친상을 당했으며, 같은 해에 스승 김흥락의 유문遺文을 문집으로 발간하였다.[5] 1907년 동산東山 류인식柳寅植(1865~1928)·천유天游 김형칠金衡七(1874~1959) 등이 협동協同학교를 설립할 때 중간에서 일을 주선하고[6] 돌아온 후, 1909년 봉양의숙鳳陽義塾을 설립하였다.[7] 1908년에는 석주石洲 이상룡李相龍(1858~1932)의 부름에 응해 시국에 대해 논의했다.[8]

1910년 8월 경술국치 후인 1911년 식음을 전폐하며 울분을 터뜨리다 조부祖父의 가르침을 듣고 그만두었다.[9] 1914년 만주의 이상룡으로부터

將, 陞嘉善. ⋯ 曾祖諱在璣號觀水軒, 祖諱九鉉號松雲齋. 考諱淳昊號槐堂, 妣金海金氏節孝先生克一后, 處士聲奎女. 高宗戊寅九月二十五日生."

4) 宋基植 著, 安秉杓 註釋, 『釋註 儒敎維新論』, 안동(발행처 미상, 1998), 11~12쪽 참조.

5) 宋基植·柳己, 앞의 책, 326쪽. 「行狀[金正模]」, "丙申, 從拓菴金先生義幕. ⋯ 丁酉, 贄謁西山金先生恪, 受懿訓, 知爲學本實有在. 先生亦愛賞不已, 或有以寫 役命替之. ⋯ 壬寅, 以論語疑義, 往質于拓菴, 多蒙獎與. ⋯ 乙巳, 往謁響山李先生, 叩稟諸賢圖說, 次及時事, 有欲宣旋呑之意, 先生目送以當世志士. ⋯ 丙午, 丁內艱, 戚易中節. ⋯ 己亥, 西翁啓手痛, 早值樑摧, 三霜必參哭朔望, 以至遺文繕謄及剞劂也, 泊七載竭力誠."

6) 宋基植·柳己, 위의 책, 322쪽. 「墓碣銘(并序)[柳萬植]」, "家兄東山公, 天游金公倡立協東學校於川上, 唱起民智, 敎育靑年, 蓋欲自强而禦侮也. 公周旋左右於其間."

7) 宋基植·柳己, 위의 책, 335쪽. 「遺事[柳東蓍]」, "是歲, 往贊協同學校. ⋯ 倡鳳陽義塾."

8) 宋基植·柳己, 위의 책, 326쪽. 「行狀[金正模]」, "己亥, 西翁啓手痛, 早值樑摧, 三霜必參哭朔望, 以至遺文繕謄及剞劂也, 泊七載竭力誠. ⋯ 戊申, 新潮蕩溢, 石洲李先生招公, 論傷時憂國之事."

9) 宋基植·柳己, 위의 책, 326쪽. 「行狀[金正模]」, "庚戌八月, 屋社, 公憂忿廢食, 承

기별을 받고 만주로 가다가 되돌아온 뒤에는 시대 흐름을 살피면서 지냈다.10) 1916년에는 『시학운총詩學韻叢』을 편찬하였다. 1919년 3월 18일 안동 장터에서 일어난 만세운동을 주도하였다. 이때 일본 경찰에 체포된 후 대구복심법원에서 2년형을 선고받고 복역하다가,11) 경성 감옥으로 이감移監되어 수감생활을 하던 1920년 영친왕英親王의 가례嘉禮로 감형減刑되어 돌아왔다.12)

1921년에는 『한문훈몽漢文訓蒙』, 『유교유신론儒敎維新論』, 『국문사서國文四書』 등을 편찬하였으며, 『사서차의四書箚疑』, 『격치도格致圖』 등을 저술하였다. 1925년에는 인곡서당麟谷書堂을 세웠다. 1927년 부친상을 당했는데,13) 이해에 『선문맹자논어 중용·대학鮮文孟子論語 中庸大學』을 출간하였다.14) 1932년 녹동서원鹿洞書院에서 경전의 요지를 강의하였으며,15) 1935년 녹동서원에서 돌아온 후에도 제자 양성에 힘썼다.16) 1945년 해방 후 마을 사람들이 유지회維支會 책임자로 추대하자 사양하고 나아가지 않았다. 1949년 3월 22일, 72세를 일기로 생을 마감하였다.17) 1957년에 넷

王考命止. … 甲寅石洲公在滿洲, 有願覲之敎, 公跋履將往謁, 至金剛山, 夢感異常, 馳復來程, 重庭有愼節也. 自後觀世變."
10) 宋基植·柳己, 위의 책, 335쪽.「遺事[宋淵植]」, "七月, 歐洲戰亂起, 東西政治界, 思潮大變, 乃決意斂足, 以觀時變."
11) 공훈전자사료관(http://e-gonghun.mpva.go.kr/) 〈宋基植〉 참조.
12) 宋基植·柳己, 앞의 책, 335쪽.「遺事[宋淵植]」, "移于京城獄. 庚申, 以英親王嘉禮減期而歸."
13) 宋基植·柳己, 위의 책, 326쪽.「行狀[金正模]」, "辛酉, 著漢文訓蒙, 儒敎維新論, 國文四書等編, 明礙旨歸, 各有攸宜. 其所著中四書箚疑, 格致圖. …乙丑, 構麟谷書堂. … 丁卯, 丁外憂."
14) 『매일신보』(1927.08.13.) 〈今日의 出版許可 警務局圖書課調〉 기사 참조.
15) 宋基植·柳己, 앞의 책, 326쪽.「行狀[金正模]」, "癸酉, 鹿洞儒敎會請公設講習. … 講貫經傳要義."
   * 해창의 문집에 녹동서원과 관련하여 癸酉年으로 되어 있는 것은 여러 정황상 1932년인 壬申年으로 확인되어 1932년으로 서술하였다.
16) 宋基植 著, 安秉杓 註釋, 앞의 책, 18쪽 참조.

째 동생 봉산鳳山 송연식宋淵植(1893~1963)이 『해창문집海窓文集』을 간행하였다. 그리고 1990년 건국훈장 애족장에 추서되었다.[18]

1) 설립과 교육활동

우리는 1910년 8월에 나라가 망했다고 생각한다. 그러나 당대 깨어있는 지식인들은 외교권을 빼앗긴 1905년 을사늑약 때 나라가 망한 것으로 생각했다. 그래서 을사오적 처벌과 함께 을사늑약 파기 상소를 올리는가 하면 많은 지사들이 자결했다. 그러나 자결만으로는 나라에 도움이 되지 않는다고 생각한 지식인들은 학교를 설립해서 후학 양성에 나섰다. 그중 한 사람이 해창이다.

해창은 1907년 류인식·김형칠 등이 세운 협동학교 설립을 주선하고 돌아온 후인 1909년에도 김형칠·해관海觀 이관직李觀稙(1882~1972) 등 협동학교 관련자들과 꾸준히 교유를 이어가면서[19] 학교 교육에 대한 관심을 키워갔다.

학교 교육에 대한 열망을 갖고 있던 해창은 1909년 집안 사재를 털어 근대식 학교인 봉양의숙을 설립하고, 청년 교육에 힘썼다.[20] 시대 혁신과 후배들을 경계함으로써 쇠퇴한 세상을 권면하려는 뜻을 갖고 설립한 봉양의숙을 통해 해창은 여러 학생들을 장려하고 진작시키는 것을 자신의 임무로 생각했다. 그래서 그는 동쪽의 협동학교, 서쪽의 동화학교東華學校,

---

17) 宋基植·柳己, 앞의 책, 326쪽.「行狀[金正模]」, "乙酉, 解放, 一方推公尸事于維支會. … 仍謝辭之. … 竟以三月二十二日終."
18) 각주 10) 참조.
19) 宋基植, 앞의 책, 85쪽.「協東學校與金天游(衡七)李海觀(觀稙)共賦(己酉)」
20) 宋基植·柳己, 앞의 책, 335쪽.「遣事[宋淵植]」, "是歲, 往贊協同學校, 歸設鳳陽義塾."; 이연승,「해창 송기식의 유교개혁론에 대한 소고」,『종교와 문화』34(서울대학교 종교문제연구소, 2018), 174쪽 참조.

북쪽의 보문학교寶文學校, 그리고 봉양의숙을 합친 네 학교가 가족 같은 의리를 지니고, 상응하는 기세를 갖도록 하는 데 힘쓰면서 이들 네 학교의 명성과 위세가 서로 보탬이 되도록 하였는데, 이는 해창이 기획한 것이었다.21) 그리고 그해 이상룡이 안동에다 대한협회大韓協會 안동지회를 설립했는데 류인식·소호素戶 서병의徐丙懿(?~?), 창암蒼菴 김후병金厚秉(1874~1964), 주서注書 죽파竹坡 권유하權有夏(1852~1922) 등의 명망이 두터운 동지들과 함께 뜻을 모아 일을 주선하고, 구국救國에 앞장섰다.22)

혁신에 뜻을 두고 후학 양성을 위해 설립한 봉양의숙에서 해창은 청년 교육에 온 힘을 기울였다. 그 결과 1910년에는 각처의 학생들이 글방에 운집했다.23) 그러나 일본인들의 억압이 나날이 심해지던 1911년 해창은 경영난으로 봉양의숙의 운영을 중단해야 할 위기에 직면했다. 당시 일본은 조선인들이 운영하는 사립학교가 번창하는 것을 원치 않았다. 그에 따라 일본 경찰은 해창이 봉양의숙을 운영하면서 가져다 쓰는 단연회斷煙會의 기금을 혹독하게 감독했다. 해창은 국채보상운동의 일환으로 대대적인 금연禁煙 실천 전개로 기금을 모으던 단연회 기금을 가져다 학교 운영에 보탰었다. 그러나 일본 경찰의 혹독한 감독에서 벗어나기 위해 해창은 부득이 사채빚을 내어 단연회에서 가져다 쓴 기금을 갚았다. 그 결과 그는 더이상 봉양의숙을 유지할 계책이 없었다. 그런데 학생들이 울면서 학교를 떠나지 않았다. 이에 해창은 이상룡의 시구詩句 "단지 원하는 것은

---

21) 宋基植·柳已, 위의 책, 326쪽. 「行狀[金正模]」, "思欲有斟酌革新之志, 倡鳳陽義塾, 誠以警後勵輩叔世. … 東有協東, 西有東華, 北有寶文, 聲勢互資, 亦有公贊畫之策也. … 酌古斟今, 以獎進諸生自任, 河回之東華, 陶山之寶文, 有四校一室之義, 有馳驅相應之勢."

22) 宋基植·柳已, 위의 책, 335쪽. 「遺事[宋淵植]」, "石洲李先生設大韓協會于本郡, 一時重望如東山柳公(寅植), 素戶徐公(丙懿), 蒼菴金公(厚秉), 注書權公(有夏) 諸公, 同起斡旋."

23) 宋基植 著, 安秉杓 註釋, 앞의 책, 14쪽 참조.

새 인물 성취시키는 것이니, 옛 명성 무너지는 것 아낄 것 없다네[但願成就新人物, 不惜破壞舊身名]"라는 구절을 외우면서 "이것이야말로 나의 일이다[是吾事也]"라고 하였다. 결국 해창은 천도교 측과 교섭을 벌여 봉양의숙 운영을 이어갈 계책을 도모하였는데, 사방에서 비난이 쏟아졌다. 그러자 해창은 "이런 긴급 사태를 당했는데 후학들을 바라보면서 속수무책으로 서 있기만 하는 것은 어려울 것 하나도 없다."고 하였다.[24]

"어려울 거 하나도 없다[末之難矣]"는 말은 『논어』〈헌문憲問〉의 "세상을 잊는 데에 과감하구나. 출처出處를 그렇게만 한다면 어려울 거 없을 것이다.[果哉. 末之難矣]"에서 나왔다. 해창은 세상일이야 어찌 되든, 자신만 피해서 은자로 살면 된다는 생각을 지적했다. 후학들에게서 희망이 보이는데, 수수방관하며 속수무책으로 있는 것은 무책임한 일임을 언급한 것이다. 비난을 받더라도 인재 교육을 자신의 직무로 생각하고 힘쓴 해창의 모습이 엿보인다.

해창은 1910년 경술국치 때 스승 이만도의 단식 자결을 보고 1911년 식음을 전폐하였다. 이때 그의 조부는 해창에게 젊은 사람들이 모여서 훗날을 도모해야 한다며 단식을 멈출 것을 권하였다.[25] 당시 조부는 해창에게 포수인치抱羞忍恥하여 국권을 회복함이 장부丈夫의 도리라는 말을 해주었다. 그로부터 해창은 광복의 길은 오직 인재 배양이 급선무임을 가슴 깊이 새기고 교육에 더욱 전념하기 위해 가산을 털어 봉양의숙을 증축하고 신교육을 시행하여 국혼을 고취시켰으며, 학교 유지를 위해 가산

---

24) 宋基植·柳己, 앞의 책, 335쪽.「遺事[宋淵植]」, "辛亥, 自日署惡其 私立之發展, 嚴督本塾, 引用之斷煙金, 而不得已出惡債報償, 頓無維支之策, 不忍學生團合 涕泣而不去, 乃自誦石洲李先生詩中, 但願成就新人物, 不惜破壞舊身名之句曰, 是吾事也. 因交涉於天道教, 以圖引長之策, 誚謗四至, 公曰, 當此非常, 望在後進, 束手立見, 末之難矣."
25) 宋基植·柳己, 위의 책, 335쪽.「遺事[宋淵植]」, "庚戌, 國祚不天, 忿慨不食, 有王考年富力強者, 會待可爲之訓而止."

까지 탕진했다.26)

　여기서 해창이 섭렵한 학문들의 단면을 일부 살펴보도록 하겠다. 해창은 유교 경전만 공부한 것이 아니었다. 그는 루소의 사회계약론, 다윈의 진화론, 제임스 와트의 증기, 벤자민 프랭클린의 전기에 관한 학설은 물론, 마르크스의 과학설과 톨스토이의 노동설,27) 그밖에 아낙시만드로스, 소크라테스, 플라톤, 아리스토텔레스, 토마스 홉스, 스피노자, 루소, 베이컨, 데카르트, 칸트, 다윈, 스펜서, 몽테스키외, 벤담, 허버트 스펜서 등이 제기한 철학 등 서양인들의 학설을 상당히 섭렵했다. 아울러 미국 건국의 아버지 워싱턴과 노예해방으로 큰 공을 세운 링컨까지 공부했다. 이에 더해 선교仙敎, 불교, 천도교, 대종교, 예수교 등까지 섭렵하였다.28) 그 중 해창이 다양한 종교에까지 관심을 기울인 것은 유교를 종교화하는데 있어 최선의 방법을 모색하기 위해서였고, 그 결과 예수교 등의 주일 예배 운영 방식을 도입해서 복일復日 제도를 실시할 것을 생각해냈다.

　그렇다면 봉양의숙 제자로는 어떤 인물들이 있을까? 해창의 영향을 오랜 기간 받은 인물들은 단연 형제들이다. 첫째 동생 송태식宋泰植(1881~1946, 일명 송영식宋永植)은 1977년 건국포장에 이어 1990년 건국훈장 애국장을 추서 받은 독립유공자이다.29) 넷째 동생 송연식은 해창이 1920년에 출옥한 뒤 일제의 감시대상이 되자 형 대신 봉양의숙을 맡아 운영하며 해창의 뜻이 널리 퍼지도록 한 인물이다. 또 둘째 동생 송대식宋大植과 막내 동생 송강식宋康植이 있는데, 이들의 교육 또한 봉양의숙에서 이루어졌을 것임은 자명한 일이다.

---

26) 宋基植 著, 安秉杓 註釋, 앞의 책, 14~15쪽 참조.
27) 宋基植, 앞의 책, 407쪽. 「學說左右世界論」, "得聞白人之所謂學說者, 盧梭民約之說, 終致共和之制, 達爾 文進化之說, 鼓發文明之階, 瓦特之汽說, 富蘭克令之電說, 其掀天地者, 果如何也. 況麥喀士之科學說, 杜翁之勞動說."
28) 宋基植 著, 安秉杓 註釋, 앞의 책, 75쪽, 99~109쪽 참조.
29) 공훈전자사료관(http://e-gonghun.mpva.go.kr/) 〈宋泰植〉 참조.

또 안동 출신 김태규金泰圭(1891~1931), 일명 김철金鐵이 있다. 그는 이 상룡과의 인연으로 1912년 만주로 망명을 떠난 후 서간도 독립운동에 중 추적 역할을 한 인물로, 임시정부와 연락 후 귀로에서 일본 경찰에 체포 되어 징역 1년 6월을 선고받고 옥고를 치른 일로 독립유공자로 지정된 사실이 확인된다.[30]

김태규는 해창의 지도로 봉양의숙에서 신구新舊 학문을 두루 섭렵하였 으며, 1910년 경술국치 후에는 서간도에서 구국제민救國濟民하고 있는 이 상룡과 서신을 주고받았는데, 해창이 이를 알고 김태규에게 광복운동의 선봉장 자격이 충분하다며 격려한 사실이 있는 것으로 전해지고 있다.[31] 이러한 사실은 김태규 관련 작품이 『해창선생문집』에 다수 수록된[32] 것 을 통해 확인된다. 해창은 백 번 쓰러져도 굽히지 않을 절개를 지니고 이 름까지 '철鐵'로 바꾸고, 의로운 일에 앞장섰다[33]는 말로 김태규에 대한 애틋함을 드러내기도 했다. 이에 더해 1912년에는 김태규가 만주에 있는 이상룡의 편지를 해창에게 전해 준[34] 일도 있다.

그밖에 확인되는 제자로는 권중호權重鎬, 김병진金秉軫(1895~1964, 독립 유공자), 문소술文小述, 족제族弟 송홍식宋弘植(1879~1930, 독립유공자), 종 제從弟 송장식宋章植(1895~1982, 독립유공자) 등이 있다.[35] 이 외에 자字가

---

30) 공훈전자사료관(http://e-gonghun.mpva.go.kr) 〈金泰圭〉 참조.
31) 이 자료는 인터넷 상에서 한글 파일로 확인되는 자료인데, 저자도 소장처도 확인 이 불가하여 명확한 출처를 밝힐 수 없다. 추후 저자가 연락을 해오면 정확한 출 처를 표기할 것임을 밝혀둔다.
32) 宋基植, 앞의 책, 86쪽. 「同金泰圭朴載魯, 到聞慶主屹關口號」 / 97쪽. 「夢金斗 國·金泰圭」 / 447쪽. 「追悼金泰圭文」; 宋基植·柳已, 앞의 책, 60쪽 「祭金公泰圭 文(癸未)」.
33) 宋基植, 위의 책, 447쪽. 「追悼金泰圭文」, "惟君七尺, 百顚不折. 有何誓心, 改名 曰鐵. … 自古豪俊, 惟義直前. 成敗何論, 一付于天."
34) 宋基植, 위의 책, 447쪽. 「答石洲李丈(壬子)」, "金君泰圭來, 奉下書以至伏讀未 半, 感淚交襟."
35) 宋基植 著, 安秉杓 註釋, 앞의 책, 15쪽 참조. ;공훈전자사료관(http://e-gonghun.

공건公建인 김두국金斗國이 있는데, 그는 해창이 넷째 동생 송연식을 해창의 스승 김도화에게 보내면서 가르침을 청할 때 함께 보낸 인물이다.36)

한편 해창은 1916년 봉양의숙에서 『시학운총』을 저술하였다. 그런데 해창의 대표 저술인 『한문훈몽』, 『유교유신론』, 『국문사서』 등의 편찬과 『사서차의』, 『격치도』 등은 출옥 후인 1921년에 지어진 것으로 확인된다.37) 그의 저술이 이 시기에 집중된 것은 일제의 감시로 인해 송연식에게 봉양의숙의 운영을 맡긴 상태여서 저술에 힘쓸 여가가 생겼기 때문이다. 물론 저술에 대한 구체적인 계획은 감옥에서 확립된 것임에 틀림없다.

2) 일제강점기 인곡서당隣谷書堂 운영

봉양의숙을 동생에게 운용토록 하고 집필에 전념하던 해창은 1925년 안동의 남선면南先面 신석리申石里 인곡隣谷에 인곡서당을 건립하였다.38) 해창은 당시 원근에서 모여든 제자들을 재능에 따라 가르쳐 크게 진작시키는 효과를 냈다.39) 아래는 해창이 7월 15일 인곡서당 제자들과 함께 지은 시 「칠월십오일여제군공부七月十五日與諸君共賦」40)이다.

제군들 곤륜산의 옥이라 여겼는데   諸君看做玉崑崗
하룻밤 사이 뭇 향기로 피어나 지란芝蘭이 되었네

---

mpva.go.kr/) 〈金秉軫〉·〈宋弘植〉·〈宋章植〉 참조.
36) 宋基植, 앞의 책, 192쪽. 「上拓菴金先生(庚戌)」 "舍弟淵植與金斗國, 方有意向學, 茲乃起送使之, 觀感於有道之門, 幸望不棄而容受焉."
37) 각주 12) 참조.
38) 이연승, 앞의 논문, 174쪽 참조.
39) 宋基植·柳已, 앞의 책, 326쪽. 「行狀[金正模]」, "乙丑, 構麟谷書堂, 遠邇負笈者, 隨材施斲, 優有作興之効."
40) 宋基植, 앞의 책, 111쪽. 「七月十五日與諸君共賦」

	一夜芝蘭集群芳
봉양의숙에서 다년간 함께 등불 비쳤고	鳳塾多年燈共照
인산麟山서당에서의 만년 계획은 나무들 즐비함 이루는 것이라네	
	麟山晚計樹成行
도서 만권으로 정신 단련하느라	圖書萬卷精神老
소나무에 달 걸린 한밤중에도 이부자리 싸늘하네	
	松月三更枕席涼
다시금 가는 사람 옷자락 붙잡아 머물게 하고 싶은데	
	更把征衫留意在
어찌하면 (그대들) 앞날에 여덕餘德을 이어줄 수 있으려나	
	何能前路續餘光

　위의 시의 제작 시기는 확인되지는 않지만 인곡서당을 설립한 후에 지어진 작품임은 분명하다. 수련의 곤강崑崗은 『서경』「윤정胤征」에 나오는 것으로, 곤강옥崑崗玉은 곤륜산에 불이 붙으면 곤륜산에 있는 옥석玉石 구분 없이 모조리 불탄다[火炎崑岡, 玉石俱焚]는 뜻이 있다. 지란芝蘭은 지초芝草와 난초蘭草를 아우른 것인데, 훌륭하고 깨끗한 인물을 비유적으로 이르는 말이기도 하다. 해창은 제자들이 곤륜산에서 함께 불에 탄 옥석처럼 모두 화를 입어 분간을 할 수 없을 줄 알았는데, 알고 보니 모두 지란이었다고 했다. 해창의 제자들에 대한 사랑과 기대감이 드러난다. 함련의 만년의 계획은 나무들 즐비하게 심는 것이라는 말은 인재를 즐비하게 양성할 계획을 실현시키고자 하는 의지의 피력이다. 경련의 이부자리가 싸늘하다는 말은 제자들이 학문에 전념하는 모습을 그린 것이다. 미련의 여광餘光은 여덕餘德이라고도 하는데, 현인賢人이 남긴 어진 은덕을 가리키는 말이다. 제자들에게 유학의 현자들이 남긴 은덕을 길이 전해주고 싶은 해창의 마음이 엿보인다. 이 작품은 한마디로 인곡서당에서 밤늦도록 학문에 몰두는 제자들을 훌륭한 인재로 길러내고자 하는 해창의 굳은 의지

를 드러낸 것이다.

그런데 인곡서당 제자들로 확인되는 인물은 현재 정확하게 드러나지 않고 있다. 다만 인곡서당에서부터 해창의 교육에 큰 변화를 맞이한 정황이 드러날 뿐이다. 1921년 해창이 저술한 『유교유신론』의 일부를 현실 교육에 적용시켰을 것이기 때문이다. 해창이 『유교유신론』을 저술한 이유는 기존의 경서를 강의하는 유교에서 나아가 유교를 종교화시키겠다는 목적이 있어서였다. 인곡서당이 1925년에 설립되었던 만큼 『유교유신론』의 내용을 인곡서당의 교육 현장에서 실현시킬 때는 구상이 꽤나 구체화되었을 것으로 보인다.

해창은 동서양의 학문을 아우른 결과 세상에서 가장 탁월한 학문이 유교라는 판단하에 개혁된 유교를 완벽한 종교로 발전시킬 개혁안으로 크게 11가지 항목을 제시했다.41) 그 중에 교육과 관련된 내용을 살펴보기로 하겠다.

넷째, 매주 일요일 복일강론復日講論을 할 때 임원이나 식견 있는 인사의 경전 강연 및 현시대의 사정事情을 참작하여 강연을 하되 의문되는 점을 토론하여 학설을 신선하게 할 것, 여기서 현시대의 사정을 참작해서 강연을 한다는 것은 일제가 강점하고 있는 시대적 문제를 참작해서 강연을 하겠다는 것이다. 이는 종교로써의 유교뿐 아니라, 현시대 사정에 대해서도 공식 강연을 하겠다는 의도가 포함된 것으로 보인다. 다섯째, 경의강습소經義講習所를 설립하고, 강사는 경전 뜻에 통달하고, 현세現世의 시급時急한 문제에 능통한 사람으로 할 것, 여기서 현세의 시급한 문제란 바로 독립이 포함된 문제일 것이다. 여섯째, 경전經傳을 번역할 것, 한문으로 편찬된 경전을 국문으로 번역한다는 것은 한문을 익히지 못한 대중들을 위한 것이다. 해창은 이에 대한 일환으로 1927년 8월, 1921년에 편

---

41) 유교개혁과 관련한 내용은 이연승, 「해창 송기식의 유교개혁론에 대한 소고」, 『종교와 문화』 34(서울대학교 종교문제연구소, 2018), 184~187쪽에 자세하다.

찬해 두었던 『국문사서』를 『선문맹자논어 중용대학』으로 출간하였다.42) 이는 기본적으로 유교 교육과 유교 신자 저변 확대라는 목적 때문이었지만 넷째와 다섯째 항목에 초점을 맞춰보면, 해창은 종교적 목적을 이룸과 동시에 유교 신자들을 상대로 시대 상황에 맞는 강연 등을 통해 애국 계몽에도 나서려 했던 것으로 보인다. 여덟째, 계급타파를 통해 하류사회 학대 금지 및 상애주의相愛主義를 실천할 것, 이는 양반들이 기득권을 내려놓고 만인을 평등하게 대하자는 것이다. 계급타파와 함께 해창이 한글로 사서四書를 출간한 이유가 공자의 이상세계인 대동세계大同世界 실현을 위한 인간 평등사상에 입각한 교육 실현이었음을 알 수 있다. 열 번째, 부인교육婦人敎育을 실시할 것, 이는 인구 절반을 차지하는 여성에 대한 인식을 새롭게 전환시킨 것이다. 열한 번째, 신교육을 실시하는 학교 교육을 받을 것, 이는 신지식 습득을 위한 학교 교육의 중요성을 강조한 것이다.43)

한마디로 해창은 모임이 금지된 현실 타개책으로 복일에 맞춰 합법적 종교 활동과 함께 남녀노소지위고하를 막론한 애국 계몽 교육이라는 일석이조의 효과를 낼 계책을 내었던 것이다.

그러나 해창이 유교를 종교화하는 과정에서 실시하려던 위의 교육 내용들은 유학자들로부터 큰 호응을 받지는 못했다. 대부분의 유학자들은 유학을 종교화한다는 자체에 동의하지 못했다. 또 기본적으로 양반가의 후손으로서 만인 평등의 이론을 쉽게 받아들이기 어려웠고, 한문을 중시하던 사상을 하루아침에 내려놓기도 어려웠다. 이에 더해 세상이 변했다고 해도 학교에서 실시하는 신교육에 대한 거부감이 있었고, 특히 여성들을 학교 보내는 것에 대한 거부감이 상당히 컸을 것이기 때문이다. 그로

---

42) 각주 13) 참조.
43) 宋基植 著, 安秉杓 註釋, 앞의 책, 69~79쪽의 〈제9장 儒敎 反正의 方法〉; 이연숭, 앞의 논문, 184~186쪽 참조.

인해 해창이 유교의 종교화와 함께 변화를 꾀하고자 했던 교육은 크게 빛을 발하지는 못했다. 그러나 인곡서당 학생들에게 일정 부분 영향을 끼쳤음은 부정할 수 없는 사실이다.

그밖에 해창은 1925년 5월 충청북도 단양군수 김경배金壄培의 초청으로 단양에 설립된 명륜학원明倫學院 교수로 부임하여 후학을 지도하면서 사서四書의 국역을 마쳤다44)고 전해지고 있는데, 이 부분에 대한 정확한 실상은 현재 확인되지 않는다.45)

3) 녹동서원鹿洞書院에서 후학 양성

1932년 경기도 시흥의 녹동서원 유교회儒敎會에서 해창이 풍습 교화를 힘써 권면한다는 이유로 해창에게 강습소 설립을 청했다. 이에 녹동서원에 간 해창은 그곳에서 선발한 인재들을 대상으로 경전의 요지를 강독하여 많은 제자들로 하여금 학문적 성과를 이루어내도록 하였다.46) 아래는 해창이 시흥에 있는 녹동서원으로 가는 길에 제자들의 시를 차운해서 지은 시 「시흥도중차제생운始興途中次諸生韻」이다.

갈림길에서 다년간 나아가고 물러나던 이 몸	岐路多年出沒身
만년에 짊어진 책임 부끄럽지만 새삼스럽네	晚來擔着愧還新
단비 같은 교화라면 무능력해도	化如時雨雖無力
이미 봄을 드러낸 뭇 향기는 아낄 수 있다네	堪愛群芳已見春

---

44) 宋基植 著, 安秉杓 註釋, 위의 책, 17쪽 참조.
45) 이연승, 앞의 논문, 174쪽 참조.
46) 宋基植·柳己, 앞의 책, 326쪽. 「行狀[金正模]」, "癸酉, 鹿洞儒敎會請公設講習所, 公於勵奬風敎力爲焉, 故往卽看詳學制, 揀其逸者, 講貫經傳要義, 多所成業者."

위의 시 기구에서는 인생의 갈림길에서 다년간 세상에 나오고 은둔하기를 수차례 하면서 고민하던 해창의 모습이 엿보인다. 승구에서는 만년에 인재들을 길러내고자 하는 책임감이 느껴진다. 전구의 단비 같은 교화라면 무능력하다는 말은 해창의 겸손이다. 결구의 군방群芳은 향기로운 꽃을 뜻하기도 하지만, 현자들을 의미한다. 따라서 절구에서 이미 봄을 드러낸 뭇 향기는 제자들로부터 미래에 대한 희망이 엿보인다는 뜻이다. 봄은 희망이고, 그것은 곧 국권 회복에 대한 기대감이다. 교육은 사랑을 전제로 할 때 더 큰 효과가 나타난다. 시의 결구를 통해 해창의 제자들을 아끼는 마음의 깊이를 헤아려볼 수 있다.

해창이 녹동서원에서 학업을 성취시킨 인재 가운데에는 중산中山 박장현朴章鉉(1908~1940)이 있다. 박장현은 경상북도 청도淸道 출신으로 14세 때인 1921년부터 사립 보성학원普成學院 보통과에 입학해서 신학문을 익히고, 1925년 보성학원을 졸업한 후 심재深齋 조긍섭曺兢燮(1873~1933) 등의 문하에서 한학을 익혔다.47) 그 후 1932년 녹동서원 내에 안순환安淳煥이 설립한 명교학원明敎學院에 1회 강습생48)으로 입학해서 그해 9월 학업을 마치고 돌아왔다. 박장현은 녹동서원에서 공부하는 동안 유교를 바탕으로 한 이상국가의 건설 의지를 키웠다.49) 이때 해창 또한 녹동서원 명교학원에서 학생들을 가르쳤는데, 무력 저항만으로는 국권을 회복하기 어렵다고 판단하고 교육에 전념했다.50) 박장현이 신문학을 익힌 후 한학을 수학하고, 유교 개혁을 통한 이상 국가 실현을 도모하고자 한 것은51)

---

47) 이은영,「中山 朴章鉉의 漢詩 硏究」,『한문학논집』44(근역한문학회, 2016), 344쪽 참조.
48) 황영례,「순환의 유교 종교화 운동과 녹동서원」, 영남대학교(박사학위논문, 2003), 128쪽 참조.
49) 이은영, 앞의 논문, 342쪽, 344쪽 참조.
50) 이연승, 앞의 논문, 187쪽 참조.
51) 이은영, 앞의 논문, 345쪽 참조.

해창의 영향을 상당히 받은 결과임에 틀림없다.

　해창은 망국의 현실에서 도탄에 빠진 백성들을 구제하기 위한 방편의 하나로 학교를 세우고 영재를 기르는 데 힘을 쏟는 것으로 광복의 기반을 삼았다.52) 그리고 그는 동서양의 다양한 학문 및 종교와 관련된 학설을 두루 접한 후 유교야말로 종교화시킬 수 있는 높은 학문이자 종교임을 피력하였다. 이러한 해창은 교육자였던 만큼 군자삼락君子三樂 중 하나인 '득천하영재이교육지得天下英才而敎育之'를 생각했을 것이다. 그런데 그는 항상 그릇된 세도世道를 바로잡을 걱정에 이목耳目이 총명한 청년을 얻어 그들에게 세도를 만회할 가르침에 힘쓰고자 하였다.53) 그래서 그는 영재보다는 시세에 밝은 인재 양성54)에 심혈을 기울였다.

　이처럼 해창이 사숙私塾을 세운 표면적 이유는 영재를 기르기 위한 것이지만 이를 토대로 광복의 기반을 삼자는 것이었고, 나아가 복일復日을 주창한 것 또한 유교의 종교화라는 목적도 있었지만 당시 모임이 쉽지 않은 현실 타개책 중 하나로 애국 계몽 교육을 실시할 기회를 삼고자 하는 목적도 겸하고 있었다.

3. 독립운동

　해창이 펼친 독립운동의 면모를 살펴보기에 앞서 그에게 학문적 영향을 끼친 스승 김도화, 김흥락, 이만도의 면모를 일부 살펴봐야 한다. 김도

---

52) 宋基植, 앞의 책, 2쪽.「海窓文集序[申彦稷]」, "悲祖國之爲梁亡, 則欲救斯民於魚爛之中, 宣力於立學育才, 以爲光復之基."
53) 宋基植, 위의 책, 134쪽.「明倫堂與於山痴村漫吟」, "還憂世道挽回處, 願得靑年耳目聰."(2수 중 제2수)
54) 이연승, 앞의 논문, 185쪽 참조.

화는 1896년 안동 의병장으로서 안동관찰부를 습격하는 등의 활약으로 1990년 독립유공자로 지정되었다. 김흥락은 영남지방의 거유巨儒로서 많은 독립운동가를 길러냈으며, 1895년 안동관찰부를 습격하여 무기를 탈취하는 등 초기 의병 활동에 큰 영향을 끼친 사실로 1995년 독립유공자로 지정되었다. 이만도는 을사늑약 때 을사오적 처벌과 을사늑약 파기 요구 상소를 올렸으며, 1910년 경술국치 때 단식 자결을 하여 애국정신을 고취시킨 사실로 1962년 독립유공자로 지정되었다.55) 이처럼 해창에게 학문적 영향을 끼친 스승 세 사람 모두 독립유공자가 되었다는 사실을 통해 해창이 가진 항일 정신의 깊이를 가늠해볼 수 있다.

1) 3.18 안동 만세 시위 주도

일본 주도의 갑오개혁에 대한 반발로 1895년 전국 의병이 봉기할 때 안동에서는 성대星臺 권세연權世淵(1836~1879)이 처음 의병장으로서 총통總統이 되어 각 면에 부총통을 두었다. 이때 해창의 조부 송구현이 동후면東後面의 부총통이 되자 해창은 조부의 막하에서 군관으로 활약하였다.56) 그 후 해창은 1896년 19세의 나이로 안동 의병장 김도화의 막하에서 대장영서기大將營書記로 종사하면서 구름처럼 밀려드는 서차書箚들을 하루도 정체시키지 않는 등의 활약을 펼쳤다.57) 조부와 스승 막하에서 항일 정신을 키워가던 해창은 그 해 가을 고종의 의병해산조칙이 선포되자 활동을 중지하고 돌아왔다.58) 그 후 모친의 사망과 스승 김흥락의 문집 정리와 학문에 전념하던 해창은 을사늑약의 부당함을 느끼며 살고 있었다.

---

55) 공훈전자사료관(http://e-gonghun.mpva.go.kr) 〈金道和〉·〈金興洛〉·〈李晩燾〉 참조.
56) 宋基植 著, 安秉杓 註釋, 앞의 책, 11~12쪽 참조.
57) 宋基植·柳己, 앞의 책, 326쪽 참조「行狀[金正模]」, "丙申, 從拓菴金先生義幕下, 書箚雲委日無停滯."
58) 宋基植 著, 安秉杓 註釋, 앞의 책, 12쪽 참조.

그러던 1908년 이상룡의 부름에 응해 새로운 풍조가 만연한 가운데에 놓인 시국에 대해 논의59)를 하면서 해창의 항일 의식은 더욱 깊어졌다. 그러나 부친의 병환으로 직접 항일 운동에 나서지 못하고 추이를 지켜보던 해창은 1909년 시대 혁신에 뜻을 두고 후학 양성을 위한 봉양의숙을 설립했다.

교육에 전념하던 해창은 승지承旨를 지낸 스승 이만도가 관직에서 물러난 후 고향에 기거 중이던 1910년 합방 소식에 곡기를 끊고 자결한 사실60)에 큰 충격을 받았다. 이에 해창 또한 1911년 식음을 전폐하였다.61) 그즈음 자결한 스승들의 영향으로 항일 투쟁 의식이 더욱 투철해진 인물들이 많았는데, 해창 또한 그중 한 사람이었다.

그런데 해창의 항일 정신을 북돋은 또 한 사람이 있다. 바로 식음을 전폐하고 있던 해창에게 포수인치抱羞忍恥하여 국권을 회복함이 장부丈夫의 도리라고 조언을 해준 조부이다. 이에 더해 1914년 해창은 만주로 망명한 이상룡으로부터 연락을 받고 만주로 떠나려다 중정重庭의 병환으로 주저앉고 말았던 일 역시 해창의 항일 정신을 키우는데 일조했다.

그러던 1919년 서울에서 시작된 3·1 만세운동의 물결은 해창이 사는 안동에까지 퍼졌다. 이에 해창은 김형칠(자 천유)·이창해李滄海 등과 함께 협동학교, 동화학교, 보문학교와 같이 행동할 것을 도모하고 날짜를 정해서 모일 것을 약속했다.62) 당시 해창은 천도교 계열 인사 류동붕柳東鵬(본명, 류후직柳后稷)·이종록李鍾祿(일명, 이을성李乙成) 등은 물론 기독교 계

---

59) 宋基植·柳己, 앞의 책, 326쪽.「行狀[金正模]」, "戊申, 新潮蕩滿, 石洲李先生招公, 論傷時憂國之事."
60) 盧相益,『痛史節要』「大韓亡國史列傳」〈李晩燾〉"李晩燾, 眞城人, 官承旨, 退居田里, 合邦絶食而死."
61) 이연승, 앞의 논문, 173~174쪽 참조.
62) 宋基植·柳己, 앞의 책, 326쪽.「行狀[金正模]」, "自京城三一運動始焉. 公與金天游李滄海諸公, 及東西北學校爲響應之圖, 指日約集."

열 인사들과 함께 만세운동을 주도적으로 준비했다. 거사일은 안동장터 장날인 3월 18일 오전 11시로 정했다. 해창 일행은 앞서 준비해둔 태극기와 "대한독립만세"라고 쓴 깃발을 흔들며 150여 명의 군중을 이끌고 시위에 나섰다. 그런데 만세 시위가 확대될 조짐이 보이자 일본 군경은 총검으로 군중을 탄압하고 주동자 14명을 체포했는데, 이때 해창도 체포되었다. 주동자 체포로 흩어졌던 군중 약 1백 명이 오후 6시에 다시 만세시위를 이어갔다. 이때 일본 경찰은 칼을 휘둘러 사상자를 냈고, 추가로 두 명을 더 검거했다. 이에 성난 군중들은 애국지사들을 석방하라며 다음 날 새벽까지 시위를 이어갔다. 그러나 일본 경찰과 일본 수비대들이 쏜 총탄으로 부상자가 속출하면서 시위대는 흩어졌지만 그들의 분노는 걷잡을 수 없이 커졌다.

당시 군중이 품었던 분노는 다음 장날인 3월 23일, 약 3천 명이 모여 2차 안동 만세 시위를 전개하면서 폭발했다. 군중은 일본 군경이 공포탄으로 위협하며 해산하라는 요구에 불응했다. 그리고 성난 군중은 애국지사들을 구출하자고 외치면서 경찰서·지방법원 안동지청을 파괴하였다. 고작 투석投石으로 항거하는 시위대를 향해 일본군이 총격을 가하면서 그 날 13명의 사망자와 20여 명의 부상자가 속출하였으나 시위는 다음날 오전 4시까지 이어졌다.63) 이처럼 항일 저항 위력을 확실하게 드러낸 두 차례 안동의 만세운동 발발의 첫 단추에 해창이 있었고, 이들을 선도하는 위치에 해창이 있었다.

제1차 안동 만세운동 때 시위를 주도한 혐의로 체포된 해창은 자신의 뜻을 조금도 굽히지 않다가 대구 감옥으로 이송되었다.64) 아래는 해창이

---

63) "당시 해창은 천도교~오전 4시까지 이어졌다."는 독립운동사편찬위원회 편저, 『독립운동사 제3권: 3·1운동사(하)』 (독립운동사편찬위원회, 1971), 398~400쪽을 기저로 서술하였다.
64) 宋基植·柳己, 앞의 책, 326쪽. 「行狀[金正模]」, "是日逮擊公于日署, 供對少無撓

처음 안동 감옥에 수감되었을 때 지어서 동지들에게 보여준 시 「체수안 동옥중시동지(기미)逮囚安東獄中示同志(己未)」65)이다.

이천만의 만세 구호 우레 소리로 피어나더니	二千萬口發雷聲
모여서 형체 없는 철옹성을 이루었네	團得無形鐵瓮城
맨손으로 세찬 바다 물결의 기세도 돌려놓을 수 있을지니	赤手能回鯨海勢
세상 사람들이여, 시모노세키 조약(馬關盟)을 다시 보시라	蒼生重見馬關盟
외로운 충정忠情은 몽당붓으로 역사서에 남겨지고	孤忠禿筆春秋在
대의大義는 중천의 해와 달처럼 빛날지니	大義中天日月明
남아의 본분이란 모름지기 이처럼	男兒本分須如此
공경히 천심을 따를 뿐, 명예 따윈 좋아하지 않는다네	祗順天心不好名

해창은 수련에서 전국에서 퍼진 이천만의 만세 함성이 형체 없는 철옹성을 이루었다고 했다. 함련에서는 이천만의 높은 기세가 맨손으로 세찬 물결의 방향도 돌려놓을 수 있을 만큼이라고 했다. 시모노세키 조약은 1895년(고종32) 일본과 청나라가 맺은 조약으로 그 조약 제1항에는 '조선국은 독립 자주국으로 양국(필자 주; 청·일)이 분명하게 인정하며 조금이라도 침탈해서는 안 된다.'는 내용이 기록되어 있다.66) 해창은 이 조약 제1항에 언급되어 있는 조선국은 독립 자주국이라는 사실을 세상 사람들에게 분명히 인식하라고 한 것이다. 수련과 함련에서는 조선을 점령한 일본

屈, 尋移大邱獄."
65) 宋基植, 앞의 책, 100쪽. 「逮囚安東獄中示同志(己未)」
66) 『승정원일기』 1905년 11월 1일 기사 〈박제순 등 역적들을 면직한 다음 국법을 시행하고 조약이 무효임을 세계 만방에 공표할 것을 청하는 초망신 최재학의 상소〉 참조.

을 이천만 동포가 기어이 몰아내고 자주 독립국의 상태로 되돌려놓고 말 겠다는 해창의 기개가 엿보인다. 경련에서는 만세 함성을 외치다 감옥에 수감된 인물들의 충정忠情은 역사서에 기록될 것이고, 그들의 대의大義는 하늘의 해와 달처럼 빛날 것이라고 했다. 그러나 미련에서 해창은 수감된 인물들은 천심, 곧 민심을 따랐을 뿐 명예를 쫓고자 해서가 결코 아님을 이야기하고 있다. 해창 자신도 포함된 말이지만 시를 본 동지들 또한 해창의 이 시에 깊이 공감했을 것임은 자명한 일이다.

감옥에 수감되어 있던 해창은 23일 안동읍에서 2차 시위가 일어났고, 이때 수많은 사상자가 났다는 소식[67]을 들었다. 그런가 하면 대구 감옥에서 파리 강화회의 문서 발송 발각으로 체포된 면우俛宇 곽종석郭鍾錫 (1846~1919)과 회당晦堂 장석영張錫英(1951~1926)을 만나기도 했다. 해창은 3평짜리 감옥에 태산북두泰山北斗같은 두 사람이 들어오자 광채가 천지간으로 뻗어 나가는 듯한 느낌을 받았다[68]는 것으로 두 사람이 감옥에 들어오게 된 행동을 높이 평가했다. 그곳에서 해창은 자신과 함께 1차 만세 시위에 참여했고, 2차 만세 시위 때 체포되어 수감된 족제 송홍식을 만나기도 했다.[69]

대구 감옥에 수감되었던 해창은 오래지 않아 경성 감옥으로 이감移監되어 수감생활을 이어갔다.[70] 그에 앞서 해창은 김병우金炳宇·류동붕 등 1백여 명과 함께 경성 감옥으로 이감하기 위해 대구역을 출발해서 달성을 지났다. 이때 예닐곱 명의 농부가 해창 일행을 알아보고 껑충껑충 뛰면서 만세를 외치며 위로를 해주었다. 해창 일행이 김천역에 도착했을 때는 십여 명의 신사들이 과일을 던져주기도 했다.[71]

---

67) 宋基植, 앞의 책, 101쪽. 「二十二日, 郡民示威大熾, 死者四十餘人」
68) 宋基植, 위의 책, 101쪽. 「大邱獄中, 見俛宇(郭鍾錫)·張晦堂(錫英)兩公」 "捲來山斗入, 光彩射乾坤. … (監房皆三坪)"
69) 宋基植, 위의 책, 102쪽. 「族弟弘植, 有空拳瘦骨勝干城之句, 次其韻」
70) 宋基植·柳己, 앞의 책, 335쪽. 「遺事[宋淵植]」, "移于京城獄."

경성 감옥으로 옮겨간 해창은 그곳에서 훗날 독립유공자가 된 신태휴申泰烋(1870~1931)·조병국趙炳國(?~?)·오석준吳錫浚(1876~1951) 등도 만났다.72)

해창이 만세 시위를 주도하다 감옥에 간 것에 대한 후회는 어느 곳에서도 찾아볼 수가 없다. 그는 웅어熊漁를 분별하는 것은 두 길이 아니므로, 어딜 가나 마음을 편히 가지면 절로 높아진다고 생각했다.73) 삶을 취할 것인가 의義를 취할 것인가에 대해 일말의 주저함도 없이 의를 택할 것이었기 때문이다. 옥고 치를 일이 겁이 나거나 두려웠다면 애초에 만세 시위 주도는 물론, 참여조차 않았을 것이기 때문에 해창은 수감된 것을 오히려 편안하게 여겼다.

감옥에서도 전혀 기세가 꺾이지 않던 해창에게도 가슴이 여려지는 순간이 있었다. 바로 함께 수감생활을 하던 이의 죽음을 목도했을 때이다. 해창은 같은 감옥에 수감되었던 김영완金永玩(1896~1919)이 옥사하자 다음과 같이 그에 대한 만시「만김영완輓金永玩」74)을 읊었다.

목숨 바치기로 했을 때부터 일신一身을 돌아보지 않았으니
              許死當時不顧身
그대는 응당 부끄러움 없다는 것, 이것이 진실이라네
              君應無愧此爲眞
넋은 응당 삼각산 아래에서 노닐며 精魄應遊三角下
자욱한 연기 속에 누웠다가 오강五江의 나루 건너리라
              飛烟臥渡五江津

---

71) 宋基植, 앞의 책, 103쪽.「金炳宇柳東鵬諸公一百人, 發大邱驛過達城, 農夫六七人知一行過之, 踊躍唱萬歲以慰之. 至金泉驛, 紳士十數人爭投果物, 其表同情則可感也. 回憶諸君不可忘, 因吟以表之」
72) 宋基植, 위의 책, 103쪽.「京城獄中, 次申泰烋·趙炳國·吳錫浚諸公籠鳥韻」
73) 宋基植, 위의 책, 100쪽.「獄中示同志」"判得熊魚無貳路, 隨處安心便自高."
74) 宋基植, 위의 책, 104쪽.「輓金永玩」

누가 알았으랴, 허망하게 유골로 고향 돌아가지만
　　　　　　　　　　　　　　　　　　誰知草草還鄕骨
흔쾌하게 어엿번듯한 애국 백성이었음을　　快作堂堂愛國民
동정同情으로 곡기 끊는 일 어찌 쉬우랴　　同情絶粒何容易
젓가락을 들 때마다 남몰래 가슴이 아려오네　把箸時時暗損神

　위의 시 제목 아래 해창은 자주自註로 병으로 옥사한 김영완을 위해 동지들이 점심을 거르는 것으로 동정심을 표한 사실을 기록해두었다.75) 김영완은 1919년 3월 1일 고종의 인산因山에 참여하기 위해 서울에 왔다가 만세운동에 참여하였다. 그 후 고향으로 돌아가 3월 15일 무장 장터에서 만세운동을 주도한 혐의로 체포되어 1년 6월 형을 선고받고 수감 중이던 경성 감옥에서 12월 16일 옥사한 일로 2014년 독립유공자로 지정된 인물이다.76)
　함련의 삼각산과 서울 근처의 오강五江(한강·용산·마포·현호·서강) 나루는 도성을 대표하는 곳으로, 죽은 김영환의 혼백이 나라 걱정으로 쉬이 떠나지 못하고 도성을 한참 배회하는 모습을 그리고 있다. 천수를 누리다 죽어도 안타까운 것이 목숨이다. 하물며 국권 회복을 위해 만세운동에 앞장섰다가 23세의 젊은 나이로 옥사한 김영환에 대한 해창의 마음이 어떠했을지 짐작이 간다. 계속 곡기를 끊어 그에 대한 동정을 꾸준히 표하고 싶지만 그 일이 결코 쉬운 것은 아니다. 그래서 젓가락을 들 때마다 해창은 남몰래 가슴이 아려오기까지 했다. 이에 해창은 그에 대한 만시를 남겼던 것이다. 김영환처럼 옥사하는 사람이 있을 때마다 해창을 비롯한 옥중의 동지들이 절식했을 것을 생각하면 절식하는 날이 비일비재했을 것임을 알 수 있다.

---

75) 宋基植, 위의 책, 104쪽.「輓金永玩」"永玩綾州人, 以疾死于獄中, 同志絶午食, 以表同情."
76) 공훈전자사료관(http://e-gonghun.mpva.go.kr/)〈金永玩〉참조.

경성 감옥에서 수감생활을 하던 해창은 1920년 영친왕의 가례로 감형되어 돌아왔다.[77] 3.18 안동의 만세 시위를 주도하고 감옥에 들어갔을 때 살아서 돌아올 것이란 생각은 애당초 하지 않았던 해창이다. 그런데 해창은 자신이 살아서 돌아오게 되자 이는 자신이 꾀한 바가 아니고 조상이 베풀어 준 음덕 때문이라고 생각했다.[78] 해창이 대구역에 도착했을 때 제자로 추정되는 김두국과 넷째 동생 송연식이 나와서 해창을 기다리고 있었다.[79]

이처럼 옥고를 치르고 돌아오는 것으로 해창의 표면적인 독립운동은 끝이 났다. 그러나 그 후 해창은 교육활동과 저술을 통한 비폭력 저항 운동을 꾸준히 이어갔다.

2) 함께 한 제자들

해창이 만세운동을 주도할 때 크게 호응해준 인물들이 있었다. 바로 김형칠·김형국金衡國 및 협동·동화·보문학교 인사들을 비롯해 봉양의숙 제자들과 일부 친지들이다.[80] 그 중 봉양의숙 제자로는 권중호, 김병진, 문소술, 족제 송홍식, 넷째 동생 송연식, 종제 송장식 등이 확인된다.[81] 현재 김병진, 그리고 족제 송홍식과 종제 송장식은 독립유공자로 지정되었다. 그리고 문소술은 문소원文召源과 동일 인물로 추정된다. 그런데 권중호는 국가보훈처 자료에 따르면 1920년과 1924년에 독립활동을 전개한

---

77) 宋基植·柳己, 앞의 책, 335쪽.「遺事[宋淵植]」, "移于京城獄. 庚申, 以英親王嘉禮減期而歸."
78) 宋基植, 앞의 책, 106쪽.「放還, 秋風嶺車上, 與趙炳國共賦」 "生還非素算, 天意必垂陰."
79) 宋基植, 위의 책, 106쪽.「着大邱驛, 金斗國·四弟淵植來待」
80) 이연승, 앞의 논문, 174쪽 참조.
81) 宋基植 著, 安秉杓 註釋, 앞의 책, 15쪽 참조.

사실로 독립유공자에 지정된 경상북도 청송 출신의 권중호(1887~1924)[82]가 있지만, 동일인인지는 확인되지 않는다. 다만 그가 해창이 주도하는 제1차 안동 만세 시위에 참여한 후, 고향으로 돌아가 또 다른 독립활동에 참여했을 가능성은 충분히 있다. 또 한 사람, 해창이 감옥에서 풀려나 돌아올 때 동생 송연식과 함께 대구역에 마중 나왔던 김두국도 안동 만세운동에 동참했을 것으로 추정된다.

4. 결론

해창이 일생 동안 심혈을 기울인 교육활동과 독립운동은 나이가 연로해짐에 따라 다른 양상으로 드러났다. 젊어서 의병대 막하에서 활약하였던 그는 망국의 현실 앞에서 후학양성에 힘썼다. 중년에는 직접 만세 시위를 주도하면서 무력 저항으로 맞섰다. 그러나 연로해서는 비폭력저항 방식의 교육 및 저술활동을 통한 후학양성으로 항일의식을 더욱 드러냈다. 이는 직접 행동으로 나서는 독립운동의 가치를 낮게 보아서가 아니라, 연로해짐에 따른 자연스러운 변화이다.

해창의 머릿속에서 떠나지 않은 건, 유교와 독립 두 가지뿐이었다. 그는 유교의 종교화를 위해 힘썼지만, 그 역시 유교의 종교화 목적 외에 복일 제도를 통한 합법적 모임 중에 애국 계몽 교육을 실시하고자 하는 뜻이 담겨있다.

이러한 해창에게 있어 교육활동과 독립운동의 우선순위는 무엇이었을까? 3.18 안동의 만세 시위를 주도하기 전부터 교육활동을 하던 해창에게 있어 옥고를 치른 경험은 그로 하여금 교육을 통한 독립에 대한 염원을

---

82) 공훈전자사료관(http://e-gonghun.mpva.go.kr/) 〈權重鎬〉 참조.

더욱 키우는 계기가 되었다. 갈수록 일제의 탄압이 거세지는 가운데 후학 양성을 해두는 것이야말로 자신이 죽은 뒤에라도 독립을 이룰 기반이 닦이는 길이라고 믿었기 때문이다. 이처럼 해창의 교육활동과 독립운동은 선후 관계가 아니라 동시에 맞물려 돌아가는 톱니바퀴 같은 불가분의 관계이다.

| 참고문헌 |

정재 류치명의 현실 인식과 대응

『純祖實錄』
『憲宗實錄』
『承政院日記』
『純祖實錄』
『哲宗實錄』
『定齋集』
『損齋集』
『異學集辨』
正祖, 『弘齋全書』
蔡濟恭, 『樊巖集』
『禮記』

姜允丁, 「정재학파의 현실인식과 구국운동」, 단국대학교 박사학위 논문, 2006.
권기중, 「조선후기 수령의 업무 능력과 부세 수취의 자율권 - 조선후기 암행어사 書啓를 중심으로-」, 『역사와 현실』 67, 호서사학회, 2013.
권오영, 「19세기 嶺南 理學의 전개와 그 실천적 성향」. 『국학연구』 9, 한국국학진흥원, 2006.
권진호, 『19세기 영남학파의 종장 정재 류치명의 삶과 학문』, 한국국학진흥원, 2008.
금장태, 「19세기 한국성리학의 지역적 전개와 시대인식」, 『국학연구』 15, 한국국학진흥원, 2009.
김문식, 「조선후기 영남만인소의 정치적 의의」, 『만인의 청원, 만인소』, 한국국학진흥원, 2019.
김선희, 「19세기 영남 남인의 서학 비판과 지식 권력: 류건휴의 『이학집변』을 중심으로」, 『한국사상사학』 제51집, 한국사상사학회, 2015.
김순미, 「大埜 柳健休의 《異學集辨》에 나타난 천주학 비판에 관한 연구」, 『교회사연구』 45, 한국교회사연구소, 2014.
김지은, 「정재 류치명의 척사론과 그 전승」, 『역사교육론집』 60, 역사교육학회,

2016
_____,「19세기 정재 류치명의 현실인식과 경세론」, 경북대학교 박사학위 논문, 2017.
_____,『조선후기 류치명의 시대인식과 문인집단』, 경인문화사, 2022.
김희곤,「定齋 柳致明 종가 3대 독립운동」,『한국독립운동사연구』제37집, 독립기념관 한국독립운동사연구소, 2010.
류영수,「定齋 柳致明 硏究(1)」,『동방한문학』44, 동방한문학회, 2010.
_____,『定齋 柳致明 經學 硏究』, 경북대학교 대학원 박사학위 논문, 2011.
설석규,『儒生上疏와 公論政治』, 선인, 2002.
_____,「정재학파定齋學派 위정척사론의 대두와 성격」,『국학연구』4, 한국국학진흥원, 2004.
수류문헌총간회,『全州柳氏水谷派之 文獻叢刊』, 1983~1991.
전주류씨안동화수회.『岐下水柳』, 1997.
이수환,「조선후기 영남 만인소」,『만인의 청원, 만인소』, 한국국학진흥원, 2017.
이 욱,「사도세자 관련 만인소의 정치적 의미」,『남도문화연구』35, 남도문화연구소, 2018.
이재현,「순조대(1800-1834) 안동지역 유림의 정치적 동향」,『영남학』59, 영남문화연구원, 2016.
한국국학진흥원,『조선후기 양반가의 생활상』, 전시도록, 2004.

서산 김흥락의 이상과 현실 대응

『孟子』.
「輔仁稧帖」.
『西山集』.
『禮記』.

권상익,「西山先生 行狀」,『西山集』.
권오영,「서산 김흥락의 학맥과 이학理學 사상」,『국학연구』제31집, 한국국학진흥원, 2016.
금장태·고광식,「嶺南系列의 道學者 西山 金興洛」,『韓末 退溪學統의 正脈 西山 金興洛』, 西山記念 事業會, 안동 : 영남사, 2000.

김규성, 「서산의 생애와 활동」, 西山記念事業會, 『韓末 退溪學統의 正脈 西山 金興洛』, 西山記念 事業會, 안동 : 영남사, 2000.
김낙진, 「定齋 柳致明과 西山 金興洛의 本心 중시 철학」, 『율곡사상연구』 제16집, 율곡학회, 2008.
김미영, 「서산 김흥락의 『가제의家祭儀』 연구」, 『국학연구』 제31집, 한국국학진흥원, 2016, 12.
김순석, 『근대 유교개학론과 유교의 정체성』, 도서출판 모시는사람들, 2016.
김언종, 「서산선생문집 해제 -경敬과 정명正明D,러 일관한 계왕계래繼往繼來의 길-」, 국역 『서산선생문집』 1, 한국국학진흥원, 2016.
김정기, 「초점 제국주의 침략의 어제와 오늘 자본주의 열강의 이권침탈 - 19세기 말 20세기 초 미·일·러·청의 이권침략 총정리」, 『역사비평』 역사비평사.
김정모, 「邵溪書堂記(국역)」, 『韓末 退溪學統의 正脈 西山 金興洛』, 西山記念事業會, 안동 : 영남사, 2000.
김진윤, 「甲午東學農民運動의 목표와 방향으로서의 弊政改革案」, 『민족사상』 제5권 3호, 한국민족사상학회, 2011.
김학수, 「학봉가의 학풍과 가학의 계승양상」, 『국학연구』 제31집, 한국국학진흥원, 2016.
김흥락 지음·김윤규 옮김, 국역 『서산선생문집』 1, 한국국학진흥원, 2016.
김흥락 지음·김승균 옮김, 국역 『서산선생문집』 2, 한국국학진흥원, 2016.
김흥락 지음·김승균 옮김, 국역 『서산선생문집』 6, 한국국학진흥원, 2016.
김흥락 지음·오현진 옮김, 국역 『서산선생문집』 4, 한국국학진흥원, 2016.
김흥락 지음·오현진 옮김, 국역 『서산선생문집』 8, 한국국학진흥원, 2016.
김희곤, 「西山 金興洛(1827~1899)의 의병항쟁」, 『한국근현대사연구』 제15집, 한국근현대사학회, 2000.
김희곤, 「서산 김흥락의 독립운동과 그 餘脈」, 『韓末 退溪學統의 正脈 西山 金興洛』, 西山先生紀念事業會, 안동 : 영남사, 2000.
『독립운동사자료집』 1, 국사편찬위원회, 1971.
毛利敏彦 著, 『明治維新の再發見』, 吉田弘文館, 1993.
노대환, 「세도정치기 산림의 현실인식과 대응론」, 『한국문화』 42, 서울대학교 규장각 한국학연구원, 2008.
박경환, 「서산학맥의 전승과 발전」, 『국학연구』 제31집, 한국국학진흥원, 2016, 12.
박현모, 「세도정치기(1800~63)의 정국운영과 언론연구: 순조시대를 중심으로」, 『한국동양정치사상사연구』 6, 한국동양정치사상사학회, 2007.

서종태,「辛酉迫害의 정치적 배경 - 淸南系의 개혁활동과 관련하여 -」,『교회사연구』18, 한국교회사연구소, 2002.
송양섭,「임술민란기 부세문제 인식과 三政改革의 방향」,『한국사학보』49, 고려사학회, 2012.
송재소,「19세기 안동유림의 활동과 서산학파」, 기조발표문, 한국국학진흥원,『서산 김흥락의 학문·사상과 서산학파』, 학술대회 자료집, 2016, 11, 30.
신복룡,「서세동점기의 서구인과 한국인의 상호인식」,『한국문학연구』27, 동국대학교 한문학연구소, 2004.
안병주,「서산 선생의 학문과 사상」,『韓末 退溪學統의 正脈 西山 金興洛』, 西山記念事業會, 안동 : 영남사, 2000.
앤드루 고든 지음, 문현숙·김우영 옮김,『현대일본의 역사』1, 도서출판 이산, 2015.
禹龍濟,「大院君 執政期 書院撤廢와 成均館 整備計劃」,『교육사학연구』2·3, 교육사학회, 1990.
윌리엄 T. 로 지음, 기세찬 옮김,『하버드 중국사 청 중국 최후의 제국』, 너머북스, 2014.
유정기,「서산전집 해제」,『韓末 退溪學統의 正脈 西山 金興洛』, 西山記念事業會, 안동 : 영남사, 2000.
이만도,「墓碣銘 幷序」,『韓末 退溪學統의 正脈 西山 金興洛』, 西山先生記念事業會, 안동 : 영남사, 2000.
이우성,「서산선생의 도학의 정통성과 그 이념-신념」,『韓末 退溪學統의 正脈 西山 金興洛』, 西山先生記念事業會, 안동 : 영남사, 2000.
이해영,「김흥락의 인물과 학문사상」,『韓末 退溪學統의 正脈 西山 金興洛』, 西山先生記念事業會, 안동 : 영남사, 2000.
이희환,「이방인의 준에 비친 제물포 - 개항 전후부터 청일전쟁 시기까지 -」,『역사민속학』26, 한국역사민속학회, 2009.
임성수,「18세기 후반 田結稅 징수와 중간 비용 운영 :『國役實摠』을 중심으로」,『한국사학보』64, 고려사학회, 2016.
田中 彰,『明治維新と天皇制』, 東京 : 吉川弘文館, 1992.
정 의,「근대 일본의 서구 숭배와 국수주의 -메이지(明治) 유신부터 청일전쟁까지」,『일본사상』27, 한국일본사상사학회, 2014.
조동걸,「서산 김흥락과 안동의 을미의병」,『韓末 退溪學統의 正脈 西山 金興洛』, 西山先生記念事業會, 안동 : 영남사, 2000.

조동걸, 『대한제국의 의병전쟁』, 역사공간, 2011.
조성환, 「진화론과 근대 중국의 민족주의 - 양계초와 장병린의 민족사상을 중심으로」, 『정치사상연구』16, 한국정치사상학회, 2010.
조　순, 「東學의 發生과 그 意味」, 『동학연구』18, 한국동학학회, 2005.
村上重良, 『國家神道と民衆宗敎』, 吉川弘文館, 1982.
최진욱, 「丙寅洋擾 전후 申櫶의 대내인식과 개혁론」, 『한국사학보』42, 고려사학회, 2011, 169~170쪽.
황위주, 「서산 김홍락의 문예인식과 한시 창작의 양상」, 『국학연구』제31집, 한국국학진흥원, 2016, 12.

척암 김도화의 현실인식과 의병항쟁

拓菴全集刊行會, 『拓菴全集』, 1983.
『西山先生文集』
『西坡先生文集』
『響山集』
『皇城新聞』
한국국학진흥원, 『국역 척암전집』, 미간행 초고본.

권오영, 「19세기 嶺南 理學의 전개와 그 실천적 성향」, 『국학연구』제9집, 한국국학진흥원, 2006.
김순석, 『근대 유교개혁론과 유교의 정체성』, 모시는 사람들, 2016.
김윤규, 「19세기 말~20세기 초 전통 지식인 한시의 문학사적 성격 검토- 拓菴 金道和의 경우 -」, 『동방한문학』, 동방한문학회, 2012
김진윤, 「甲午東學農民運動의 목표와 방향으로서의 弊政改革案」, 『민족사상』제5권 제3호, 한국민족사상학회, 2011.
김희곤, 「定齋 柳致明 종가 3대의 독립운동」, 『한국독립운동사연구』제37집, 독립기념관 한국독립운동사연구소, 2010.
김창수, 「19세기 후반 대외위기와 조선 사신의 교섭 양상」, 『한국사학보』65, 고려사학회, 2016,
노대환, 「조선 후기의 서학유입과 서기수용론」, 『진단학보』제83호, 진단학회, 1997.

박석무, 「拓菴 金道和 선생의 生涯와 義理精神」, 『民族을 위해 살다간 安東의 近代 人物』, 安東靑年儒道會, 안동 : 도서출판 한빛, 2003.
서석홍, 「拓菴 金道和研究」, 안동대학교 대학원 석사학위논문, 1993.
윤천근, 「해제」, 『響山全書』 下, 한국국학진흥원, 2007,
이완재, 「해제」, 『척암전집』, 척암전집간행회, 1983.
이동희, 「韓末 외세 侵略에 대한 嶺南 儒林의 義理學的 대응」, 『철학논총』 13집, 새한철학, 1997.
임노직, 「척암 김도화의 현실인식 - 그의 소疏·사詞를 중심으로」, 『국학연구』 제4집, 한국국학진흥원, 2004.

향산 이만도의 현실인식과 대응

참고자료

李晩燾 著, 『響山全書』, 한국국학진흥원, 2007.
이만도 지음, 정선용 옮김, 『향산집』 1, 한국고전번역원, 2010.
이만도 지음, 공근식 옮김, 『향산집』 2, 한국고전번역원, 2010.
이만도 지음, 공근식·조경구·강만문·이규필 옮김, 『향산집』 3, 한국고전번역원, 2018.
이만도 지음·김용환·이성민 옮김, 『향산집』 4, 한국고전번역원, 2012.
이만도 지음·허벽·장성덕 옮김, 『향산집』 5, 한국고전번역원, 2013.
이만도 지음·김성애·이규필 옮김, 『향산집』 6, 한국고전번역원, 2017.
이만도 지음·허벽·장성덕 옮김, 『향산집』 7, 한국고전번역원. 2015.
拓菴集刊行會, 『拓菴全集』, 敎育科學社, 1983.
『西坡先生文集』
李中彦, 『東隱實記』.
『承政院日記』
『皇城新聞』
『영남매일』

논저

곽 진, 「향산 이만도의 자존적 삶과 순국」, 『민족문화』 36, 한국고전번역원, 2011.
권오영, 「기암 이중업의 학맥과 시대의식」, 『기암 이중업의 학문과 독립운동』, 한국국학진흥원, 2021.
금장태, 『한국근대의 유학사상』 증보판, 서울대학교출판부, 1999.
김순석, 『근대 유교개혁론과 유교의 정체성』, 모시는사람들, 2016.
김영숙, 「響山 李晩燾의 現實認識과 문학적 對應樣相」, 『대동한문학』 33집, 대동한문학회, 2010.
김윤희, 「안동의 여성독립운동가 김락의 가사 「유산일록」에 대한 고찰」, 『한국문학과 예술』 Vol 22, 숭실대학교 한국문학과예술연구소, 2017.
김희곤, 「안동 유림의 자정 순국 투쟁」, 『국학연구』 19, 2011.
_____, 「기암 이중업의 독립운동과 역사적 위상」, 『기암 이중업의 학문과 독립운동』, 한국국학진흥원, 2021.
박균섭, 「선비의 결단 1910 향산 이만도의 앎과 삶, 그리고 퇴계학의 지평」, 『현대유럽철학연구』 53, 한국하이데거학회, 2019.
박민영, 「향산 이만도의 생애와 순국」, 『한국독립운동사연구』 37, 한국독립운동사연구소, 2010.
_____, 『거룩한 순국지사 향산 이만도』, 지식산업사, 2010.
변창구, 「향산 이만도의 절의정신과 구국운동」, 『민족사상』 9, 한국민족사상학회, 2015.
안병걸, 「해제」, 『향산집』 1, 이만도 지음·정선용 옮김, 한국고전번역원, 2010.
오영섭, 『한말 순국의열투쟁』, 한국독립운동사연구소.99, 2009.
오용원, 「향산 이만도의 현실인식과 사유세계」, 『안동학』 18, 한국국학진흥원, 2019.
윤천근, 「해제」, 『響山全書』 下, 한국국학진흥원, 2007.
이경자·김은혜, 「안동지역 근대교육의 전개 양상」, 『한국학연구』 79, 고려대학교 한국학연구소, 2021.
이구영, 『湖西義兵事蹟』, 修書院, 1993
전제훈, 「이양선 출몰에 따른 근대 분물 인식 변화」, 『한국도서연구』 32(4), 한국도서(섬)학회, 2020.
정병호, 「自靖殉國日記와 韓末 嶺南 선비의 形象-『青邱日記』와 『蹈海日記』를 대상으로-」, 『대동한문학』 제33집, 대동한문학회, 2010.
조동걸, 『안동역사의 유교성향』, 역사공간, 2010.
추제협, 「響山 李晩燾, '直'의 사상과 衛正斥邪論」, 『대동한문학』 제65집, 대동한문학회, 2020.

서파 류필영의 현실인식과 독립운동

『西坡先生文集』
『拓菴集』
『響山全書』, 한국국학진흥원, 2007.
全州柳氏安東花樹會, 『岐下水流』, 안동 : 도서출판 한빛, 1997.
김지은, 『조선후기 류치명의 시대인식과 문인집단』, 경인문화사, 2022.
김희곤, 「定齋 柳致明 종가 3대의 독립운동」, 『한국독립운동사연구』제37집, 2010.
남부희, 『유림의 독립운동사 연구』, 범조사, 1994.
독립운동사편찬위원회 편, 독립운동사 제3권: 삼일운동사(하), 1971.
박걸순, 「대동사, 류인식의 민족주의 역사서」, 『안동학』제15집, 2016.
박민영, 「향산 이만도의 생애와 순국」, 『한국독립운동사연구』 37, 한국독립운동사연구소, 2010.
백암박은식선생전집편찬위원회 편, 『한국독립운동지혈사』, 『白巖朴殷植全集』, 동방미디어, 2002.
서동일, 「1919년 巴里長書運動의 전개와 성격」, 한국학중앙연구원 박사학위논문, 2009.
_____, 『1919년이라는 문턱과 파리장서운동』, 도서출판 선인, 2021.
안동청년유도회, 「西坡 柳必永」, 『嶺南學脈』, 1992.
윤용섭, 『음악, 마음을 다스리다』, 한국국학진흥원 2013.
임경석, 「유교지식인의 독립운동-1919년 파리장서의 작성 경위와 문안 변동」, 『大東文化研究』37, 2000.
_____, 「파리장서 서명자 연구」, 『大東文化研究』 38, 2001.
조장연, 「삼산 류정원의 역학사상」, 『국학연구』제43집, 2020.

김대락의 현실인식과 대응

『白下日記』, 필사본, 고려대학교 중앙도서관 소장.
『국역 백하일기』, 안동독립운동기념관 편, 2011.
『先考遺稿』, 金衡植 필사본. 경북독립운동기념관 소장.
『西山全集』, 西山全集刊行會, 1982.
『石洲遺稿』, 고려대학교출판부, 1973.
『국역 石洲遺稿』, 안동독립기념관, 2008.

金衡植, 『先考遺稿』, 필사본.
『皇城新聞』.

강윤정, 「백하 김대락의 민족운동과 그 성격」, 『백범과 민족운동 연구』, 백범학술원, 2009.
_____, 「해제」, 『국역 백하일기』, 안동독립운동기념관 편, 2011.
고순희, 「일제강점기 만주 망명지 가사문학」, 『한국고전시가연구』 27, 한국고전시가문학회, 2011.
_____, 「만주 망명가사와 디아스포라」, 『한국시가연구』 30, 한국시가학회, 2011.
_____, 「만주 망명가사의 작품세계와 미학적 특질」, 『한국고전여성문학연구』 25, 한국고전여성문학회, 2012.
琴章泰, 『한국근대의 유학사상』, 서울대학교출판부 증보판, 1999.
김명균, 「白下 詩 연구」, 『경북인의 만주지역 항일투쟁사 연구』, 경북유림 만주 망명 100주년 및 개관 4주년 기념학술회의 자료집, 안동독립운동기념관, 2011.
김순석, 「석주 이상룡의 현실인식과 대응방략의 변화」, 『한국민족운동사연구』 94. 2018.
김용직, 「해제 : 「慎痛歌」의 의미와 의식」, 『한국학보』 5-2, 1979.
김윤규, 「20세기 초 만주 망명지식인 漢詩의 문학사적 성격 -『백하일기』 소재 시의 경우」, 『국어교육연구』, 국어교육학회, 2012.
김윤희, 「안동의 여성독립운동가 김락의 가사 「유산일록」에 대한 고찰」, 『한국문학과 예술』 Vol 22, 숭실대학교 한국문학과예술연구소, 2017.
김희곤, 『안동 사람들의 항일투쟁』, 지식산업사, 2010.
백광준, 「변발(辮髮)에 얽힌 역사 그리고 노신(魯迅) - 시선·표상·의식의 형성에 초점을 맞추어」, 『中國文學』 vol.57, 한국중국어문학회, 2008.
서중석, 『신흥무관학교와 망명자들』, 역사비평사, 2001.
신용하, 「신민회 창건과 그 국권회복운동(하)」, 『한국학보』 3권 4호, 일지사, 1977.
전설련, 「『白下日記』의 서술방식과 그 문학적 성격」, 경북대학교 대학원 국어국문학과 석사학위논문, 2015.
조동걸, 「백하 김대락의 망명일기(1911-1913)」, 『안동사학』 5, 안동사학회, 2000.
_____, 「대한제국의 종말과 서간도 망명」, 『우사 조동걸 저술전집』 제12권, 역사공간, 2010.
_____, 「백하 김대락의 망명일기(1911~1913)와 분통가」, 『우사 조동걸 저술전집』

제12권, 역사공간, 2010.
정병석, 「일제강점기 경북 유림의 만주 망명일기에 보이는 현실인식과 대응 -『白下日記』와『西征錄』을 중심으로 -」,『민족문화논총』 58, 영남대학교 민족문화연구소, 2014.
한경희, 「백하 김대락의 일상기록『백하일기』고찰」,『한국지역문학연구』 3, 한국지역문학연구회, 2013.

일송 김동삼의 현실인식과 독립운동

「대한독립선언서」
『독립신문』(상해 임시정부)
『동아일보』
『西山先生文集』
『신한민보』
『앞길』

강만길,『조선민족혁명당과 통일전선』, 화평사, 1991
강윤정, 「김동삼의 국내 독립운동 재검토」, 제3회 일송 김동삼 선생 추모학술대회 발표자료집,『이 시대의 통합을 추구하기 위한 질문과 성찰 - 일송 선생 독립투쟁의 시기별 재조명』, 서대문역사공원 국립대한민국임시정부기념관, 2023, 12, 2.
국사편찬위원회,『대한민국임시정부자료집』 제37권, 국사편찬위원회, 2009.
김동현, 「一松 金東三 관련 자료 일고찰 - 저술류 검토와 서간을 중심으로 -」,『대한통군부·대한통의부 결성100주년 기념학술회의 발표자료집』, 경상북도독립운동기념관, 2022. 9. 16.
김병기, 「만주지역 독립운동의 주역 김동삼」, 역사공간, 2012.
김순석, 「석주 이상룡의 현실인식과 대응방략의 변화」,『한국민족운동사연구』 94, 한국민족운동사연구회, 2018. 3.
_____, 「백하 김대락의 현실인식과 대응」,『태동고전연구』 제41집, 한림대학교 태동고전연구소, 2018. 12.
김희곤, 「만주벌 호랑이 김동삼」, 지식산업사, 2009.
박걸순, 「대한통의부 군사위원장 申八均 戰死의 재조명」,『역사와 담론』 101, 호서사학회, 2022.

박환, 「1910년대 김동삼의 독립운동 - 일송 선생 독립투쟁의 시기별 재조명」, 제3회 일송 김동삼 선생 추모학술대회 발표자료집, 『이 시대의 통합을 추구하기 위한 질문과 성찰 - 일송 선생 독립투쟁의 시기별 재조명』, 서대문역사공원 국립대한민국임시정부기념관, 2023, 12, 2.
변창구, 「일송 김동삼의 선비정신과 독립운동」, 『민족사상』 8, 한국민족사상학회, 2014.
서중석, 「청산리전쟁 독립군의 배경」, 『한국사연구』 111, 한국사연구회, 2000.
이덕일, 「일송 김동삼과 국민대표회의」, 『역사와 융합』 14, 바른역사학술원, 2023.
이동언, 「一松 金東三 硏究 -국내와 망명 초기의 활동을 중심으로」, 『한국독립운동사연구』 7, 한국독립운동사연구소, 1993.
이시종, 「일송 김동삼의 역사인식과 독립투쟁」, 『역사와 융합』 14, 바른역사학술원, 2023.
이은숙, 『西間島始終記』, 일조각, 2023.
이해동, 『滿洲生活七十七年』, 명지출판사, 1990.
장세윤, 「1920년대 이후 김동삼의 독립운동」, 제3회 일송 김동삼 선생 추모 학술대회 발표자료집, 『이 시대의 통합을 추구하기 위한 질문과 성찰 - 일송 선생 독립투쟁의 시기별 재조명』, 서대문역사공원 국립대한민국임시정부기념관, 2023, 12, 2.
_____, 「1910년대 남만주 독립군 기지 건설과 신흥무관학교 - 안동 유림의 남만주 이주와 이상룡·김동삼의 활동을 중심으로」, 『만주연구』 제24집, 만주학회, 2017.
채영국, 『韓民族의 독립운동과 正義府』, 국학자료원, 2000.
허은 구술, 변창애 기록, 『아직도 내 귀엔 서간도 바람소리가』, 민족문제연구소, 2021.

해창海窓 송기식宋基植의 교육활동과 독립운동

宋基植, 『海窓先生文集1』, 한국역대문집총서 2974, 한국문집편찬위원회, 경인문화사, 1999.
宋基植·柳己, 『海窓先生文集2·菁川先生文集1』, 한국역대문집총서 2975, 한국문집편찬위원회, 경인문화사, 1999.
宋基植 著, 安秉杓 註釋, 『釋註 儒敎維新論』, 안동(발행처 미상), 1998.
盧相益, 『痛史節要』 (필사본, 후손 소장)

독립운동사편찬위원회 편저,『독립운동사 제3권: 3·1운동사(하)』, 독립운동사편찬
    위원회, 1971.
이연승,「해창 송기식의 유교개혁론에 대한 소고」,『종교와 문화』34권, 서울대학
    교 종교문제연구소, 2018.
이은영,「中山 朴韋鉉의 漢詩 硏究」,『한문학논집』제44집, 근역한문학회, 2016.
황영례,「안순환의 유교 종교화 운동과 녹동서원」, 영남대학교 박사논문, 2003.
『매일신보』(1927.08.13.)
공훈전자사료관(http://e-gonghun.mpva.go.kr/)

| 찾아보기 |

/ㄱ/

가륜포 190
가야산 188
갑술환국 19
갑오개혁 247
강남호 185
개조파 166, 219
개화사상 141
개화정책 50
개화파 141, 173
격치 234
격치도 240
경모궁 21
경술국치 218, 233, 247
경신참변 220
경의강습소 242
경학사 147, 158, 170, 224
경학사취지서 159
계몽사상 226
계몽운동 211
계몽운동가 190
계축록 180
계호학적 11
고구려사 158
고등경찰요사 212
고려공산당 221
고산서원 25

고산자 162, 215
고석진 139, 142
고종일기 121
공리회 191, 192
공리회취지서 192
공화정 193
공화정치 197
과거제 30
과학설 238
곽문 164
곽윤 134
곽종석 132, 133, 134, 135, 136, 137,
138, 139, 140
광무황제 108
광복단 221
교육활동 254, 255
국권회복운동 152
국무령 165, 166, 168, 170, 227
국무위원 166
국문사서 234, 240
국민대표회의 148, 164, 219, 220
국민부 223
국제평화회의 136
국채보상운동 236
군사통일회의 164
군자금 41
군주전제시대 167
군주제 193

권명섭 135
권상익 33, 139
권세연 55, 56, 64, 95, 112, 143, 151, 152, 247
권연하 52, 53, 112, 143
권유문 189, 192, 198
권유하 236
권재덕 53
권재훈 129
권중현 98
권중호 254
권철신 36
권팔도 214
극림위 190
근기 남인 14, 25
금두화락 217
금봉렬 94
금부도사 70, 97
금서술 124
급문록 24
긍식 203
기독교 10
기미유림단 138, 139
기양서당 6
김건영 139
김경배 244
김교헌 217
김구 226
김규식 217
김기수 210
김노동 137
김담수 134

김대락 103, 157, 158, 159, 160, 177, 178, 180, 181, 182, 186, 188, 190, 191, 192, 194, 195, 196, 198, 213, 214
김덕진 137
김도화 26, 55, 56, 63, 64, 65, 70, 74, 79, 81, 82, 83, 95, 96, 107, 112, 118, 127, 143, 151, 233, 240, 246, 247
김도화의 상소문 84
김동삼 164, 188, 203, 204, 205, 206, 207, 209, 210, 211, 213, 215, 216, 217, 218, 219, 220, 221, 222, 223, 226
김동진 139
김두국 240
김락 103, 178
김명식 178
김병식 122, 142
김병우 251
김병종 33
김병진 254
김복한 133, 137, 138, 139, 140
김복한 유림단 136
김봉제 137
김상태 154
김석중 73
김성규 232
김성일 20, 29, 49, 203
김성탁 20
김소락 177
김수 135

김순락 178
김시홍 182
김약수 65
김영완 252
김우락 177
김우웅 134
김원봉 225, 226
김정락 177
김정호 134, 135, 141
김준식 194
김중건 220
김진 3, 111
김진린 177
김진화 47, 151
김창무 194
김창숙 134, 135, 136, 137, 139, 140, 141, 142
김창환 214
김철 239
김태규 239
김택영 126
김헌수 177
김형 191
김형국 254
김형식 164, 183, 214
김형칠 233, 235, 248, 254
김황 134, 135
김효락 177
김후병 236
김홍근 19
김흥락 26, 29, 31, 34, 38, 39, 40, 41, 43, 44, 46, 47, 51, 53, 54, 55, 73, 112, 141, 143, 152, 178, 203, 209, 210, 233, 246, 247

/ㄴ/

나파륜 190
나폴레옹 190
남곽북유 141
남만주 217, 219, 222
남만주지역 독립운동 158
남세혁 153
남인과 소론 36
남한조 4, 13, 14
노농정부 168
노동설 238
노론 벽파 36
노상직 33, 139
녹동서원 234, 244
농무계 219

/ㄷ/

다윈 238
단발령 55, 82, 101, 187
단식 자결 104
단연회 236
대덕수서곡 220
대동사회 147, 150, 170, 223, 224, 225
대원군 48, 116
대장영서기 247

대종교 206, 238
대진단 220
대평약안 24
대피득 190
대한독립군 220
대한독립선언서 218
대한독립의군부 218
대한통군부 205, 219
대한통의부 205, 206, 221, 222
대한협회 156, 169, 188, 236
대한협회 안동지회 147, 157
대한협회보 188, 198
대한협회안동지회취지서 156
데카르트 155, 238
도산서원 22, 124, 141
도서 143
도서기 112
독대한협회서유감 188
독립군 162, 215, 220, 221
독립군 기지 159
독립군연합회 221
독립운동 134, 148, 160, 164, 166, 170, 177, 187, 193, 197, 198, 211, 215, 217, 255
독립운동가 166
독립유공자 247
독립전쟁 159, 179, 226
독립청원서 134, 135, 137
독립청원운동 134, 136, 137, 138, 141
동당시 115
동도기론자 173

동도서기론 231
동성한족생계회 207
동학 30, 37
동학농민전쟁 30
동화학교 235, 248

/ㄹ/

루소 155, 167, 238
류건휴 11, 15
류관현 6
류기영 129
류동붕 248, 251
류만식 141
류봉희 69
류성룡 7
류성 3
류습 111
류승현 6, 111
류연박 7, 33, 122
류연성 7
류인식 141, 188, 209, 210, 227, 233, 235, 236
류장원 4, 7, 11, 13
류정원 111, 124
류지영 55
류지호 55
류직 111
류치명 3, 4, 5, 7, 16, 18, 19, 20, 26, 29, 32, 52, 53, 63, 66, 111, 114, 143
류치임 48, 49

류필영　26, 67, 99, 111, 113, 116, 118, 119, 120, 121, 122, 123, 127, 128, 130, 139, 140, 141, 143
류회문　3
류후직　248
링컨　238

/ㅁ/

마록구농장　159
마르크스　238
막부체제　30
만국공법　98, 142
만국평화회의　112
만세운동　249
만인소 준비　22
만주 망명　157
만주지지　158
망명가사　176
망명문학　176
망명생활　179
망명촌　191
맹자　56
메이지유신　30, 35
면우선생문집　133
명교학원　245
명성왕후　55
몽테스키외　238
무송현　220
무실마을　111
무장독립단체　219

무장투쟁　158, 161, 162, 163, 219
무장투쟁노선　157
무장투쟁론　150, 164
무장항쟁　152
무총통시대　168
문소술　239, 254
문인록　24
문화민족　191
민족주의　226, 227

/ㅂ/

박경종　153, 188
박내만　23
박선수　42
박용만　163
박은식　158, 165, 166
박장현　245
박제순　98
발해사　158
배영두　126
배천택　164
백록동규　19
백서농장　159, 216, 217
백하　177
백하일기　176, 178, 180, 182, 191, 192, 195
베이컨　155
벤담　238
벤자민 프랭클린　238
벽이단　5
변복령　55

병산서원 141
병인양요 52
병파 10, 13, 141
병호시비 10
보망록자서 180
보문학교 236, 248
보약사 219
보인계첩 31
복일강론 242
복일 246
복제개정소 142
봉양의숙 233, 235, 236, 237, 238, 239, 254
봉정사 55
부민단 170, 207, 215, 216
부사 18
부여사 158
북경 군사통일회의 148
북경조약 34
북로군정서 220
분통가 196, 199
분통가 후지 195
불교 238
블룬칠리 155
비풍하천 193

/ㅅ/

사단칠정론 151
사도세자 5, 19, 21
사빈사원 25
사서차의 234, 240

사옹원주부 42
사학 10
사헌부지평 42
사회계약론 155, 238
사회주의 147, 150, 167
사회진화론 167
삼원 192
삼원보 161, 219
삼원포 181, 193, 194, 217
3·1운동 132, 163, 217, 218
상변통고 8
상소문 5, 17, 43, 65, 119
생기회사 207
서간도 159, 160, 161, 166, 170, 189, 198, 207, 211, 213, 214, 215, 216, 217, 220, 239
서경 241
서로군정서 164, 218, 220
서무사 219
서병의 236
서산집 178
서상철 71
서세동점 12
서원철폐령 49, 50
서유견문 51
서정록 180
서준보 21
서파기 119
서파선생문집 112, 113
서파집 127
서학 10, 30, 37, 154
석주유고 148, 158, 212

선성의진 93, 94, 95
성리학 9, 152, 168
성명규지 158
성산명경 158
성준용 163
성태영 134, 135
성학십도 39, 124
세도정치 3, 12, 17
소강 167
속수한문훈몽 232
송강식 238
송구현 232, 247
송기식 231
송덕영 232
송순호 232
송연식 235, 240, 254
송영식 238
송운재 232
송장식 239, 254
송재기 232
송준필 33
송태식 238
송홍식 239, 251, 254
수곡파 3
숙신사 158
스펜서 238
스피노자 238
승문원정언 5
승평 167
시모노세키 조약 250
시무책 43
시일야방성대곡 77

시학운총 232, 234, 240
신돌석 153
신라사 158
신문물 193
신민부 222
신민회 170, 179
신분제 30
신유박해 37
신유사옥 36
신채호 210
신흥강습소 159, 161
신흥무관 227
신흥무관학교 147, 148, 159, 162, 170, 189, 215, 216
신흥학교 160, 162, 189, 191, 192, 195, 198, 224

/ㅇ/

아낙시만드로스 238
아리스토텔레스 155, 238
아편전쟁 34
안도현 220
안동 의병장 247
안동관찰부 247
안동관찰사 73
안동의진 73, 188
안동장터 249
안동지회장 169, 210
안병찬 137, 139
안상덕 210
안순환 245

안창호　165
애국계몽운동가　147, 150, 179
애통조　73, 75, 83
양계초　158
양무운동　34
여성독립운동가　178
여준　164, 214, 218
역해참고　124, 125, 143
영남 남인　12, 25
영남 유생　26
영남 학맥　10
영남 학파　15
영남만인소　51, 94, 112, 127
영친　234
영해부사　42
예기　223
예수교　238
예수회　10
예안의진　72
예안통문　72
예운　167, 223
온건개화파　173
옹손병경　193
왕양명　151
왕양명실기　158
워싱턴　190, 238
위정척사　127, 173, 187, 192
위정척사론　9, 12, 50
위정척사운동　15
위정척사파　208, 231
유교개혁론　232
유교유신　234

유교유신론　240, 242
유교회　244
유도성　55
유동붕　231
유림단　139
유림대표　138
유만식　142
유연박　142
유준근　134, 135
유진태　138, 140
유체　104
유필영　142
유하현　160, 161, 181, 191, 192, 194, 214, 215, 217
유학　154
윤기섭　214
윤상우　196
윤정　241
윤충　134
을미사변　7, 63, 72
을미의병　31, 54
을사5조약　77
을사늑약　107, 119, 153, 179, 247
을사오적　107, 119, 235, 247
음빙실문집　158
의병봉기　75
의병장　55, 73, 107
의병장 휘하　112
의병전쟁　56, 101, 153, 162, 169, 187
의병해산조칙　247
이가순　87

이가환 36
이강호 104
이관직 211, 214, 235
이규명 153
이근택 98
이길성 137
이돈호 122, 142
이동 214
이동녕 159, 211
이동휘 220
이득년 140
이만 94, 139
이만각 112, 143
이만규 103, 122, 142
이만도 26, 33, 39, 68, 88, 89, 93, 95, 96, 98, 99, 101, 102, 103, 107, 108, 112, 116, 120, 121, 141, 143, 208, 237, 246, 247, 248
이만손 50, 51, 112, 127
이만윤 94
이만응 94
이문형(광민) 214
이봉희 214
이산원규 19
이상 217
이상룡 26, 147, 148, 149, 152, 153, 156, 157, 159, 161, 163, 165, 166, 167, 168, 170, 178, 181, 188, 210, 212, 214, 221, 227, 233, 236
이상사 224

이상정 3, 7, 11, 32, 66
이세사 106
이승만 163
이승목 147
이승훈 36
이승희 33, 220
이시영 191, 217
이양선 37, 47, 92
이언적 124
이영규 138
이완용 98
이원일 214
이유필 165
이을성 248
이인화 95
이장녕 214
이정언 185
이조불교 80
이종록 248
이종태 151
이종화 210
이준형 214
이중린 94
이중언 103
이중업 33, 39, 40, 103, 134, 135, 141, 142, 178
이중철 33
이지용 98
이진산 164
이진상 33, 132, 141
이창해 248
이탁 164

이학집변 11, 15
이해동 213
이현일 5, 8, 20
이황 13, 29, 50, 106, 134
이회영 159, 163, 211
이휘병 22
이휘재 124
이휘정 51, 52
이휘준 106
이희영 214
인곡서당 234, 240, 241, 242
인릉참봉 42
임경호 138, 140
임술민란 37
임시정부 163, 164, 165, 168, 170,
　　　　218, 219, 221, 227, 239
임자록 180
임천서원 49, 50
임청각 147, 151
임한주 137, 139
입학오도 39
입헌군주시대 167
입헌정치 197
입헌정치와 공화정 199

/ㅈ/

자유시참변 221
자정 순국 69, 87, 89, 98, 101, 106,
　　　　108, 143, 208
자치단 170
자치조직 170

자치통감강목 136
자헌대부 108
장복추 33
장석빈 33
장석영 135, 139, 251
장유순 214
재만한인사회 220
전세와 군포 17
전양진 137, 139
전주류씨 111
정경세 7
정부군 56
정약종 36
정의부 166, 222
정재집 5, 53
정재학파 5, 15, 26, 151, 208
정조 21
정종로 7
정학 10
제임스 와트 238
조긍섭 33, 245
조덕린 20
조봉대부 42
조상섭 165
조선민족혁명당 226
조선책략 51
조세제 30
종묘능침 196
종식 203, 209
좌우합작 150, 163
좌우합작노선 148
주진수 157, 180, 211

찾아보기 279

지청천 220
진화론 238
진휼책 9

/ㅊ/

차성충 153, 188
참의부 222
창의진정소 73
창조파 219
척사론 15
척암전집 63, 91
천가장 216
1908년에는 석주 233
천도교 237, 238
천주교 3, 15, 25, 36
천주실의 30
천주학 11, 70
천학 14
청구일기 98, 104, 121
청물합방소 76
청산리 대첩 후 220
청일전쟁 34
초산 18
초산도호부사 8
총통시대 168
최성천 210
최제우 30
최중식 137
추가가 161, 189, 192, 194, 215
추숭운동 20
춘추 168

칠월십오일여제군공부 240
침산정 117, 119, 120

/ㅋ/

칸트 155, 238
캉유웨이 168
컬럼버스 190
크롬웰 190

/ㅌ/

토마스 홉스 238
톨스토이 238
통곡사 80
통의부 219
통일전선 221
통합운동 208
통화현 191, 214, 217
퇴계학 11
퇴계학맥 8, 298, 47, 56, 143
퇴계학파 4, 12

/ㅍ/

파리위원부 140
파리장서 33, 112, 121, 132, 133, 136, 138, 140, 141, 142, 144
파리장서운동 103, 139, 178
파리평화회 133, 140
평상급문제현록 24
포수단 219

풍토병　182
플라톤　155, 238
피터대제　190

/ㅎ/

한경　209
한국국민당　226
한문훈몽　234, 240
한사경　126
한족회　164, 170, 216, 218, 219
한주학맥　141
합니하　162, 191, 192, 215
항일무장투쟁　208
항일의식　255
해창선생문집　239
향산전서　88
향산집　87
향약　219
향화제향　196
향회　55
허버트 스펜서　238
허위　214
허혁　216
혁신의회　223
현실인식　198
협동학교　179, 188, 189, 198, 204,
　　　　211, 214, 227, 235, 248
호계서원　72, 141
호고와　125
호론　141
호문삼로　7

호파　10, 13
홍경래란　37
홍경현　191
홍범도　220
화성돈　190
환곡　17
환인현　191
환정　37
황도영　214
황만영　214
황성신문　77
황재호　182
황호　214
회인현　181
훈척정권　12
휘문　111
흥도자　220
흥업단　220, 221

김순석

고려대학교 사학과를 졸업하고 동대학원에서 석·박사학위를 받았다. 태동고전연구소를 수료하고, 독립기념관 연구원, 순천향대학교 강사, 고려대학교 강사, 국립공주대학교 강사 등을 역임하였다. 현재 한국국학진흥원 수석연구원으로 재직중이며, 근현대 불교사와 유학사를 공부하고 있다.

■ 주요 논문 및 저서

「정재 류치명의 현실인식과 대응」
「일송 김동삼의 현실인식과 독립운동」
「박한영의 독립운동과 서훈 문제」
「구하의 문집과 통도사지 간행의 불교사적 의의」 등 다수
『일제시대 조선총독부의 불교정책과 불교계의 대응』
『한국근현대불교사의 재발견』
『근대 유교개혁론과 유교의 정체성』 등 다수

정재 류치명과 그의 제자들

2025년 10월 03일 초판 1쇄 인쇄
2025년 10월 10일 초판 1쇄 발행

지 은 이　김순석
발 행 인　한정희
발 행 처　경인문화사
편 집 부　김지선 한주연 김한별 양은경
마 케 팅　하재일 유인순
출판신고　제406-1973-000003호
주　 소　경기도 파주시 회동길 445-1 경인빌딩 B동 4층
대표전화　031-955-9300　팩　스　031-955-9310
홈페이지　http://www.kyunginp.co.kr
이 메 일　kyungin@kyunginp.co.kr

ISBN 978-89-499-6890-2 93910
값 23,000원

* 저자와 출판사의 동의 없는 인용 또는 발췌를 금합니다.